经济所人文库

吴敬琏集

中国社会科学院经济研究所学术委员会 组编

中国社会科学出版社

图书在版编目（CIP）数据

吴敬琏集 / 中国社会科学院经济研究所学术委员会组编. —北京：中国社会科学出版社，2020.1（2021.3 重印）
（经济所人文库）
ISBN 978-7-5203-3574-4

Ⅰ.①吴… Ⅱ.①中… Ⅲ.①经济学—文集 Ⅳ.①F0-53

中国版本图书馆 CIP 数据核字（2018）第 254348 号

出 版 人	赵剑英
责任编辑	刘晓红
责任校对	赵雪姣
责任印制	戴 宽

出　　版	中国社会科学出版社
社　　址	北京鼓楼西大街甲 158 号
邮　　编	100720
网　　址	http：//www.csspw.cn
发 行 部	010-84083685
门 市 部	010-84029450
经　　销	新华书店及其他书店
印刷装订	北京君升印刷有限公司
版　　次	2020 年 1 月第 1 版
印　　次	2021 年 3 月第 2 次印刷
开　　本	710×1000　1/16
印　　张	21.75
字　　数	294 千字
定　　价	99.00 元

凡购买中国社会科学出版社图书，如有质量问题请与本社营销中心联系调换
电话：010-84083683
版权所有　侵权必究

中国社会科学院经济研究所
学术委员会

主　任　高培勇

委　员　（按姓氏笔画排序）

　　　　龙登高　朱　玲　刘树成　刘霞辉
　　　　杨春学　张　平　张晓晶　陈彦斌
　　　　赵学军　胡乐明　胡家勇　徐建生
　　　　高培勇　常　欣　裴长洪　魏　众

总　序

作为中国近代以来最早成立的国家级经济研究机构，中国社会科学院经济研究所的历史，至少可上溯至1929年于北平组建的社会调查所。1934年，社会调查所与中央研究院社会科学研究所合并，称社会科学研究所，所址分居南京、北平两地。1937年，随着抗战全面爆发，社会科学研究所辗转于广西桂林、四川李庄等地，抗战胜利后返回南京。1950年，社会科学研究所由中国科学院接收，更名为中国科学院社会研究所。1952年，所址迁往北京。1953年，更名为中国科学院经济研究所，简称"经济所"。1977年，作为中国社会科学院成立之初的14家研究单位之一，更名为中国社会科学院经济研究所，仍沿用"经济所"简称。

从1929年算起，迄今经济所已经走过了90年的风雨历程，先后跨越了中央研究院、中国科学院、中国社会科学院三个发展时期。经过90年的探索和实践，今天的经济所，已经发展成为以重大经济理论和现实问题为主攻方向、以"两学—两史"（理论经济学、应用经济学和经济史、经济思想史）为主要研究领域的综合性经济学研究机构。

90年来，我们一直最为看重并引为自豪的一点是，几代经济所人孜孜以求、薪火相传，在为国家经济建设和经济理论发展作出了杰出贡献的同时，也涌现出一大批富有重要影响力的著名学者。他们始终坚持为人民做学问的坚定立场，始终坚持求真务实、脚踏实地的优良学风，始终坚持慎独自励、言必有据的学术品格。他们是经济所人的突出代表，他们的学术成就和治学经验是经济所最宝贵的财富。

抚今怀昔，述往思来，在经济所迎来建所90周年之际，我们编选出版《经济所人文库》（以下简称《文库》），既是对历代经济所人的纪念和致敬，也是对当代经济所人的鞭策和勉励。

《文库》的编选，由中国社会科学院经济研究所学术委员会负总责，在多方征求意见、反复讨论的基础上，最终确定入选作者和编选方案。

《文库》第一辑凡40种，所选作者包括历史上的中央研究院院士，中华人民共和国成立后的中国科学院学部委员、中国社会科学院学部委员、中国社会科学院荣誉学部委员、历任经济所所长以及其他学界公认的学术泰斗和资深学者。在坚持学术标准的前提下，同时考虑他们与经济所的关联。入选作者中的绝大部分，都在经济所度过了其学术生涯最重要的阶段。

《文库》所选文章，皆为入选作者最具代表性的论著。选文以论文为主，适当兼顾个人专著中的重要篇章。选文尽量侧重作者在经济所工作期间发表的学术成果，对于少数在中华人民共和国成立之前已成名的学者，以及调离经济所后又有大量论著发表的学者，选择范围适度放宽。为好中选优，每部文集控制在30万字以内。此外，考虑到编选体例的统一和阅读的便利，所选文章皆为中文著述，未收入以外文发表的作品。

《文库》每部文集的编选者，大部分为经济所各学科领域的中青年学者，其中很多都是作者的学生或再传弟子，也有部分系作者本人。这样的安排，有助于确保所选文章更准确地体现作者的理论贡献和学术观点。对编选者而言，这既是一次重温经济所所史、领略前辈学人风范的宝贵机会，也是激励自己踵武先贤、在学术研究道路上砥砺前行的强大动力。

《文库》选文涉及多个历史时期，时间跨度较大，因而立意、观点、视野等难免具有时代烙印和历史局限性。以现在的眼光来看，某些文章的理论观点或许已经过时，研究范式和研究方法或许已经陈旧，但为尊重作者、尊重历史起见，选入《文库》时仍保持原貌而未加改动。

《文库》的编选工作还将继续。随着时间的推移，我们还会将更多经济所人的优秀成果呈现给读者。

尽管我们为《文库》的编选付出了巨大努力，但由于时间紧迫，工作量浩繁，加之编选者个人的学术旨趣、偏好各不相同，《文库》在选文取舍上难免存在不妥之处，敬祈读者见谅。

入选《文库》的作者，有不少都曾出版过个人文集、选集甚至全集，这为我们此次编选提供了重要的选文来源和参考资料。《文库》能够顺利出版，离不开中国社会科学出版社领导和编辑人员的鼎力襄助。在此一并致谢！

一部经济所史，就是一部经济所人以自己的研究成果报效祖国和人民的历史，也是一部中国经济学人和中国经济学成长与发展历史的缩影。《文库》标示着经济所90年来曾经达到的学术高度。站在巨人的肩膀上，才能看得更远，走得更稳。借此机会，希望每一位经济所人在感受经济所90年荣光的同时，将《文库》作为继续前行的新起点和铺路石，为新时代的中国经济建设和中国经济学发展作出新的更大的贡献！

是为序。

于2019年元月

编者说明

《经济所人文库》所选文章时间跨度较大,其间,由于我国的语言文字发展变化较大,致使不同历史时期作者发表的文章,在语言文字规范方面存在较大差异。为了尽可能地保持作者个人的语言习惯、尊重历史,因此有必要声明以下几点编辑原则:

一、除对明显的错别字加以改正外,异形字、通假字等尽量保持原貌。

二、引文与原文不完全相符者,保持作者引文原貌。

三、原文引用的参考文献版本、年份等不详者,除能够明确考证的版本、年份予以补全外,其他文献保持原貌。

四、对外文译名与今译名不同者,保持原文用法。

五、对原文中数据可能有误的,除明显的错误且能够考证或重新计算者予以改正外,一律保持原貌。

六、对个别文字因原书刊印刷原因,无法辨认者,以方围号□表示。

作者小传

吴敬琏,男,1930年1月24日生于江苏南京,1954年进入经济所工作。

吴敬琏主要从事理论经济学、比较制度分析、中国经济发展和改革研究。1954年于复旦大学经济系政治经济学专业毕业后到中国科学院经济研究所工作,历任研究实习员、助理研究员、副研究员、研究员。1983—1984年,在美国耶鲁大学经济系和社会政策研究所从事访问研究。回国后调入国务院经济研究中心工作至退休。现任中国经济50人论坛学术委员会荣誉成员,中欧国际工商学院终身荣誉教授,《比较》辑刊主编。1983年以来,先后担任耶鲁大学、牛津大学、加州大学、斯坦福大学、麻省理工学院客座研究员或客座教授。曾任国务院经济体制改革方案办公室副主任,中国人民银行货币政策委员会委员,第九届、第十届全国政协常委兼经济委员会副主任,国家信息化专家咨询委员会副主任、"十一五"和"十二五"国家规划顾问委员会副主任。中国经济50人论坛学术委员会成员。北京乐平公益基金会发起理事长,阿拉善生态基金理事会理事长。

吴敬琏曾于1984—1992年五次获得孙冶方经济科学奖。其学术著作《经济理论的演变与改革战略的选择》于1988年获"十一届三中全会十周年论文奖"。《论竞争性市场体制》(与刘吉瑞合著,1991年)于1992年获第六届"中国图书奖"。《现代公司与企业改革》于1996年获第二届国家图书奖。2005年获首届"中国经济学杰出贡献奖"。2009年因《中国增长模式抉择》一书获第二届

"张培刚发展经济学优秀成果奖"。2010年,他所倡导的整体改革理论获第三届"中国经济理论创新奖"。2000年、2005年香港浸会大学和香港大学分别授予他荣誉社会科学博士学位。2003年国际管理学会(International Association of Management,IAM)授予他"杰出成就奖"。2011年国际经济学会(International Economic Association,IEA)授予他"荣誉会长"称号,以表彰他对经济理论和政策研究以及中外学术交流的杰出贡献。

吴敬琏先生是当代中国最有影响的经济学家之一,也是中国改革开放重要的参与者之一。他不仅在大学期间系统地学习了马克思主义政治经济学的原理,还在改革开放以后熟练掌握现代经济学的理论和方法,因而能够用更广阔的经济体制比较的国际视野来观察和研究中国的现实经济问题,在勤奋努力、追求思想深度等方面堪称学术界的榜样。

吴敬琏在理论经济学、决策咨询、经济学和管理学教育等多个领域中长期辛苦耕耘,成果丰硕。他与经济学界的几位学者在一起,创建了我国的比较制度分析学科,并运用这一学科的研究成果对发展我国社会主义市场经济的基础理论做出了重要的贡献。他深入中国改革和发展的实际,提出了多项有价值的政策建议,由他牵头的"整体改革派",成为影响我国改革发展进程的学派之一。

吴敬琏始终鲜明地坚持市场化、法治化、民主化的改革方向。他为改革开放初期目标模式选择的理论突破做出了贡献,并通过分析和比较计划和市场两种资源配置方式的交易成本,论证了我国建立社会主义市场经济的合理性和必然性,对中共十二届三中全会确立"社会主义有计划商品经济"改革目标和党的十四大正式确立"社会主义市场经济"改革目标均有推动作用。

吴敬琏强调改革必须整体推进,认为经济体制是一个有机的整体,建立市场经济的改革,必须在最主要的若干方面配套进行,单项突破和孤军深入往往难以取得成功,甚至会产生某些负面的后果。1985年,他提出了"三环节配套改革"的主张,即自主经营、自负盈亏的企业，竞争性的市场体系，以间接调节为主的宏观调节体系三方面改革要同步前进，为市场取向改革树立了较为清晰的具体目标。这也成为"整体改革派"的重要主张。

"整体改革派"提出应对国有经济进行战略性改组，并对民营经济的发展给予了特别关注，对我国在20世纪90年代确立基本经济制度和国有经济布局有进有退的战略调整做出了贡献。

吴敬琏支持建立"好的市场经济"，即以法治为基础的现代市场经济的主张，号召抵制"权贵资本主义"的生成。他最早引进"寻租理论"来揭示腐败现象的制度基础，认为由于改革不彻底而存在的行政权力对微观经济活动的广泛介入，正是寻租活动猖獗的制度根源。因此，为了扼制腐败的蔓延，必须加快市场化的经济改革和法治化的政治改革。

针对改革中长期存在效率低下、发展粗放问题，吴敬琏反复申论中国经济的根本出路在于改善经济增长的质量，实现经济增长模式从粗放型向集约型转变。而转变能否成功，关键在于基础性制度建设，强化竞争和实现产业政策从选择性、差别性政策到功能性政策的转变。

吴敬琏主张国民经济应该协调发展。针对多次出现的货币超发和经济过热现象，他认为不能片面追求经济发展速度。他特别反对用扩张性的宏观经济政策强力刺激经济增长，认为这会降低资源配置效率，造成收入分配的不公，毒化社会风气和人们的心理。吴敬琏因此对由此造成的泡沫经济有着高度警惕。他积极支持和密切关注资本市场的发展，但是认为如果缺乏有序竞争和公正监管，资本市场只能制造纸上富贵和极少数人欺诈掠夺绝大多数人的机会，因此必须坚决防止。

关于企业改革，吴敬琏在20世纪80年代中期即提出，国企改革的正确方向并不是放权让利，而是实现企业制度的创新；国有大中型企业的改革方向应当是改组为现代公司，建立所有者与经营者相互制衡的有效的公司治理结构。80年代末90年代初，他和他牵头的"整体改革派"对现代公司及其治理结构的研究,走到了企业和企业管理研究的前沿。他关于确保所有者"在位"、防止"内部人控制"失控、确保董事会履行受托责任和对经理层进行监督、发挥证券市场在增强公司治理中的作用等一系列论述,对于深化企业改革、完善公司治理都起到了重要的推动作用。

除理论活动外,吴敬琏在我国信息产业发展、民间商会的健康发展,乃至社会公益事业的茁壮成长等方面也有卓著成绩。

目　录

关于社会主义"两重性"问题的再探讨(1978年2月) …………… 1
论"四人帮"经济思想的封建性(节录)(1978年7月) …………… 8
经济发展战略与经济体制模式的选择(1982年12月) ………… 25
再论保持经济改革的良好经济环境(1985年4月) …………… 45
单项推进，还是配套改革(1985年7月) …………………… 63
以改善宏观控制为目标，进行三个基本环节的配套
　　改革(1986年1月) ……………………………………… 65
中国工业中的双重价格体系问题(1986年7月) ……………… 69
"两权分离"和"承包制"概念辨析(1987年9月) ……………… 83
"整体改革论者"的学术观点和政策主张
　　——《中国经济改革的整体设计》前言(1988年2月) …… 95
"寻租"理论与我国经济中的某些消极现象(1988年8月) …… 109
论作为资源配置方式的计划与市场(1991年8月) …………… 113
关于公司化(1993年8月) …………………………………… 141
关于社会主义的再定义问题(1997年5月) …………………… 152
实现国有经济的战略性改组
　　——国有企业改革的一种思路(1997年5月) …………… 161
中国会成为寻租社会吗？(1999年4月) …………………… 179
制度重于技术
　　——论发展我国高技术产业(1999年5月) ……………… 183
股市七题(2001年3月) ……………………………………… 193
增长模式与技术进步(2005年8月) ………………………… 225

中国经济的未来方向(2012年12月) ………………………… 251
在新的历史起点上全面深化改革(2013年12月) …………… 267
什么是结构性改革,它为何如此重要?(2016年6月) ………… 279
产业政策面临的问题:不是存废,而是转型(2017年9月) …… 296
改革开放四十年,理论探索与改革实践携手
　　前进(2018年8月) …………………………………… 315
学习经济所先贤榜样,努力攀登科学高峰(2019年5月) ……… 328
编选者手记 ………………………………………………… 332

关于社会主义"两重性"问题的再探讨[*]

（1978年2月）

一、"四人帮"上海写作组组织编写的《社会主义政治经济学》是以所谓社会主义"两重性"：生长着的共产主义和衰亡着的资本主义的矛盾运动作为中心线索的。通过这一中心线索的展开，它把社会主义等同于资本主义，并且得出必须对维护社会主义制度的广大群众和干部实行"全面专政"的政治结论。这本《社会主义政治经济学》在序言中明确概述了它的中心思想：

> 社会主义生产关系。"一分为二，既有生长着的共产主义因素，又有衰亡着的表现为资产阶级法权的资本主义传统和痕迹。……这种矛盾运动，集中表现为无产阶级和资产阶级之间的矛盾和斗争。特别是集中表现为无产阶级和执政的共产党内资产阶级之间的矛盾和斗争。无产阶级要最终消灭资产阶级和其他一切剥削阶级，消灭一切阶级和阶级差别，必须坚持对资产阶级的全面专政。"

显然，这个以所谓"两重性"为中心线索构筑起来的社会主义政治经济学体系是极端荒谬和极端反动的，这就使我们有必要对它的理论出发点，即所谓社会主义"两重性"学说做认真的考察。

---

[*] 这是作者1978年2月在一次批判上海写作组《社会主义政治经济学》的讨论会上的发言要点。

二、"四人帮"的"两重性"理论是极端荒谬和反动的东西，但在我国政治经济学的发展历史中，这种理论却并不是由"四人帮"首先提出来的。早在六十年代初期，我国一些经济学工作者（包括我本人）提出了社会主义社会"两重性"，既有共产主义因素，又有旧社会的痕迹的观点，后来经济学界相当多的同志接受了这种观点。对社会主义社会基本性质所作的这种估计，在国外也引起了较大的反响，认为是"中国的新论点"[①]。

六十年代的"两重性"观点和"四人帮"的"两重性"观点，是有区别的。例如在那时，强调了社会主义是不成熟的共产主义，共产主义因素在社会主义社会居于主导地位；对于社会主义社会中的私有制残余和社会主义生产关系中的旧社会痕迹，通常是区分开的；等等。然而，那以后的实践，特别是同林彪、"四人帮"反党集团的斗争说明，这种观点在理论上有很大的缺陷，特别容易为假"左"真右的修正主义者所利用。因此，我们应当本着坚持真理、修正错误的精神，对这个问题作认真的再探讨。

三、社会主义社会"两重性"的说法，是针对苏联经济学界的传统说法提出来的。一九三四年一月，斯大林在联共十七大上宣布，苏联已经建成了社会主义的基础。那时以后，苏联经济学界占统治地位的观点是：过渡时期的任务既已实现，生产关系和上层建筑革命就不再必要，任务只是在既定的社会主义生产关系（两种公有制、按劳分配等）下发展生产力，直到具备向共产主义过渡的物质前提。他们忽略了恩格斯和列宁关于社会主义社会（包括它的生产关系）是"不断改变"和"不断进步"的这个重要论断，否认社会主义社会里生产关系将随着生产力的发展而有步骤地变化。一九五八年以后，我国理论界针对苏联经济学界的传统说法提

[①] 参见［日］副岛种典《社会主义政治经济学研究——〈政治经济学教科书〉批判》，1961年东京版，第二章"关于社会主义社会的过渡性"。

出了不同意见。但是，和当时对过渡到共产主义想得很轻易（例如三五年或十来年就可以实现这一过渡）的估计相联系，我们的有些论述，在强调不断革命的同时忽略了革命发展的阶段性，结果使自己陷入了片面性。

四、在上述背景下，形成了社会主义"过渡性"和"两重性"的理论。

早在一九五八年冬，在湖北省委理论刊物《七一》等报刊上，进行了"我国建成社会主义之日是否就是进入共产主义之时"的讨论，其中一些同志认为，社会主义存在"公"与"私"的矛盾，社会主义建设过程就是破私立公的过程，而建成社会主义之日，也就是"私"字消灭、进入共产主义之时。这种观点，是"过渡性""两重性"理论的先导。一九六〇年年初由理论宣传的领导部门起草的一个《社会主义建设总路线宣传提纲》中，把向共产主义高级阶段过渡当作当时我国社会主义建设的现实任务。为了论证这个任务，《提纲》列举了社会主义社会中生产关系同生产力"不相适应的方面"，其中既包括定息这类资本主义的残余，自留地这类小私有制的残余，也包括集体所有制所带有的个体所有制痕迹，还包括按劳分配的"半资产阶级法权"。由于把以上几种性质根本不同的经济关系划作一类，而同共产主义的因素相对立，"两重性"的理论也就初步成型了。在一九六〇年三月到五月召开的全国政治经济学教科书讨论会上，"过渡性""两重性"的观点占了优势。我的《社会主义社会的过渡性质》[①]一文，是全面表达这种观点的一个尝试。后来不少同志发表过论述这种观点的文章。

五、关于社会主义社会的"过渡性"问题。

六十年代的观点认为，不能说社会主义公有制一朝建立，从资本主义到共产主义的过渡时期就已结束。我现在仍认为，这一看法

---

① 《经济研究》1960 年第 5 期。

是正确的。

但是，六十年代的观点混淆了社会主义社会的两个不同阶段：不发达的社会主义社会和发达的社会主义社会。说二者都处于从资本主义到共产主义的过渡时期，是不确切的。因为全面的全民所有制的实现，表明共产主义初级阶段已经达到，就是说，已经进入共产主义的大门，正在登堂入室。在这种情况下，我们完全应当说，从资本主义到共产主义的过渡已经基本实现了。如果到那时还需要强调在社会主义生产关系中仍然残留旧社会的痕迹，过渡的任务还没有完全、彻底地实现，那是可以理解的。但是，那毕竟是过渡的遗留任务，绝不能因此把发达的社会主义阶段的进步同不发达的社会主义阶段为建立完全的社会主义所做的努力等量齐观。六十年代的理论特别容易造成混乱的（我的《社会主义社会的过渡性质》一文也许是第一个这样做的）是：用列宁在《无产阶级专政时代的经济和政治》中很明显是论述从资本主义到共产主义第一阶段的过渡的一段话（"在资本主义和共产主义中间隔着一个过渡时期，这在理论上是毫无疑义的，这个过渡时期不能不兼有这两种社会经济结构的特点或特征。这个过渡时期不能不是衰亡着的资本主义和生长着的共产主义彼此斗争的时期。"[①]）来证明，列宁认为社会主义社会仍然处在过渡时期，具有"两种社会经济结构的特点或特征"。"四人帮"利用这种说法大做文章，说明科学上的不严谨危害有多大。

六、关于"两重性"问题。

三十年代初期以后，苏联的经济学者在强调社会主义生产关系的优越性（这是完全正确的）的同时，抹杀了它还"保留着旧社会的痕迹"。这是有片面性的。社会主义是不完全的共产主义，它的"不完全"之处在于"在经济、道德和智慧方面都还保留其所由脱胎出来的那个旧社会的痕迹"。在这个意义上，是可以说社

[①] 《列宁选集》第四卷，人民出版社1972年版，第84页。

主义既有占主导地位的共产主义，又有占从属地位的旧社会的痕迹的。社会主义的经济范畴都可以"分解"为共产主义因素和旧社会的痕迹这样一种方法论原则是否站得住脚，也是可以讨论的。问题在于，六十年代的理论混淆了社会主义社会中旧的经济成分的残余和社会主义生产关系中的"旧社会的痕迹"这两种性质根本不同的事物，我们虽然有时把社会主义社会中遗留的旧社会的经济成分、因素和旧社会的痕迹区分开来叙述，但在不少的场合，又对它们等量齐观，称为"旧质要素""旧社会的残迹""私的因素"，甚至称为"旧社会的因素"，这显然是错误的。因此，虽然在有的文章中还指出过，绝不能说社会主义的集体所有制、社会主义的按劳分配是资本主义留下来的东西，可是，由于把社会主义生产关系中的旧痕迹和社会主义社会中的旧经济的残余混为一谈，把它们都说成是资本主义社会的"经济结构的特点或特征"，这就给"四人帮"污蔑社会主义，把按劳分配说成是"衰亡着的资本主义"留下了很大的空子。现在看来，把社会主义各个阶段上的旧残余和旧痕迹合在一起称为"衰亡着的旧质要素"的说法极不确切，应当予以抛弃。

七、从政治上看，六十年代的理论混淆了社会主义的不同历史阶段的任务，有很大的片面性；这种片面性，在当时，就是有利于陈伯达、张春桥刮起的"共产风"的；后来更为"四人帮"利用来进行篡党夺权的阴谋活动；根据这些历史经验，这种片面性必须坚决纠正。

从资本主义到共产主义的高级阶段，似乎可以分为三个性质不同的阶段：从资本主义到社会主义（不发达的社会主义）；从两种社会主义公有制到全面的全民所有制（发达的社会主义）；从社会主义到共产主义。在每个阶段，革命的任务不同，各种生产关系的意义也不同。例如，在六十年代初期，我国所有制方面的社会主义改造取得基本胜利，刚刚建立起来的公共所有和按劳分配制度，是社会主义的新生事物，具有强大的生命力。这种社会主义的生产关系，包括所谓"资产阶级权利"的残余在内，是适应生产力的状况的，具有极大的优越性，说取消它们的任务已经提到日程上来，显然是错误的。列宁在苏俄战时共产主义时期的著作《关于星期六义务劳动》中指出，共产主义只有在社会主义完全巩固的时候才能发展起来，社会主义只有完全取得胜利以后，才会生长出共产主义。但在六十年代，我们却就已认为不能提"巩固社会主义制度"，似乎社会主义制度已经落后，需要很快用共产主义代替它了。有的文献还在上述经济分析的基础上，作出了以下的阶级斗争形势的估量：在我国，存在着三种不同态度的社会势力。第一种是促进派，他们坚决主张加速社会主义建设，以便尽快地过渡到共产主义社会。第二种是反动派，他们企图使资本主义复辟。第三种是保守派，他们主张永远停留在社会主义阶段上，他们满足于全民所有制和集体所有制并存的现状，满足于"各尽所能，按劳分配"的制度，不愿意由社会主义社会过渡到共产主义社会去。他们动摇于前两种人之间，如果不前进到促进派的立场上来，就有被反动派俘虏的危险。在这三种人之间，存在着尖锐的斗争。这个斗争实质上是前进到共产主义或者倒退到资本主义的两条道路的斗争，也就是社会主义社会中的阶级斗争！前文已指出，六十年代观点中的片面性错误，对于广大理论工作者来说，是从急于过渡的良好愿望产生的。然而这类错误说法，却很容易地为林彪、"四人帮"一类打着"最最最革命"旗号的极右派所利用了。他们为了论证自己"全面专政"的法西斯政治纲领，就要把社会主义社会的阶级斗争扩大化，落脚到社会主义生产关系之中，于是，他们抓住六十年代观点的片面性，充分加以发挥，构筑起一个假革命的理论体系，把矛头指向社会主义制度，指向拥护社会主义的干部和群众，来为他们篡党复辟的阴谋服务。

八、怎样认识社会主义社会的基本性质，怎样分析从资本主义到共产主义的过渡，是政治经济学社会主义部分的根本问题，也是我们同右的和假"左"真右的修正主义者之间有着重大争论的问题。我们应当根据我国和外国正反两方面的经验，根据中华人民共和国成立以来我党历次重大路线斗争的经验，进行认真的研究，作出切合于社会主义实际的结论。

（写于1978年2月10日，原载《吴敬琏选集》，山西人民出版社1989年版）

附录：

社会主义社会的过渡性质（略）

论"四人帮"经济思想的封建性(节录)*

（1978年7月）

在"四人帮"猖狂活动的十余年间，他们操着"最最最革命"的语言，提出种种蛊惑性的"社会主义"理论，一时间对于不明真相的人们颇有些迷惑力。为了彻底消除"四人帮"制造的幻觉、剥掉他们的"革命"伪装，还其反革命本相，就要认真地研究他们的言论和声明，弄清楚在漂亮的言辞后边荫蔽着哪个阶级的利益。

"四人帮"为什么反对发展社会生产力？

反对发展社会生产力，反对采用现代技术，鼓吹蒙昧主义和愚民政策，是"四人帮"所谓"社会主义理论"的一大特点。他们把主张发展生产污蔑为"修正主义的唯生产力论"，把实现四个现代化污蔑为"修正主义的口号"，经常宣扬"只要路线正确，不出煤也要开庆功大会"，"颗粒无收也没关系"，"即使全国都成了文盲，也是最大的胜利"一类谬论。

"四人帮"这种观点的反社会主义性质是显而易见的，因为对于社会主义制度来说，能否迅速发展社会生产力，创造比资本主义更高的劳动生产率，是一个生死攸关的大问题。对于像我国这样在落后的半封建半殖民地里取得革命胜利的社会主义国家来说，提高

---

* 与周叔莲合写。

劳动生产率的任务就更加紧迫和突出。"四人帮"拼命反对实现四个现代化，破坏社会主义物质基础的建设，显然是同无产阶级和劳动人民的根本利益相敌对的，他们代表的只能是剥削阶级的利益。

问题在于，"四人帮"所代表的是哪一种剥削阶级的利益。在对待生产力发展和现代文明的问题上，地主阶级和资产阶级有着重大的区别。封建制度下的地主经济和同它有密切联系的宗法式农民经济，是以保守的技术和陈旧的生产方法为基础的。在这种经济制度的内部结构中，没有任何引起技术改革的刺激因素。与此相反，生产的不断发展，一切社会关系不停的动荡和变动，却是资产阶级时代不同于过去一切时代的地方。资本主义生产是以获得利润为目的的，当新技术不能预示最大利润的时候，资产阶级就会阻扰技术的进步，因此，资本主义条件下技术的发展受到很大的限制。但是，由于竞争和价值规律的作用，资产阶级又必须应用科学技术，提高劳动生产率。正像列宁所说，农奴制和资本主义都是剥削劳动的，在这个意义上两种制度都是"绞索和奴役"。但是农奴制的特点是：世世代代的停滞，劳动者的闭塞无知，劳动生产率很低。资本主义的特点则是：经济和社会的发展非常迅速，劳动生产率大大提高，劳动者的闭塞状态被打破，劳动者进行团结和过自觉的生活的才能开始苏醒。"四人帮"的经济理论，明显地反映了前一种奴役制度的特点。

从历史上看，封建主义制度是由于生产力和科学技术的发展而趋于灭亡的。马克思说，手推磨产生的是封建主为首的社会，蒸汽磨产生的是工业资本家为首的社会。资产阶级的反封建斗争中依靠的决定性武器，是工场手工业和由它发展而来的机器工业。而在工业还没有一定发展的地方，封建制度就较为稳定。十八世纪末十九世纪初，伴随着产业革命的进程，资产阶级民主革命席卷西欧，使一顶顶王冠落地。然而，在地处内地的奥地利，封建统治却表现得分外稳固。当时的奥地利皇帝弗兰茨世大言不惭地说："我和梅特涅还支持得住。"为什么会出现这种情况？从根本上来说，这是由于多瑙河、阿尔卑斯山脉和波希米亚的悬崖峭壁阻碍了文明的传播，于是，贫瘠而交通阻塞的奥地利山区就成了野蛮和封建的避难所。所以，只要生产力没有发生大的变化，只要手工劳动一直占统治地位，奥地利的封建王朝就能平安无事。然而，蒸汽机的应用、铁路的修筑和机器工业的发展，却使奥地利君主国的末日不可避免地到来。恩格斯指出："的确，法国革命、拿破仑和七月风暴都支持过来了。但是却支持不住蒸气。蒸气开辟了穿过阿尔卑斯山脉和波希米亚森林的道路，蒸气使多瑙河失去了作用，蒸气彻底摧毁了奥地利的野蛮，因而也就摧毁了哈布斯堡王朝的根基。"[①] 总之，野蛮有利于封建制的巩固，而文明却要使它灭亡。所以地主阶级对于生产力的发展和现代技术的应用怀有本能的嫌恶和恐惧。

从近代科学技术传入中国时起，封建统治者就对机器工业的发展可能给腐朽的"天朝"造成的危害怀有极大的戒心和敌意。清末封建势力按照买办成分的多寡分为两个主要派别：顽固派和洋务派。他们对资本主义侵略势力的依赖程度有所不同，然而，对于西方技术必然引起的社会后果的疑惧和由此对新技术推广所采取的阻挠态度却是共同的。洋务派主张采用西方的军火制造方法来为巩固封建统治服务，但他们对于使用机器的后果忧心忡忡。因此他们极力反对广泛开办新式企业，力图保持对机器工业的封建官僚垄断。顽固派则采取更加愚昧死硬的态度。他们把西方资本主义国家的自然科学和生产技术咒骂为"奇技淫巧"，说什么"洋人之所长在机器，中国之所贵在人心"；如果学习西方的科学技术，"恐天下皆将谓国家以礼义廉耻为无用，以洋学为难能，而人心因之解体"[②]，"以逐彼奇技淫巧之小慧，而失我尊君亲上之民心也"[③]。在封建势力的阻挠下，旧中国现代工业发展极为缓慢。以铁路为例，1865

[①] 《马克思恩格斯全集》第4卷，人民出版社1958年版，第521页。
[②] 《光绪元年二月二十七日通政使于凌辰奏折》，见《洋务运动》（一）第121页。
[③] 《光绪元年二月二十七日大理寺少卿王家璧奏折附片》，见《洋务运动》（一）第134页。

年英商杜兰德在北京宣武门外铺设了一条一公里多长的铁路，试行火车，步兵统领衙门视为妖异，勒令拆除。1876年英美商人合资筑成吴淞铁路从江湾到上海一段，清政府派员交涉，用银28.5万两将该铁路收购，然后拆毁。直到1881年，由于开平矿务局运煤的需要，我国才有了第一条从唐山到胥各庄的铁路，清政府却说蒸汽机车行驶会震动睡在几十公里外皇陵中的"列祖列宗"，禁止用机车牵引，只许用骡马拖曳，把火车变成了马车。请把"四人帮"的言行同一百年前的封建势力比较一下吧。"四人帮"一方面崇洋媚外，大量进口外国奢侈品供自己享乐，里通外国，用党和国家的重要机密和帝国主义分子做交易，表现出很大的买办性；另一方面却竭尽全力阻挠学习外国的先进科学技术。他们胡说引进外国技术是"崇洋媚外"，鼓吹尖端技术的发展将使"红旗落地"，叫嚷大庆由外国引进化肥设备有失国体，必须加以拆除。虽然"四人帮"使用的是现代的、"革命的"甚至是"社会主义的"语言，但是他们的言论在实际内容上和半殖民地半封建清王朝的反动统治者就像一对孪生兄弟那样惟妙惟肖！

对于如何对待生产力发展的问题，在各个经济学派别之间历来是有争论的。马克思认为，是否以发展生产力作为评价经济现象的基本原则，是科学的经济学和庸俗的经济学的分水岭。古典经济学家李嘉图把符合人类劳动生产率发展的利益当作最高原则；西斯蒙第认为，生产的发展应当限制在保证个人福利的限度内；马尔萨斯则以符合土地贵族的利益为最高原则，反对"为生产而生产"。马克思赞赏李嘉图的科学态度，表示不同意西斯蒙第的观点，坚决指斥马尔萨斯的谬论。他说：李嘉图希望为生产而生产，对于他那个时代来说，李嘉图是完全正确的。而马尔萨斯呢？他不希望为生产而生产，他所希望的只是在为统治阶级利益服务的那种限度内的生产，甚至企图为土地贵族的特殊利益而牺牲生产的要求。因此，马克思把马尔萨斯叫作"极端卑鄙"的"无赖"。"四人帮"和马尔萨斯颇有类似之点。不过"四人帮"代表着比马尔萨斯更腐朽的社会势力。马尔萨斯是资产阶级化了的地主的代言人,"四人帮"的封建性比马尔萨斯更浓厚得多,政治上也比马尔萨斯更加反动。

否定商品生产和产品交换意味着什么?

"四人帮"一贯反对社会主义的商品生产和商品交换。早在1958年,张春桥就伙同陈伯达大刮"一平二调三收款"的"共产风",妄图取消人民公社的商品生产和国家与集体之间的商品交换。近十年来,"四人帮"以更加猖狂的形式重弹否定商品生产和商品交换的老调,胡说什么:"社会主义社会的商品交换,无论从它的形式和实质来看,都是产生资本主义和资产阶级的土壤。"

商品生产和商品交换,是自发产生的社会分工的产物,只要存在社会分工和生产资料的不同所有者这两个条件,商品生产和商品交换就会存在和发展。"四人帮"否定社会主义的商品生产和商品交换,实际上也就是反对生产社会化,反对承认集体农民对于生产资料和产品的所有权。在这个问题上,"四人帮"经济理论的封建性同样鲜明地表现出来。

社会分工是生产力发展到一定程度的结果,同时,它又是推动生产力进一步发展的有力杠杆。现代生产要求生产过程中各种职能的专业化,使它们变成由专门生产单位从事的、为满足社会需要而进行的生产。然而,自给自足的自然经济却是封建制度得以维持下去的一个必要条件。列宁在分析俄国半封建的工役制经济时说过:"商品经济的发展同工役制度是不相容的,因为这一制度是建筑在自然经济、停滞的技术以及地主同农民的不可分割的联系上的。……商品经济和商业性农业的每一步发展都破坏这一制度实现的条件。"[①] 由于商品经济的发展必然使封建制度日益解体,赞美自然经济,敌视商品货币关系,力图抑制商品性生产的发展,就成

---

① 《列宁全集》第三卷,人民出版社1959年版,第172—173页。

为封建经济思想的一个显著特色。

我国几千年的封建统治阶级根据这种思想,采取了一整套所谓"重本抑末"政策,即巩固宗法制农民经济、抑制工商的政策来维护封建制度。这种政策在我国封建社会的中期和后期越来越成为阻碍社会进步的因素。马克思曾经分析近代印度社会中部分保存着的公社,指出建立在农业和手工业直接结合和固定分工之上的生产机体,为揭开亚洲社会长期停滞的秘密提供了钥匙。我国进入近代以后,虽然自然经济已经因外国资本主义的侵入而破坏,但是,地主阶级仍然唱着"重本抑末"的老调子,力图在广大农村尽可能保持宗法制的经济结构。清末的地主阶级思想家把所谓"国初盛世"以及更早的封建社会描述为"男力耕于外,女力织于内,遂至家给人足,物阜民康"的黄金时代[①],哀叹商品经济的发展使世态浇漓,人心不古,提出了"复宗法",建立"义庄""屯田"等反动倒退的主张,妄图挽救封建制度的灭亡。

中国原来是商品生产很不发达的国家,在延续了几千年的封建社会中,自给自足的自然经济始终占统治地位。直到十九世纪中叶,自然经济的基础遭到破坏。然而由于生产力发展水平低,社会分工很不发达,商品产值占整个国民经济总产值的比重一直是不高的。因此,在社会主义制度建立后,我们有极大的必要在生产资料公有制的基础上发展商品生产和商品交换,来促进生产的发展,保证人民需要的满足。

"四人帮"却反其道而行之。他们把农村人民公社的多种经营、副业生产一概诬指为"不务正业"的"资本主义倾向"反对生产专业化,提出"菜农不吃亏心粮""棉农不吃亏心粮""果农不吃亏心粮"一类别有用心的口号[②]。姚文元甚至惊呼:"这几年农村生产有较大发展,粮食产量增长了。这种情况也容易产生资本

[①] 曾廉:《纺砖楼记》,《瓜蠡葊集》卷15,第31页。
[②] 参见《辽宁日报》1977年4月20日。

主义!"① 按照他们的逻辑,只有从社会化的大生产向自给自足的自然经济倒退,才是理想的"社会主义"的光明大道。这就难怪"四人帮"在1974年"批林批孔"时为什么要对法家的"重农抑商"政策大加吹捧了。他们反对商品生产和商品交换的"理论",本来就是从旧中国封建主义的经济思想武库中取来的,只不过披上了一件薄薄的"社会主义"外衣罢了!列宁曾经说,在苏维埃俄国轻视商业,是一种旧俄国式、半贵族式、半农民式、宗法式的情绪。

"四人帮"正是妄图把旧中国半封建的盘剥方式,重新加在我国劳动人民的身上。"四人帮"在辽宁那个死党一手在彰武县哈尔套公社炮制出来的"社会主义大集"的"典型经验",就是这方面的一个"试点"。在这种"大集"中,他们强行向生产队和社员摊派农副产品交售任务,而且规定"个个要赶集,人人不空手"。有的生产队和社员没有养猪养鸡,只好用高价买进肉、蛋来完成低价"交售"的义务。难怪当地广大群众气愤地说:"这纯粹是祸国殃民的害人集。"可是"四人帮"在辽宁的那个死党却自鸣得意地说,有了"哈尔套经验","农业的方向、路线问题解决了","全省就要按哈尔套的路子搞"②。这就是说,如果"四人帮"篡党夺权的阴谋得逞,他们就会在全国范围内用这种"大集"取代社会主义的商品交换,使广大社员沦为负有缴纳贡赋义务的徭役农民。

在反对社会主义管理的背后

管理的形式既是由所有制关系所决定的,又受生产力的性质的制约。社会主义公有制和社会化的大生产,决定了社会主义的管理具有民主的和科学的性质。

---

① 姚文元1974年4月6日的一次谈话。
② 参见《人民日报》1977年10月12日和《辽宁日报》1997年1月21日。

"四人帮"反对社会主义的企业管理,是从反对科学管理和反对民主管理两方面进行的。这两个方面,都表现了他们的经济思想的浓厚封建性。

社会主义经济是建立在高度发达的社会化大生产的物质基础上的。而社会化大生产没有严格的科学管理是绝对不行的。但是,"四人帮"却把社会主义企业管理污蔑为"资产阶级的'管、卡、压'",炮制了一系列谬论来"论证"社会主义企业不需要科学管理。张春桥、姚文元胡说:"企业管理无非是'三讲',讲路线,讲领导权,讲相互关系。"这就根本否定了企业管理的地位。在一次座谈会上,他们更明确提出:"我们能不能搞不靠规章制度,而靠政治工作办企业的经验。"由于他们破坏社会主义企业管理,造成了我国国民经济的很大混乱。他们甚至攻击高度社会化因而需要严密的管理的铁道部门执行规章制度,按时刻表正点行车是什么"正点挂帅",鼓吹"宁开社会主义晚点车,不开修正主义正点车",造成了行车秩序的极度混乱,重大事故频繁发生。

为了反对社会主义管理,"四人帮"还制造了一种"理论",说科学管理是资本主义的东西,必须加以抛弃。这完全是一派胡言。科学管理是社会化大生产所必需,绝不能和资本主义相等同。而且,即使是资本主义的管理,对于其中科学的成分,也绝不可以随意否定。随着工厂生产规模的扩大和生产过程的复杂化,资产阶级"企业管理学"已成为一门重要的学科。近年来,美国、日本、西德等国在企业管理中进一步采用了电子计算机等先进科学技术成果,大大提高了管理水平。加强企业管理,成为目前发达的资本主义国家中提高劳动生产率的一个重要因素。列宁说过,社会主义实现得如何,取决于我们苏维埃政权和苏维埃管理机构同资本主义最新的进步的东西结合的好坏。应该在俄国研究与传授泰罗制,有系统地试行这种制度,并且使它适应下来。这个道理,对于一切社会主义国家都是适用的,而对于我国这样一个原来工业十分落后的国家,学习先进的管理办法就更加重要。毛泽东同志在《论十大关系》中说，外国资产阶级的一切腐败制度和思想作用，我们要坚决抵制和批判。但是，这并不妨碍我们去学习资本主义国家的先进的科学技术和企业管理方法中合乎科学的方面。工业发达国家的企业，用人少，效率高，会做生意，这些都应当有原则地好好学过来，以利于改进我们的工作。

"四人帮"对待科学管理的绝顶愚蠢和荒唐的主张，是由他们极端反动的阶级立场决定的。在封建主义的手工生产条件下，没有农奴制的纪律就不能经营经济。而在当时孤立、狭小、闭塞的个体农业和行会手工业中，家长和行东的个人意志支配也足以适应组织生产的需要。"四人帮"是一伙生活在现代却对现代生产一窍不通、专靠权势地位和阴谋权术过日子的蠢人。张春桥曾说，"大庆那个岗位责任制，不是什么新发明，王熙凤整顿大观园，也就是老妈子、小丫头来个岗位责任制。"在他们的心目中，只有封建庄园这样一种经济形式，只有封建庄园中对农奴、"老妈子、丫头"的管理这样一种管理形式。由此出发，他们当然要反对一切现代化的科学管理了。他们指望依靠在各单位的一小批愚昧而专横的奴仆，对企业实行家长制的统治。在旧中国，封建官僚就是用这种方法经营官僚资本主义工商业的。官办工业实行的腐败制度说："购料则价不尽实，工作则时多废弛，材料则任便作践，成货则或致盗窃，出售则价或分肥，即不然用人或碍于情面而多冗员，办事则怵于请托而多迁就，以乱章为圆到，以姑息市私恩，甚或苞苴公行，干俸累累……似此种种弊窦，层层胶削，安有不赔累倒闭者哉！"[①] 请看前几年在"四人帮"篡夺了权力的地区和单位，那种管理腐败混乱，营私舞弊盛行，任用私人成风的情景，与这里形容的不是简直毫无二致吗？

合理的规章制度，既是对社会化生产过程实现科学管理所必要，更是由劳动群众共同对生产过程实行民主管理所必要。"四人

[①] 《郭春畚对问》，《直隶工艺志初稿》丛录下，第15页。

帮"否定一切规章制度，也就否定了民主管理。他们反对社会主义的法制，是要实行各级帮派人物的个人专制。在实行这种制度的地方，的确无须依据生产过程本身的要求并符合社会主义公有制性质的规章制度，因为"四人帮"及其代理人的意志就是法规。在这样的体制下，他们的帮派兄弟都可以凭自己的意志对劳动群众生杀予夺。"四人帮"不是说他们主张"靠政治工作办企业"吗？实际上，"四人帮"所谓"靠政治工作办企业"是同加强无产阶级的政治思想工作毫无共同之处的，它不过是施行超经济强制的一种好听的说法。前几年在被"四人帮"篡夺了领导权的地方，他们用"专政的办法"办农业，办工业，办其他一切事业，做了淋漓尽致的表演。

为了破坏社会主义的集中统一领导，"四人帮"在前几年曾打着"反对条条专政"的旗号大肆煽动无政府主义。其实他们并不是真的不要"政府"。他们只是不要社会主义的民主政府，却一心要自己一帮的专制政府。在"四人帮"窃取了权力的地方和部门，他们搞"全面专政"比谁都厉害。在最富有多样性的精神生产部门，"四人帮"凭借手中窃取来的权力，推行文化专制主义，直弄到喜儿的辫绳长几尺几寸，道具苹果重几两几钱，都有统一规定，有半点儿差错就以"破坏样板戏"论处。对于物质生产部门那就更不用说了。在"四人帮"控制下的工业部门，所有的生产资料和生活资料，都由他们随意支配，所有企业都要听他们的号令，生产他们吃喝玩乐和篡党夺权所需要的产品，他们的一切胡言乱语都是金口玉言，只要一声令下，就必须闻风而动，不得稍有违误，叫作"我们叫你们什么时候上，就什么时候上"，力图建立一种封建性的国家垄断资本主义管理体制。而在"四人帮"指派体系内部，则是实行层层"效忠"的封建行帮制度。张春桥说："百家争鸣，一家做主，最后听江青的。"事情很清楚，"四人帮"的理想就是这样一个具有严整的等级结构，以人身依附关系为特征的法西斯等级从属制秩序。

否定劳动者的个人物质利益是哪个阶级的观点？

社会主义生产的目的，是满足整个社会全体劳动者的需要，这是由社会主义公有制的本质决定的。

"四人帮"口口声声说他们主张社会主义，却不准提劳动人民的物质利益。张春桥还一再散布；"革命搞好了，八亿人民生活再苦也没有关系"，"八亿人民主要抓上层建筑，生活苦点不要紧"，等等。

是不是我国人民生活已经不需要改善了呢？当然不是。中华人民共和国成立以来，我国人民生活水平有了很大提高，和中华人民共和国成立前相比何止天上地下之别，但是，由于我国生产力水平还相当低，劳动人民的生活水平也还不高。我们应该按照社会主义基本经济规律的要求，在不断发展生产的基础上逐步地提高人民的物质和文化生活水平。

是不是提高劳动人民的生活水平就是"修正主义的物质刺激"呢？当然不是。我们必须反对资本主义和修正主义的物质利益原则，又必须坚持社会主义的物质利益原则。我们反对把个人物质利益放在第一位，但绝不全盘否定个人物质利益，而是要把个人利益和集体利益正确地结合起来，使个人利益服从集体利益。在社会主义制度下，工农劳动大众的生活水平必须而且完全有可能比在资本主义制度下提高得更快。

"四人帮"根本否定一切物质利益，表现了旧中国大地主和官僚资产阶级经济理论的特色。地主阶级是一个完全不从事生产经营、安坐而衣租食税的阶级，他们用超经济强制手段榨取农民的血汗，从事的不是金钱盘剥，而是"由宗教幻想和政治幻想掩盖着的剥削"。这种物质生活条件使封建士大夫高唱"何必曰利，亦有仁义而已矣"和"正其谊不谋其利，明其道不计其功"一类貌似清高的调子，说什么"君子谋道不谋食"，攻击劳动人民"孳孳求利"。有一个有名的故事，说以"喜谈玄理、口中雌黄"著称的西晋士族官僚王衍，为了表示对于物质利益的鄙薄，甚至口不言钱字，在无法回避时则谓之"阿堵物"。"四人帮"避讳物质利益，以致攻击一切物质利益，完全是拾他们的老祖宗的唾余。

旧中国统治阶级的经济理论，从来是把要求劳动人民禁欲和放任剥削阶级纵欲结合在一起的，他们在追求荒淫糜烂生活的同时，极力反对劳动人民满足自己的基本生活需要，甚至认为，人们如果富足，就会变得怠惰，从而威胁他们的剥削事业。我国封建社会地主阶级的代表反对"民富"的不乏其人。例如，被"四人帮"捧上了天的法家代表人物商鞅、韩非就公开反对"富民"和"足民"，认为人民物质需要的满足不但不利于统治，而且是有害的。他们认为"贫民易使"，鼓吹以贫困为鞭策被剥削者终身为专制君主卖命的动力①。"四人帮"反对提高人民生活的种种谬论，就是这类理论在新条件下的翻版。

"四人帮"把这种对劳动人民禁欲和对自己纵欲的观点，体现在他们的一项重要"理论"，即所谓"破除资产阶级法权"的理论中。

"四人帮"要破除的所谓"资产阶级法权"，首先是社会主义的按劳分配原则。大家知道，按劳分配是社会主义条件下劳动人民在经济上实现自己对于生产资料的所有权的形式。剥夺了劳动者按劳分配的权利，也就是剥夺了他们的生产资料所有权和其他经济权利。身受"四人帮"之害的哈尔套公社社员愤怒地指出，把社员搞得一分钱也没有了，才是"四人帮"的社会主义！②

人们常说，"四人帮"在消费品分配中推行平均主义。但是我们必须懂得，"四人帮"的"平均主义"和小生产者所幻想的平均主义分配制度，并不是同一个东西。小生产向往的那种消除了剥削

---

① 参见《商君书》《韩非子·六反》。
② 参见《人民日报》1978年5月22日。

的平均主义分配制度，只不过是理想化了的个体经济制度，在现实生活中是并不存在的。的确，在封建社会的长时期中，成千上万农民家庭的经济条件、生活方式和经济利益大体相同。就像马克思在形容法国十九世纪初的小农经济时所说：他们是由一些同名数相加形成的，好像一袋马铃薯是由袋中的一个个马铃薯所集成的那样，颇有一点"平均"的味道。但是我们不能忘记，个体经济是不能构成独立的社会经济形态的。正是由大体相同的个体经济组成的小农经济，构成了封建生产方式的基础，在广大的小农经济的基础上，高耸着由封建剥削者构成的巍峨宝塔。"四人帮"大肆煽动平均主义，正是为了实现这样一种经济结构。在这种经济结构中，对广大劳动人民实行普遍贫困的"平均"分配，只是事情的一个方面；事情的另一方面却是"四人帮"根据等级特权进行分配。"四人帮"在垮台前利用窃取的权力大搞特权的触目惊心的事实，现在是尽人皆知了。他们过着穷奢极欲的帝王般的糜烂生活，却美其名曰"这是工作需要"，说是"不然我就不能工作了"。他们有人还说："货币对我不起作用。"就是说，他们可以任意侵夺劳动人民辛勤劳动的成果，不受任何财政制度和货币数额的限制。这更赤裸裸地暴露了"四人帮"一伙追求的那种不受"资产阶级法权"规范限制的权利，究竟是什么样的权利。

明乎此，我们也就可以知道"四人帮"为什么反对一切工资和一切工资形式了。王洪文说："搞计件工资、计时工资、奖金，这不是关心群众生活，这是对工人阶级莫大的侮辱。"这话确是语无伦次。但是这个不学无术的流氓却道出了"四人帮"从他们的阶级本性出发对分配形式的爱憎。在封建制度下搞的是超经济强制。马克思在论及封建社会制度时指出：在它的一切形式内，财产关系必然同时表现为直接的统治和从属的关系，因而直接生产者是作为不自由的人出现的；这种不自由，可以从实行徭役劳动的农奴减轻到单纯的代役租。这大概就是"四人帮"力求在我国建立的"理想国"的原形。

"四人帮"的"社会主义理论"的实质

在对"四人帮"所谓的"社会主义理论"的几个主要特征分别进行了分析以后,我们不妨对这种"社会主义"的实质作一个小结。

"四人帮"梦想建立的理想国是什么性质的呢?

列宁在《俄国资本主义的发展》中论述过封建徭役经济的特点:第一,自然经济占统治地位。第二,直接生产者被束缚在土地上。第三,农民对地主人身依附,地主对农民实行超经济的强制。第四,技术的极端低劣和停滞是上述经济制度的前提和后果,因为种地的都是迫于贫困、处于人身依附地位和头脑愚昧的小农。让我们把"四人帮"的"社会理想"和封建经济的现实对照一下吧,两者是多么地相像啊。过去人们常常感到奇怪,生活在二十世纪后半期的"四人帮"为什么会有那么多的帝王思想。揭露了"四人帮"社会理想的实质,这个疑问也就迎刃而解了。据揭发,江青一次在训斥敢于顶撞她的工作人员时竟然大发雷霆:"你敢顶嘴!两千年前你敢这样吗?两千年前我和你是什么关系!"① 这脱口而出的斥责,道出了江青的心声,暴露了她的政治理想,确实是要当"女皇",不过不是她自称的什么"共产主义的女皇",而是地地道道的封建专制主义的女皇。这种政治理想,是同他们对封建经济制度心向往之的社会理想相适应的。

揭露"四人帮"社会纲领的封建性,对于我们彻底剥去他们的假面,认识他们的本质是大有帮助的。"四人帮"的封建性,使他们能够把"反资本主义"的口号喊得震天响,甚至打着"反资本主义"的旗号去为比资本主义更加落后反动的剥削制度招魂。认识这些"左"的口号的社会实质,可以使我们不为它的"反资

---

① 参见《人民日报》1977年1月4日。

本主义"的外表所迷惑，避免上当。列宁在揭露封建社会主义的反动性时指出，有各种各样的社会主义。在一切采用资本主义生产方式的国家里，有一种社会主义，它代表着将代替资产阶级的那个阶级的思想体系，也有另外一种社会主义，它是与那些被资产阶级所代替的阶级的思想体系相适应的。应当说，对资本主义的批判也有同样的情形。我们绝不能只要看到一种思想体系具有反资本主义的性质，就认为它是进步的和革命的。我们必须从反动派的极"左"口号下揭露出他们的极右实质。

当然，仅仅指出"四人帮"的思想体系具有封建性是不完全的。"四人帮"要在中国建立什么样的社会制度，并不完全决定于他们的主观爱好。即使像"四人帮"那样的反革命狂人，也不能不考虑到，在社会生产力已经有很大发展的条件下，要原封不动地恢复古代的封建秩序是绝不可能的。就连一个世纪以前的清末封建势力，也需要同外国资本主义侵略势力勾结起来，使自己买办化，才能适应已经和古代有所不同的情势，更何况科学昌明、生产力迅猛发展的二十世纪七十年代呢。所以，尽管"四人帮"想建立有"女皇"的"新天朝"想得发了疯，也还是不得不修正自己的"理想国"蓝图，去建立封建主义和官僚资本主义的经济制度。这就是"四人帮"能够提出的现实的纲领。这种大地主和大资产阶级结成反动联盟来反对无产阶级的情况，在历史上是屡见不鲜的。因此，"四人帮"的得逞也必然意味着资本主义复辟，但这种资本主义只能是旧中国半殖民地半封建经济体系中的那种资本主义，而不是自由资本主义或民族资本主义。五届人大的政府工作报告中指出：我们党同"四人帮"之间的这一场历史性的大决战的斗争中心，"是把我们的国家建设成为繁荣昌盛的社会主义现代化强国还是重新沦为半殖民地半封建的国家"。这是对"四人帮"全部反革命复辟活动的实质的最深刻的揭露和批判。

人们常说，"四人帮"的一切倒行逆施，都是为了篡党夺权，建立地主资产阶级的反革命专政。说"四人帮"力图建立法西斯专政的国家政权,这无疑是对的。但是,毕竟政治权力不过是用来实现经济利益的手段。"四人帮"要建立反革命专政的政治权力,归根结底还是为了建立封建主义和官僚资本主义的经济制度。"四人帮"成为地主阶级和官僚资产阶级的政治代表,主要就还是由于他们所追求的经济利益的性质。正如马克思所说,人们成为某一阶级的代表人物是由于:他们不能越出这个阶级的生活所越不出的界限,因此他们在理论上得出的任务和作出的决定,也是他们所代表的那个阶级的物质利益和社会地位使之在实际生活上得出的任务和作出的决定。一般来说,一个阶级的政治代表和著作方面的代表人物同他们所代表的阶级间的关系,都是这样。

封建主义在我国有几千年的历史;官僚资本主义,即封建的、买办的、国家垄断资本主义的历史也比民族资本主义更长;这种封建主义的影响既深且广,因此到了社会主义的现阶段,经济领域、政治领域特别是思想领域,它的影响还相当严重地存在着。我们曾说资产阶级人还在,心不死,地主阶级和官僚资产阶级又何尝不是如此!我国封建社会的历史比资本主义长得多,但我们推翻封建主义和官僚资本主义的统治,剥夺地主阶级和官僚资产阶级,不过比改造民族资产阶级早几年。在民主革命中,封建主义和官僚资本主义势力受到了毁灭性的打击。在进入社会主义革命以后,革命的主要对象是资产阶级和资本主义,我们一时也来不及对封建主义和官僚资本主义既深且广的影响作彻底清算,肃清它的一切流毒。在这种情况下,如"四人帮"一类的地主和买办阶级的代表人物,有机会就打着"反对资产阶级"的旗号,挂起"革命"的招牌,进行封建主义和官僚资本主义的复辟活动就毫不奇怪了。

值得我们注意的是,我国生产力仍然比较落后,有些地区和部门还没有根本改变以手工工具为主的状况,因此小生产的根源还存在,而小生产却是封建统治的经济基础。列宁说过,只有有了物质基础,只有有了技术,只有在农业中大规模地使用拖拉机和机器,只有大规模地实行了电气化,才能解决这个关于小农的问题,才能使他们的可以说全部心理健全起来。这种情况使我们批判封建主义的任务更加重大。

总之,我们不仅面临着批判资本主义的任务,而且面临着批判封建主义的任务。帝国主义、封建主义、官僚资本主义是中国人民的死敌,半殖民地半封建旧中国的悲惨旧境绝不允许重现。党中央带领我们进行的新长征,必将如狂飙骤雨,荡涤中国的土地,把旧中国遗留下来的这一切污毒扫除干净!

(原载《历史研究》1978年第7期)

经济发展战略与经济体制模式的选择

(1982 年 12 月)

近年来兴起的对于经济发展战略的研究，对生产力诸要素的配置组（包括劳动力、生产资料、劳动组合形式、科学及其技术运用等）的配置组合对于经济发展的影响进行了多方面的探讨。这种探讨的重点问题是：人们如何动用上述资源，求得最有效率的经济发展。换句话说，这种研究的主要着眼点，是人与自然之间的技术关系。经济发展战略的研究表明，在处理上述关系时的战略和策略动用，对于经济发展的速度和效益，有着决定性的影响。

然而，经济发展战略的适当与否，只是影响经济发展进程的诸因素中的一个因素。事实上，经济发展中技术关系的处理，处处离不开人与人之间的一定社会关系。事实上，经济发展的状况如何，不仅取决于我们对人与自然之间技术关系的处理，还取决于我们对人与人之间社会关系的处理。生产的这两个方面——反映人与自然之间的技术关系的生产力方面和反映人们之间的社会关系的生产关系方面，是相互作用并共同对经济发展起作用的。

按照马克思主义的观点，生产关系的变革、社会经济形态的更迭，是一个归根结底取决于生产力的发展状况，而不以人们的意志为转移的自然历史过程。社会主义制度是现代生产力的产物；社会主义制度代替资本主义制度，是不以人们的意志为转移的客观必然。人们的活动能够加速或延缓这一过程，却无力阻止它的或迟或早的实现。人们对于建设何种经济制度，作出选择的可能性是不大的。然而，各种基本的社会经济制度都可以有多种具体形式，或者叫作不同模式。人们对于在某一基本制度下采取何种具体模式，就有比较大的选择余地。在社会主义制度下，事情也正是这样，正像中共十一届六中全会决议所指出的："社会主义生产关系的发展并不存在一套固定的模式，我们的任务是要根据我国生产力发展的要求，在每一个阶段上创造出与之相适应和便于继续前进的生产关系的具体形式。"① 所以，我们在全面研究我国经济发展战略时，不能不分析经济发展的战略运用与社会主义条件下经济关系的模式选择之间的关系，以及这种选择对于经济发展的影响。

一　社会主义的传统发展战略与传统经济模式之间的关系

经济发展的战略和经济体制的模式之间，在客观上存在着相互配套的要求，选定了一种发展战略，社会要求一定的经济体制模式与之相配合；反之，建立了一定的体制，它又会使与之相适应的发展战略固定下来，向新的发展战略的转移发生困难。以下就来分析二者之间的内在联系。为了使我们对这个命题的说明不至成为完全演绎的，最好用传统的社会主义发展战略和传统的社会主义经济模式之间的关系为例来进行分析。

所谓传统的社会主义经济发展战略和经济模式，就是 20 世纪 20 年代末至 30 年代初期在斯大林领导下的苏联形成起来的发展战略和经济模式。它们后来被推广到几乎所有社会主义国家，一直沿用到 50 年代初期、中期乃至更晚一些时候。

这种发展战略，是以国力，首先是国防力量迅速赶上和超过资本主义强国为主要目标，而它所使用的主要方法，则是提高产值，首先是重工业产值的增长速度。这种经济体制的特征，则是从宏观经济活动到微观经济活动的决策权的高度集中。

---

① 《中国共产党中央委员会关于建国以来若干历史问题的决议》，人民出版社 1981 年版（单行本），第 55—56 页。

苏联在20世纪20年代末期选择的模式是有它的经济上和政治上的原因的。

通过20世纪20年代所谓"工业化论战",确立了优先发展重工业,力求工农业总产值,首先是工业尤其是其中的重工业,高速度成长的发展战略。当时,国际局势不断恶化,苏联作为唯一的社会主义国家,处于资本主义的严重包围之中,深深感受到帝国主义入侵的威胁。因此,以斯大林为首的联共(布)中央根据"战争日益逼近,没有重工业就无法保卫国家,所以,必须赶快着手发展重工业"的认识,"拒绝了'通常的'工业化道路,而从发展重工业开始来实行国家工业化"①。

苏联选择的这种发展战略,决定了它要采取一种高度集权、排斥市场机制的经济管理体制。

我们知道,苏联在确立优先发展重工业的发展战略以前,采取的是商品交换和商品流通把城市与乡村以及各个经济部门联系起来的"新经济政策"。然而,在转而采取优先发展重工业以实现工业化的方针以后,新经济政策就难以为继了。这是因为:

第一,在新经济政策下,城市所需要的大量粮食、原料以及其他农产品是通过市场从农村取得的。市场交换要求遵守等价交换的原则,而优先发展重工业的方针,却使国家拿不出很多的轻工业品来和农民进行等价交换。因此,通过市场机构取得农民剩余产品的办法就行不通了,于是苏维埃国家转而谋求用行政命令和强制的办法来取得这部分农产品。在这种背景下,出现了1929—1934年的强制集体化运动和用"义务交售制"代替商品交换的做法。在工业内部,轻工业是一个周转较快、利润较高的部门。在轻工业得到了较大发展的条件下,国家可以通过出售消费品取得盈利,从工业内部积累筹集发展资金。但在优先发展重工业的条件下,积累非但

---

① 斯大林:《在莫斯科市选举前的选民大会上的演说》,载《斯大林文选》下卷,人民出版社1979年版,第449页。

会由于轻工业发展不足而资源短缺,还会由于重工业有机构成较轻工业更高而需求增加。面对着这种困难,出路何在呢?斯大林说,在这方面,"工业国有化和银行国有化大大帮助了我们,使我们能够迅速聚集资金,转用到重工业方面去"[①]。实际上,苏联采取的办法正是凭借苏维埃国家掌握的权力,从农民那里取得"贡款"。

第二,在新经济政策时期,由于存在着工业同农业之间的广泛的商品交换,国营企业也是作为相对独立的经营者在市场环境中活动,采取了真正的"经济核算制"。在采取优先发展重工业的方针,工农之间的市场关系否定以后,实行"经济核算制"的根据就不再存在了;同时,"优先发展重工业的方针"要求集中人力、物力、财力发展那些盈利低甚至根本没有盈利的部门;因此,对国营企业也采取集中经营的办法,"经济核算制"名存实亡,成为单纯的核算办法,企业丧失了独立的经济地位,它们的一切日常经济活动,都按上级行政机关的指令行事。

就是在这样的条件下,在20世纪20年代末期至30年代初期的苏联逐步形成了行政集权、排斥市场机制的经济管理体制。这种经济体制的主要特点是:(1)决策权,包括宏观经济活动的决策权和微观活动的决策权,高度集中于中央领导机关,企业只是行政机关的附属物,按照上级机关的指令进行生产和购销活动;(2)高度集中的指令性计划排斥了市场机制作用,价格、利润等只是消极的计算手段,调节企业经济活动的作用微弱;(3)经济的运行主要靠上级对下级的行政命令和下级对上级的行政责任推动,经济利益的动力作用很小。

苏联在经济活动两方面所作出的选择——优先发展重工业的赶超战略和高度集中的计划经济体制结合在一起,成为一个完整的模式,通常称"传统模式"或"斯大林模式"。

---

① 斯大林:《在莫斯科市选区选举后的选民大会上的演说》,载《斯大林文选》下卷,人民出版社1979年版,第449—450页。

以重工业的发展为重点的发展战略在一定的条件下是合理的，它使苏联有可能在比较短的时期里建立完整的工业体系和强大的国防工业，只用了10年多一点的时间就进入了工业最发达的大国行列，从而为反侵略战争做好了物质上的准备。但是，苏联工业的迅速发展也有它的阴暗面。它的主要表现是：第一，长时期从农业抽取剩余产品，片面发展重工业，使农村偏枯，农业这个国民经济的基础受到损害，同时，轻工业发展缓慢，消费品供应不足，所有这一切造成了国民经济部门关系的结构性失调。第二，长期将大量资金投入重工业，引起了积累与消费之间比例关系的失调，群众生活水平提高缓慢甚至在某些时期还有所下降，这对群众的劳动积极性造成消极影响。第三，把总产值的高速度增长作为主要目标，意味着在增长方式上以外延增长，即依靠增加投入的增长为主，而不是以内涵增长，即提高经济效益为主取得的。换句话说，在这种发展战略下，容易出现追求产值、忽视技术进步和忽视经济效益的倾向。因此，在社会主义经济发展的一定阶段，调整发展战略就成为一种客观的要求。

但是，发展战略的调整却往往受到适应于旧发展战略的旧体制的阻碍。它的主要原因是：

首先，过于集中的管理体制使战略目标决策上的偏差不容易得到纠正。社会主义的生产目的是满足人民的需要。人民的需要，包括眼前的需要和长远的需要、个人的需要和整体的需要。在规定战略目标时，必须按照当时国内外的具体情况，把这些需要正确地结合起来，作出恰如其分的安排。然而在集权模式下，一方面由于决策权高度集中于中央领导机关，甚至集中于领导者个人、国家的要求和领导人的目标——如国力的增进、国防力量的加强，经常居于支配地位；另一方面由于普通群众直接参与决策的机会不多，而他们借以行使所谓"消费者主权"和影响生产的市场机制又遭到排除，使劳动人民日常需要易于遭到忽视；而且，领导机关和领导人往往强调上述国家目标，代替劳动人民的整体的和长远的需要，把它们规定为压倒一切的目标，要求劳动群众为实现这一目标长时间地作出牺牲。

有时，某些决策者意识到了对传统发展战略作出改变的必要性，并使领导集团作出了调整发展战略的决策。但是在保持传统的集权体制不变的情况下，要贯彻实施这种决策也是困难重重的。例如，1953年斯大林逝世以后一段时期中的苏联领导人鉴于人民的迫切需要，作出过加速轻工业发展的决定，甚至提出过"优先发展轻工业"的口号。但新方针执行不久，就由于受到部分人的强有力的反对而被取消。

不仅如此，这种管理体制还会进一步扩大高速赶超战略的缺点，加剧国民经济的比例失调，形成某种不良循环。

行政高度集权的管理体制在运行中有两类弊病：一类是由于决策内容不正确产生的；另一类则是由决策体制本身的缺点产生的。后一类缺点的基本点在于：它把企业变成行政机关的附属物，极大地抑制了企业的经营积极性。这里主要表现在以下方面：（1）在这种体制下，考核企业工作的尺度是计划指标的完成情况，不是满足市场需要的程度，从而不能鼓励企业关心社会的需要。（2）企业为了使计划易于完成，往往采取提供虚假情报，多要资金、物资供应等投入，少报产出可能的办法，争取"宽松"的计划。（3）行政命令控制的本性决定了调节企业经济活动的基本指标是总产值一类实物指标（数量指标），由此就会产生企业重数量，轻质量，不关心技术进步和产品更新换代的倾向。

以上这些，加剧了高速成长战略所造成的消极后果。

第一，由于企业不关心社会的需要，产需脱节、货不对路、积压与脱销两极共生等现象的严重存在，人为地增加了对中间产品的需要和加剧了最终产品供应的紧张程度。

第二，由于企业倾向于夸大投入的需要，缩小产出的可能，在计划编制过程中造成了进一步增加生产能力和提高产出指标的压力，因而加剧"高指标"的错误。

第三，由于技术进步缓慢，效率低下，只能主要依靠外延增长，由此产生了增加投资、扩大基本建设规模的需要，因此，扩大了积累与消费之间比例关系的失调和基本建设战线太长、投资效益很低的缺点。

二　我国经济发展战略和经济体制的演变及其教训

随着斯大林模式被确立为社会主义条件下唯一可能的模式并向其他社会主义国家扩展，它所固有的弊病也在一系列社会主义国家发生。我国的情况也不例外。

由于中国共产党执行了一套适合于自己特点的方针和政策，1949—1952 年期间中国经济的恢复工作进行得十分顺利，并于1953 年进入了大规模地、有计划的经济建设阶段。

在中国有计划的经济建设开始的时候，采取了优先发展重工业，迅速建立自己独立的、完整的工业体系和国民经济体系的赶超战略。这种经济发展战略的选择要求在经济管理上也选择一种较为集中和能够发挥政权在分配资源上的领导作用的体制。毛泽东在 1953 年秋季提出了过渡时期的总路线，也就是所有制的社会主义改造和社会主义工业化同时并举的总路线。在当时，由于对社会主义经济建设缺乏经验，人们普遍认为，社会主义经济体制只能有一种模式，即在斯大林领导下于 20 世纪 30 年代初期建立起来的苏联模式，因此，过渡到社会主义就意味着建立这种决策权集中于行政机关的体制。与此同时，随着大规模国民经济建设的开始，粮食和某些其他农产品在市场上出现供不应求的情况，从 1953 年冬季开始，先后对粮食、棉花、油料实行了统购统销（计划收购和计划供应）。

应该知道，由于帝国主义封锁和战争威胁的严重存在，在当时的情况下采取上述赶超战略从而选择决策权比较集中的经济体制，有其一定的理由。但是，由于当时对"社会主义工业化道路"和

"学习苏联"的口号存在不正确的理解,在执行这一发展战略和体制选择的决定时都有片面的地方,无论在工业化进程中还是社会主义改造工作中,都发生了某些"冒进"的倾向。

这种"冒进"的倾向首先表现在片面追求工农业总产值,首先是重工业产值的增长速度上。错误地认为重工业增长越快,国民经济的发展速度也越高,预定的战略目标也就能更快地实现。为了加快工业的增长,需要把更多的人力、物力、财力投放到工业,主要是重工业中去。因而仅在第一个五年计划期间,就在1953年和1956年两年出现了投资增长过快、基本建设战线拉得很长的缺点,财政出现赤字,市场发生波动。

由于发展战略上的片面性引起的人力、物力和财力供应紧张状况,大大加强了使经济管理体制更加集中化的要求,以便国家有更大的可能直接支配各种资源。于是,在社会主义改造工作中步子过急、工作粗糙和随之进行的国民经济改组过程中企业规模过大、管理过死的倾向都逐渐抬头。党在过渡时期总路线原来规定,我国农业合作化的实现大约需要三个五年计划或者更多一点的时间,但是实际上1956年年底就实现了农业合作化,把1.2亿个农户组织到大约74万个平均160多户的农业生产合作社中。农业社会主义改造采取过高过急的要求的主要原因,就是要同高速工业化的步调相适应。这从当时文献普遍不是从农业本身的发展需要出发,而是社会主义大工业的发展需要出发来论证加快农业社会主义改造步伐的必要性中,就可以看得十分清楚。与农业的社会主义改造相适应,同一年实现了对个体工商业和资本主义工商业的社会主义改造。在社会主义改造的过程中,由于盲目追求扩大核算单位规模和提高"公有化"程度,出现了以下缺点:(1)农业生产合作社在160多户的大范围内实行集中劳动和统一核算,使分配中的平均主义和干部的单纯依靠行政命令的作风有所滋长,也使社员的生产积极性受到损害;同时,由于对社员家庭经营的副业注意不够,一部分农业副产品的生产有所下降。(2)手工业和个体商业在合作化过程中,过多地实行了合并和统一计算盈亏，因此，一部分手工业和商业合作社相比自营时产品品种减少，服务质量下降。（3）资本主义工商业在改造高潮中，也发生了一些盲目合并的现象，产生了与合作商业和手工业类似的问题。

上述发展战略和经济体制方面的缺点，很快就受到了人们的注意。

毛泽东早在1956年4月就根据全党对执行第一个五年计划前三年经验的总结，在《论十大关系》的著名讲演中讨论了斯大林模式这两方面的缺点，指出：（1）我们应尽力避免苏联和一些东欧国家"片面地注重重工业，忽视农业和轻工业，因而市场上的货物不够，货币不稳定"。我们对于农业、轻工业是比较注重的，现在的问题，就是还要适当地调整重工业和农业、轻工业的投资比例，更多地发展农业、轻工业。（2）我们不能像苏联那样，把什么都集中到中央，把地方卡得死死的，一点机动权都没有。把什么东西统统都集中在中央或省市，不给工厂一点权力、一点机动的余地、一点利益，恐怕不妥。各个生产单位都要有一个与统一性相联系的独立性，才会发展得更加活泼。在中国共产党第八次全国代表大会前后，在党中央领导经济工作的同志的主持下，采取了一系列措施来克服社会主义建设和社会主义革命中出现的偏差。前者包括调整农、轻、重的比例和增产消费品，压缩基本建设规模，控制社会购买力的增长速度。后者包括调整农业合作社的规模，实行合作社对生产队的"三包一奖"制度（有些地方还实行了"包产到户"的办法）；调整手工业、商业和服务业合作社的规模，把许多大合作社改变为小合作社，由全社统一计算盈亏改变为由合作小组或各户自负盈亏；停止公私合营企业和大合大并，将已经合并而不能适应人民消费需要的，退回按原来的规模经营。并且开始了经济体制的大规模调查，准备按照党的八大上中央领导经济工作的同志提出的原则进行经济体制的改革。

"反冒进"的措施很快收到了效果，使国民经济的紧张状态得到缓解。同时，对于社会主义的经济体制、社会主义制度下的商品生产等问题，也作了不少有益的讨论。但是，当时我们对问题的认识并不像后来那样深刻，许多人把挫折和失误看作是由于工作上的缺点造成，而还没有认识到，那是一定的发展战略和经济模式的必然产物。加之当时反映传统发展战略模式和经济体制模式的"左"的思想影响还很深，例如，认为只有通过发展重工业达到产值高速增长才是社会主义工业化道路的思想，越"大"越"公"越"先进"的思想都还继续保持着。这就为"左"的错误更严重地重犯留下了基础。

1957年，在反右派运动扩大化的同时，对卓有成效的"反冒进"提出了不适当的批评。把降低发展指标、压缩基本建设规模指摘为资产阶级的冷冷清清凄凄惨惨的泄气性；甚至认为"反冒进""离右派只有20公里"。这样，原来设想的那样的体制改革就不可能进行了。到了1958年，就在经济建设的方针和生产关系的处理两方面来了一次更大的"冒进"。

1958年这次"大冒进"在经济建设方面的特点，是把"优先发展重工业"方针的片面性发展到更极端的程度。当时提出了"以钢为纲、全民大办"的口号，要求当年钢的生产量"翻番"，由1957年的535万吨增加到1070万吨，认为有了钢铁，一切都好办了，它将使我们大大加速赶上和超过某些发达资本主义国家的进程。结果是事与愿违，由于打乱了国民经济的一切主要比例关系，这次"大冒进"造成社会生产力的严重破坏。

片面突出以钢铁工业为中心的重工业，追求工农业产值的高成长率，要求采取高度集中化的经济体制，以便保证把一切可以动员的人力、物力、财力投入到"大办"中去。这样，开展了"批判资产阶级法权"的运动，来为进一步排斥商品—货币关系、强化行政命令手段的支配开辟道路；同时，开展了"人民公社化"运动，把74万个合作社合并为2.6万个"政社合一"、统一核算的公社；在整个国民经济管理中，广泛推广"组织军事化、行动战斗化"的战斗动员方法，分配中平均主义也日益盛行起来。

"大跃进"和"人民公社化"运动给国民经济带来的消极后果极其严重，这使我国不得不在1962—1965年采取"调整、巩固、充实、提高"的方针，对国民经济的比例关系和生产关系结构进行大规模的调整，比较快地制止了国民经济状况的恶化趋势，并在20世纪60年代中期重新向前发展。问题在于，虽然这些调整的方向是正确的，所采取的某些措施如大幅度调整国民经济的比例关系、实行"三自一包"①的政策等也是有力的，但是在发展战略方面片面追求高指标、高积累和经济体制方面片面追求"一大二公"的基本指导思想并没有遭到否定，相反，调整的措施只不过被当作在极端困难的情况下不得不采取的权宜之计被人们所采纳，因而形势稍有变化，旧的一套做法便又卷土重来。这就是为什么当调整的任务还没有实现，1962年"重提阶级斗争"，又预示着新的"左"的浪潮将要到来的道理所在。而经济形势稍有好转，"文化大革命"运动又告开始，在1966—1976年的"文化大革命"期间，"左"倾错误思想发展到了极端，终至把国民经济推到崩溃的边缘。

综观中华人民共和国成立以来我国经济发展和经济管理体制的演变，我们可以得到什么样的教训呢？

第一，传统的发展战略和传统的社会主义经济模式，只适应于某些特殊的情况和特殊环境。当情况发生变化，它们的不利方面开始显露时，就必须主动对经济发展战略进行重大的调整，对经济管理体制进行根本性的改革。中华人民共和国成立以来我国经济发展反复出现的曲折说明，在我国经济工作中，不仅存在具体工作上的失误，更重要的还在于我们长期固守不变的传统发展战略和经济模式具有某些带有根本性质的缺陷，必须作出重大的、根本性的

---

① "三自一包"指恢复自留地，开放农村自由市场，对个体商业实行自负盈亏，以及农村实行"包产到户"。

改变。

所谓重大的、根本性的改变，从发展战略方面说，就是从通过外延式粗放式的发展实现高速度成长的目标的战略转向以提高经济效益为中心实现满足人民需要的目标的战略。从经济体制来说，则是从行政高度集权、排斥市场机制的计划经济模式，转向集权与分权相结合，能够在一定范围内发挥市场机制的调节作用的计划经济模式。

第二，经济发展战略的调整和经济体制的改革必须彼此配套地进行。既然经济发展战略同经济管理体制之间是相互作用、互为因果的，当需要改变其中一个的时候，就必须改变其中的另一个。具体说来，要使以提高经济效益为中心达到满足人民需要的目的战略得到巩固，就必须选择这样一种体制：第一，它能使经济效益不断得到提高；第二，它能使人民的需要左右整个社会经济过程。而能够实现此目的的经济体制，只能是一种集权和分权相结合，国家通过经济计划的综合平衡和对市场调节作用的运用，保证国民经济协调发展的计划经济。

这是因为：（1）这种体制把国家代表整个社会的利益对国民经济实行的计划领导同企业和劳动群众的积极主动性的发扬结合起来，使社会主义经济的潜力得到充分发挥，科学技术得以迅速发展，从而使以提高经济效益为中心的发展战略得到贯彻。（2）这种体制使消费者的各种需要通过国民经济计划和市场机制反映出来，对国民经济的宏观经济决策和企业的微观经营发生影响，保证供给与需求之间更好地协调，保证最大限度地满足人民需要的目标得到实现。

三　如何使经济发展战略的转变和经济改革协调地、有步骤地进行

根据中共十一届三中全会确定的马克思主义的思想路线，党

中央确定了实行"调整、改革、整顿、提高"的新"八字方针",其中两项最重要的任务,就是经济发展战略的调整和经济管理体制的改革。在工作中调整和改革之间的关系应当如何处理是一个关系重大的问题。它要根据对于二者之间关系的科学分析来确定。

经济发展战略同经济管理体制之间不仅相互作用、互为因果,而且相互制约、互为前提。

我们在前面已经讲过,发展战略的转变,需要有管理体制的相应改变,才能得到巩固。

然而,经济管理体制从高度集权的经济模式到集权与分权相结合的模式的全面改革,又是以国民经济的大体协调为前提的。这是因为:

第一,在比例关系严重失调,需求远远大于供给的条件下,价值规律难以在短期内有效发挥它对于生产和经营的积极作用。

进行经济体制改革,重要的是发挥价值规律的积极作用,把原来完全由指令性计划调节、排斥市场机制的经济改变为采取多种调节方式的经济。所谓发挥市场机制的作用,就是使市场的供求关系变动通过价格变化起奖励先进,鞭策落后,督促企业改进产品设计、提高产品质量、应用新技术、加强经济管理和主动使生产适应于社会需要的功能。但是,价值规律要起这样的短期调节的作用,是以供销正常为前提的。在求大于供、产品严重脱销的市场(即所谓"卖方市场")中,价值规律却难以起到这样的作用。这就是说,当比例关系严重失调,对于生产资料和消费品的需求远远大于供给的情况下,短缺的产品即使质次价高,也不愁卖不出去。在这种情况下,即使允许企业在原料采购和产品销售上有些自主权,允许价格浮动,也不能收到迫使企业改进生产和经营的效果,相反,还会由于取消了行政控制而增加市场和价格的波动,甚至造成抢购、套购和物价飞涨等现象。当然,价格的大幅度波动,能够促使资源从滞销生产部门移入短缺部门,即起长期调节作用。但是,市场机制的长期调节作用的发挥，以人力、物力资源的自由转移为前提，而且不可避免地引起较大的社会震动。这样，就有一个社会承受能力的问题。而为了避免市场和价格的波动和社会震动过大，国家就不可能完全取消计划收购（统购）、计划调拨（统配）和定量供应等行政干预，也不可能放松对这些短缺产品的价格的控制。这些又使价值规律不能充分地起作用。只有在商品的可供量同有购买力的需求大体协调、略有多余的情况下，价值规律才能有效地发挥它的短期调节作用。所以，经济改革应当与调整国民经济的进程相适应。

第二，在比例关系严重失调，物资、能源的供应很不正常的情况下，很难通过以收抵支、自负盈亏等机制对企业进行准确的考核和合适的奖惩。

经济改革在企业管理上的要求，是把企业变成相对独立的经营主体，使它们对自己的经营成果承担全部经济责任。经营得好的企业，赢利多，收入水平也高，反之赢利就少，收入水平也低。这样，抓住了和企业职工收入息息相关的利润指标，也就牵住了能够严格贯彻经济核算原则、督促企业不断前进的"牛鼻子"。但是，在国民经济比例严重失调、企业生产和经营的外部条件不正常、产供销难以很好地衔接的情况下，企业生产状况的好坏、赢利水平的高低却常常不能由企业本身所左右，而要由外部因素决定。例如，许多企业由于原材料、燃料、电力不能按质、按量地及时得到供应，而不能正常进行生产，由于缺乏原材料和停电，它们有时不得不停工停产，以致不能履行销售合同。这样，就引起了成本提高、营业外损失增加和收益下降。显然，这种赢利减少和亏损增加，并不是企业经营不善的结果，这类经济责任，也不能和不应由企业来承担。在这种情况下把权力和责任下放给企业，只能增加企业经营中的困难；用利润等价格指标考核企业的经营成果，也会由于影响企业赢利水平的主观因素同客观因素难以区分开来而形成企业之间苦乐不均的现象，使整个核算和考核工作陷于混乱。总之，通过企业盈亏来考核企业经营成果和对企业进行奖惩，要以产供销大体正常的宏观条件为前提，而在比例关系严重失调的情况下，严格的经济核算，准确的优劣考核，公平合理的物质奖惩，等等，是很难做到的。

第三，在财政收支严重不平衡、后备很少甚至有较大赤字的情况下，大幅度地调整人们之间的利益关系会遇到很大的困难和阻力。

经济关系首先是作为人们之间的利益关系表现出来的。经济改革要对经济关系作大的调整，就不能不涉及各个集团之间的利益关系。例如，要进行税收、利润的调整，价格体系和价格结构的改革，会引起国家、集体、个人之间，中央和地方之间，各地区各部门之间的利益关系的变动。这种变动是必须慎重对待的。一般来说，使各方面都增加利益、得到好处的措施，易于受到人们的支持和拥护，只增进部分人的利益却会减少另一部分人的利益的措施，就易于引起摩擦，遇到较大的阻力。因此，虽然利益的调整从长远看会使国家、集体、个人都增加收入，但在一个短时期中，有时却会减少某一部分人的收入。为了减少阻力，保证个人、集体增加收入，往往需要选择增加国家的支出的办法。这在比例关系失调、财政紧张的情况下，将难以做到。或者，就会对增收节支带来不好的影响，加剧财政紧张。而且，在做各方面利益关系的变动时，还难免会发生计算上不准确和失误的情况，如果有充足的财政后备，这种失算易于得到弥补，否则就会造成经济上和人们关系上的紧张。

与此同时，由于在现代经济中生产的社会化程度很高，国民经济的各个部门、生产的各个环节之间的关系密切，各种变动往往"牵一发而动全身"，产生复杂的连锁反应，因此，经济改革需要注意措施的同步性，以进行整个国民经济的"一揽子"改革，即国民经济各主要环节同时进行改革最为有利。这就更加提高了对于良好的国民经济状况的要求，而这往往是经济调整还没有取得重大成果以前难以达到的。

然而，如果认为只有在经济发展的战略转变已经完全实现以后才能着手进行经济改革，那也是不正确的。我国国民经济比例关系严重失调，是在很长的时期中形成的，要把比例关系完全调整好，也不是在短时期中所能做到的。经济管理体制的改革，也是一项极其复杂、需要较长时间才能搞好的工作。如果非要等到比例关系完全协调才能着手进行，那就会旷日费时，把现代化建设新局面的出现推迟到遥远的未来。

把以上情况统统考虑在内，我们最好在经济发展战略的转移同经济体制改革的关系问题上采取这样的策略：首先把工作的重点放在国民经济比例关系的调整上，同时选择某些具有相对独立性的部门（如农业）进行经济改革，然后随着国民经济调整的进程逐步推广到其他部门，使经济改革的步调同国民经济的状况相适应。

中共十一届三中全会以来，我国正是采取了这样的策略进行我国的发展战略的转变和经济体制的改革的。在执行"八字方针"的第一阶段，把工作的重点放在国民经济重大比例关系的调整上，以调整为中心，改革服从调整并促进调整，逐步展开发展战略的转变和经济体制的全面改革工作。

我国是一个农业在国民经济中占有重要地位的大国，80%的居民在农村，农业和农民的状况如何，对整个国民经济以至政治状况的影响极大，过去的"左"倾错误，都首先是在农业和农民问题上发生，因此，无论对于调整来说还是对于改革来说，农业都是关键。党的十一届三中全会首先抓住这个环节，号召全党"集中主要精力把农业尽快搞上去"。当时采取的措施主要是：（1）"落实政策"，恢复和扩大集体经济的自主权，恢复自留地、家庭副业和集市贸易，逐步实行各种形式的生产责任制；（2）提高粮食和其他部分农产品的收购价格。这些措施的实施，使农业经济逐步恢复和发展，农村面貌由原来的停滞不前变得欣欣向荣。1979年，我国粮食获得空前的大丰收，1981年和1982年，尽管不少地方连年出现严重的水旱灾害，粮食仍然连年增产；棉花、油料、糖料和肉类的增长幅度更大。随着农业生产的发展，农民的收入也大幅度增加。农村经济复苏和振兴，是近几年我国经济形势日益好转的重要基础。

随着农业情况的开始改善，1979年下半年开始了国民经济全面调整的工作。调整工作的重点，是解决轻、重工业的比例失调，使轻工业得到比较快的发展。同时，调整了重工业的服务方向，由过去主要为本部门的产量增长服务，转变为为农业、轻工业服务，以及为国民经济的技术改造服务。与以上的调整相适应，还对积累和消费的比例作出了调整，压缩了过大的基本建设规模，提高了基本建设中非生产性基本建设（首先是住宅建设）的比重。这些措施的实施，改善了国民经济的内部比例，也改善了人民生活。在1979—1982年国民经济的大调整中，我国国民经济发展的新战略逐步充实和完备。1981年12月全国人民代表大会批准的政府工作报告提出了"今后经济建设的十条方针"。"十条方针"规定，在今后的经济建设中，要切实改变长期以来在"左"的思想指导下的一套老做法，真正从本国实际出发，围绕着提高经济效益，走出一条速度比较实在、经济效益比较好、人民可以得到更多实惠的新路子。接着，1982年9月召开的中共十二大上，胡耀邦同志的报告又提出了今后20年我国经济发展的战略目标、战略重点和战略步骤。这样，我国就有了一条比较完整的马克思主义经济发展战略，它将保证我国社会主义现代化建设事业能够比较顺利地实现。

四 转向全面改革的时机

由于前面已经讲过的原因，中共十一届三中全会以来，经济体制的全面改革并没有像国民经济的调整工作那样立即展开。除了农业部门以外，经济改革基本上只是一些局部性的试验。然而，农业的体制改革以及工业、商业改革的试验所取得的辉煌的成就，和它们所创造的极为宝贵的经验，对推动经济体制的全面改革将产生不可估量的影响。

中共十一届三中全会以来各种形式的生产责任制在我国农村的普遍推行，标志着我国社会主义农业经营体制的根本变化。在各种形式的生产责任制中，居于关键地位的是家庭（或小组）联产承包责任制，即"大包干"。这种责任制在公有制的基础上实行分散经营，把劳动者的权、责、利紧密地联系起来，把承包单位（家庭或小组）的积极性同集体经济的优越性结合起来，相当彻底地克服了长期以来社会主义集体经济经营管理中存在分配上的平均主义和干部强迫命令、多吃多占两个痼疾。亿万劳动农民既是劳动者又是经营者的地位，极大地提高了他们生产经营的积极性和主人翁的责任感，保证生产能够健康迅速地发展。现在联产承包责任制正在各地区进一步向纵深发展，不仅在狭义的农业（种植业）中普及，而且在林、牧、副、渔业以及社队工业、社队商业中扩展，涌现了大量突出某一专业的"重点户"和"专业户"，从事专业的商品性生产。

今后，我国农村经济将在联产承包责任制的基础上向进一步专业化、社会化的方向发展。随着承包责任制的进一步推行，专业户、重点户大量涌现，农村商品生产日益发展，这就迫切需要生产前和生产后的服务，如供销产品、推广技术、加工产品、储存运输、提高信息等。这类经济活动将从家庭（或小组）承包中逐步分离出来，联合经营，进行合作。吸取过去的经验教训，这种在分工分业、专业承包基础上的经济合作，不是重新回到原来生产队、大队、公社的框框里的联合，而是在商品生产和商品交换的基础上自愿互利的联合。联合的形式是多种多样的。例如，从农民中间、从专业户中间发展起来的小型的联合；自上而下地由国营商业系统、供销社系统、农牧部门等搭起架子，与农民建立联系，开展服务工作，在服务中发展联合；等等。通过这些形式，将使农村家庭（或小组）承包的经济联系到社会主义大经济的周围，并通过合同制等办法，把它们的主要经济活动，纳入国家计划的轨道。在分工、分专业、承包的基础上发展各种经济联合，以促进农村商品生产的进一步发展和农村经济的繁荣，使我们找到了一条适合于中国情况的社会主义农业经济发展道路。

农村经济向社会化商品经济的过渡，向国营商业和国营工业提出了进行根本性改革的迫切要求。随着农村商品经济大发展出现的农民"卖难"和"买难"的情况，说明了笨重死板、缺乏活力的传统工业和商业体制不能适应农村新经济体制的要求，必须加以改革，否则就会阻碍党的十一届三中全会以来的大好形势的发展。

另外，经过3年来的工作，我国的国民经济调整已经取得重大进步。这表现在农、轻、重之间的比例关系趋于协调，人民生活有了较大改善，积累在国民收入中所占比例相对下降。但是，这绝不意味着调整工作或者发展战略的转变已经完成了。恰恰相反，目前我国财政收支和信贷收支平衡还没有完全实现，经济效益不高的情况还普遍存在，某些产品的积压相当严重。从这些情况看，我们还需要继续大力贯彻执行"调整、改革、整顿、提高"的方针，争取财政经济状况的根本好转。

但是在继续贯彻"八字方针"时，我们需要注意到，由于情况的变化，对调整与改革之间关系的处理，也应与前一阶段有所不同。在调整国民经济的工作开始时，我们主要采用行政手段进行调整，即采取降低重工业的增长指标，提高农业和轻工业的增长指标，压缩基本建设投资，降低积累率，提高农产品收购价格和职工工资等办法来改变农、轻、重三大部门之间以及积累、消费之间畸重畸轻的状况。现在，农、轻、重之间的总的比例关系已经大体协调，积累所占比例的压缩已经接近于最低限度，要把调整深入各个部门内部，解决各种产品的货不对路和产供销失调问题，要保证积累和消费的不断增长的需要都得到满足，只用原来的行政性调整的办法显然是不够的，需要寻找能够有效地实现进一步调整的途径。那么，什么是这条途径呢？为了找到它，我们需要分析造成这种失调的根本原因。历史经验告诉我们，这一根本原因就是传统的经济体制。我们知道，我国过去行政集权、排斥市场机制的体制，存在着两个根本性的弊病，这就是：（1）不能很好地鼓励企业关心社会的需要，关心市场的需要，其结果是货不对路、产需脱节；（2）不能很好地鼓励企业关心技术进步和消耗的降低，其结果是技术和产品的"几十年一贯制"和效益降低。由这里可以看到，旧体制正是造成失调的根本原因，因此，我们的进一步的调整工作，也应当紧紧抓住这一产生失调的根源，用经济改革来促进调整。

在调整已经初见成效的情况下，由于紧张的经济已经有了缓和，"买方市场"已经部分地出现，推行经济改革不仅有其必要，而且有了可能。否则，由于内在于传统模式的"扩张运动""投资饥饿症"等的作用，卖方市场可能再度出现，从而丧失进行改革的最有利的时机。

正是在这样的情况下，1982 年 12 月的全国人民代表大会向全国人民提出了加快经济体制改革的进程的要求。正如赵紫阳总理在《关于第六个五年计划的报告》中指出的：改革经济体制，是全面提高经济效益，实现社会主义现代化的重要保证。在第六个五年计划期间，一方面要更积极更深入地进行国营企业的"以税代利"、小型企业职工集体或个人承包制、商业体制改革等局部性的改革；另一方面抓紧制定经济改革的总体方案和实施步骤，以便全面展开经济体制的改革工作。

所以，加快经济体制改革的步伐，逐步进入全面改革，已是客观经济形势发展的要求。

（原载《中国工业经济学报》1985 年第 1 期）

再论保持经济改革的良好经济环境

(1985年4月)

我在《经济改革初战阶段的发展方针和宏观控制问题》（载1985年2月11日《人民日报》）一文中，讨论了如何通过执行正确的经济发展方针和加强对国民经济的宏观控制来保证我国的经济改革有一个良好的经济环境的问题。限于文章的篇幅，对有些问题语焉不详，看来还有进一步申论的必要。

为什么经济改革需要一个宽松的经济环境

我在那篇文章里提到，为了保证经济改革能够平稳地进行，首先需要有一个宏观经济关系比较协调，市场不太紧张，国家的财政、物资后备比较宽裕的良好经济环境。

为什么需要这样的经济环境呢？从根本上说，这是因为经济改革的总方向在于改变过去那种排斥商品货币关系和价值规律作用的经济模式，建立有计划的商品经济体制，使市场机制发挥更大的作用；而市场机制发挥积极作用的必要前提，又是存在一个总供给大于总需求的买方市场。

研究东欧社会主义国家经济体制改革的经济学家首先论述了这个问题。布鲁斯在系统阐述他所提出的"含有可调节的市场机制的计划经济"模式时指出，保证这种模式中"市场机制有效地发挥作用的基本条件"，是"造成一个有限的买方市场"①。锡克在《民主的社会主义经济》一书中提出了市场机制发挥积极作用的七个条件，其中第一个条件就是：一个供给总量比有效需求总量有不太大的超前增长的"买方市场的存在"②。

这种意见是有道理的。在商品经济中，市场机制从两方面对企业的经营决策起积极作用。一方面，促使生产者努力改进微观生产结构，以适应市场需要。另一方面，促使生产者努力降低成本，节约资源，以适应市场竞争的环境。这样，既能增加企业的收益，也符合消费者和整个社会的利益。然而，市场机制要能起这样的作用，必须以生产者（卖者）之间竞争为前提，因而需要有一个买方市场。如果存在着供不应求的卖方市场，生产者就不会感到竞争的压力，因而也就不会调动起自己的全部力量去改善经营管理和适应社会的需要。

我国经济学界是在1979年党中央制定"调整、改革、整顿、提高"的八字方针以后，在讨论调整与改革的关系问题时接触到这个问题的。当时，一些同志吸收了国外研究的成果，指出经济体制的全面改革要以国民经济的调整工作收到一定的成效为前提。这是因为，"在经济紧张的情况下，分权化的体制改革是不能实现的"。"使社会生产大于社会的直接需要，使商品的供给大于有支付能力的需求，从而建立一个消费者或买者的市场，是正常开展市场调节的一个前提条件。"③虽然"建立社会主义的买方市场"的提议引起了争论，但是到了后来，特别是在1980年年底确定对国民经济进行进一步调整以后，绝大多数人都同意，在执行"八字

---

① 弗·布鲁斯：《社会主义经济的运行问题》，中国社会科学出版社1984年版，第191、151—152页。

② 奥塔·锡克：《民主的社会主义经济》，见荣敬本等编《社会主义经济模式论著选辑》，人民出版社1983年版，第244页。

③ 刘国光：《略论计划调节和市场调节的几个问题》，《经济研究》1980年第10期。参见吴敬琏《经济体制改革与经济结构调整的关系》，载马洪、孙尚清主编《中国经济结构问题研究》，人民出版社1981年版，第798—803页。

方针"的初期，应当采取以调整为重点，并在有利于调整的条件下进行局部改革的战略；待到主要比例关系大体协调，比较宽松的经济环境开始出现，才有可能开展经济体制的全面改革。

1984年夏季以来，有的经济学家从什么是适宜的货币供应量的角度对上述分析提出了另一种看法。他们同国外商品经济相比拟，认为货币供应的超前增长是经济发展本身的要求；在我国经济的目前发展阶段，货币超前发行所提供的旺盛购买力是促进生产发展的强大动力。换句话说，如果采取增发货币的办法，创造较现有商品供给量更大的有效需求，就能刺激生产的高速发展。

用增加货币供应的办法创造有效需求，以防止发展的停滞，促进经济的繁荣，这种理论主张，是同第二次世界大战后西方经济学的主流派——凯恩斯主义的主张相类似的。凯恩斯的主张以及相应的政策，曾经为不少西方国家所采纳，成为占统治地位的意见。而且，货币供应量，从而有效需求的扩大，的确也在一段时间里推迟了资本主义经济危机的爆发，或者促成了经济的较快复苏，从而有利于经济增长总趋势的保持。

但是，这种理论对我国是不适用的。

第一，对于西方有效需求不足的经济来说，货币的超经济发行可以起到增加有效需求的作用，因而往往可以作为反萧条的有效措施，阻滞危机出现或刺激经济回升。然而，我国市场经常存在的是需求大于供给的状况。对于这种如匈牙利经济学家雅·柯尔奈所说的"短缺经济"，货币的过多供应只能加剧经济的紧张程度，并使长期存在的卖方市场难于向买方市场转化，不利于能够保证市场机制有效地发挥作用的经济环境的形成。

第二，即使在西方国家，货币过量供应带来的停滞膨胀和效率下降的弊病也已使许多人认识到，用通货膨胀维持繁荣是一种饮鸩止渴的办法。因此，越来越多的国家转而采取了控制货币供应量的政策，率先采用这种办法的是联邦德国。1948年，在当时负责经济事务的艾哈德主持下进行的货币改革和有关政策的实施，使联邦德国只用了短短几年就从战后的绝境中恢复过来，并在往后二十余年中实现了持续发展。这在西方被称为"经济奇迹"。按照另一位凯恩斯的批评者弗里德曼的说法："所谓艾哈德的经济奇迹，其实非常简单，就是取消了物价和工资的限制，允许市场自由活动，同时严格限制货币的总量。"① 日本在 1955—1973 年经济高速发展的所谓"起飞时期"，也采取了通过控制货币供应量保持物价稳定的政策，整个时期日本批发物价的年平均上升率始终保持在 1.5% 以内。日本中央银行金融研究所所长铃木淑夫指出：市场物价总水平在起飞阶段的基本稳定，是实现经济高速度发展的重要条件，如果像有些国家那样实行通货膨胀政策，物价总水平上升，就会因为企业不能根据准确的价格信号作出最优的资源配置决策而导致国民经济整体效益降低，从而无法实现持续的增长②。显然，我们应当从中得到借鉴。

改革的初战阶段尤其需要注意保持宽松的经济环境

1984 年 10 月党的十二届三中全会作出《关于经济体制改革的决定》以后，以城市为重点的经济体制改革全面展开。在这种条

---

① 米尔顿·弗里德曼：《论通货膨胀》，中国社会科学出版社 1982 年版，第 33 页。参见路德维希·艾哈德《来自竞争的繁荣》，祝世康、穆家骥译，商务印书馆 1983 年版。

② 铃木淑夫在北京讲学的提纲：《日本经济起飞时期适量控制货币供应的经验和理论》，1985 年 3 月。铃木在讲演中指出，在商品经济中，相对价格（比价）体系的变化是企业选择效益最佳的生产活动的路标。通过产品比价变动，市场向企业传递两种有决定意义的信息：第一，告诉企业供求变化的情况。企业抓住时机扩大紧俏商品的生产，收益就能提高。同时，从国民经济整体看，资源转向最紧缺的产品的生产，也使宏观经济效益提高。第二，告诉企业采用什么原材料和设备可以保持较低的成本水平。企业选用由于供应充裕或技术进步降低了成本因而价格较低的投入，就能迅速提高收益。同时，从国民经济整体看，那些来源丰盛和成本较低的资源得到更广泛的利用，也使宏观经济效益提高。但是，以上这些信息的取得，只有在价格总水平稳定的条件下才有可能。这是因为，个别企业只能从单项商品的价格的涨落观察价格的变化，而影响单项商品价格变动的，有两个因素：（1）价格总水平的变动；（2）比价关系的变动。在价格总水平稳定的条件下，单项商品价格的变动意味着该商品的比价变动。企业可以据此作出对于企业和社会都最为有利的决策。否则，企业就会由于价格信号失真作出错误决策。

件下，有的同志开始认为，既然发挥我国社会主义经济的活力的主要障碍——封闭僵化的旧体制已被打破，新的充满生机和活力的新体制正在建立，我们就已经有实际的可能在全面展开经济改革的同时，大大加快工农业和其他各项事业的发展，大量增加固定资产投资，大幅度提高人民的消费水平。我以为，这种看法具有一定的片面性。

毫无疑义，从长远来看，经济改革必将大大完善我国社会主义生产关系，使生产力得到大解放。但是，从开始改革到改革显著收效，有一个相当长的时间差。在改革的初始阶段，一方面，改革在提高经济效益、增加收入方面的效果还没有充分显现出来；另一方面，经济改革的实施却需要立即支付一定数量的资金，主要因为改革意味着大规模调整人们之间的利益关系，为了保证在这种调整中绝大多数人受益，国家不能不支出相当数量的资金。这两方面的因素加在一起，就容易在改革起步时出现有购买力的需求大幅度增加，大大超过商品供应的增加的情况。如果发生这种情况，就会使刚刚出现的有限的买方市场得而复失，对新经济机制的有效运行造成困难。面对这种局势，我们有两种可能的选择：或者是在改革之初就把经济发展的速度搞得很高，基本建设战线拉得很长，人民的消费水平提高迅猛；或者是在改革开始时采取适当紧缩的政策，保留比较多的财政和物资后备来支持改革。采取前一种做法会使改革遇到困难，采取后一种做法则使改革能够比较平稳地进行。这个道理，是社会主义各国经济体制改革的实践所反复证明了的。

有的国家从改革的准备阶段就注意到了为改革创造和保持良好的经济环境。例如，匈牙利1968年的改革就是这样。1966年5月匈牙利社会主义工人党中央委员会通过的《关于经济体制改革的指导原则》中，设有专章论述如何在改革的准备时期和改革初期为改革创造良好的经济条件，如何保证生产、流通经营条件的连续性和稳定性，如何保持国民经济的平衡，并作出了一系列具体的规定。文件指出，新机制的积极影响只能逐渐地展现出来，因此，

"为了渡过转变时期的大小难关,在1966年和1967年就要积累起开始的储备"。与此同时,"在改行新经济机制的阶段,应该努力使对提高投资的需求保持在与生产能力相适应的水平上。所以,1967年就应该限制新投资项目的开工,应该帮助正在进行的投资项目尽快地竣工,并且要增加现代化的、技术更新的、资金回收快的投资"。"在新经济机制全面实行的时候,国家预算在投资支出方面,应该厉行节约,投资的银行贷款总额则需要更严格地保持在平衡所要求的限度内。"此外还指出,"在新经济机制全面推行的时期,最重要的问题是保证消费的市场的平衡,这主要是避免形成通货膨胀式的物价—工资的螺旋式上升"。实践证明,以上这些规定,对保证匈牙利1968年改革的健康进行和改革初期的经济稳定起了很好的作用。

波兰1973—1975年改革的经验,也很值得我们注意。波兰的这次改革是在1971—1975年的五年计划期间进行的。这次改革未能取得成功,而在那以后,波兰经济逐步陷入"深刻的危机状态"[1]。据波兰政府的一个正式报告分析,在经济政策方面造成危机的首要原因,是从该五年计划第一年(1971年)就实行了所谓"高速发展战略"。"根据这一战略,当局设想通过更广泛地利用外国贷款来加紧投资的方法,克服20世纪60年代后期出现的停滞。"与此同时,"消费,尤其是实际工资显著增长。1971—1975年实际工资的增长在第二次世界大战后的整个时期中是最高的。结果是多年来投资和居民收入同时以极快的速度增长,超过了创造出来的国民收入提供的可能。"在五年计划的头几年,由于连年风调雨顺促成的农业丰收,加上因国际上的有利条件,经济发展得相当顺利。但是,由于连年高速发展,在开始改革的当年(1973年)已经出现某些比例失调和紧张的迹象。虽然专家已经对此提出过警告,而

---

[1] 见《波兰政府关于经济状况的报告(1981年6月)》。以下有关事实,都引自这一报告。

且当时失调和紧张程度还不太大，还有可能通过放慢投资、居民收入和外债的增长速度来保持平衡，而不必作绝对的削减，但当局却没有采取任何紧缩措施，"相反却在1974年作出了保持极高的投资速度的补充决定和提前实行原拟在下一个五年计划实行的提高工资计划。""这样，两年之后，在1975年和1976年之交，一切病症都显露无遗。"在这种情况下，"改革了的体制实际上被废止，又重新回到高度集中的旧体制"，而这种具有严重弊端的旧体制反过来又成为"对经济形势恶化产生根本影响的因素"。这两种因素交互作用，恶性循环，结果使"物质生产减少，生产性资产使用率降低，劳动生产率、劳动纪律以及一般经营效益下降"，终致陷入危机。

有鉴于这些国家的经验，国外不少研究经济体制改革的经济学家主张在改革开始的几年要有意识地放慢生产增长速度，减少基本建设投资，避免立即大幅度地提高工资和奖金，以便腾出足够的资金来搞经济改革，保证改革有良好的经济环境。

我国的经济改革是在全国人民正在为争取财政经济情况的根本好转而奋斗的过程中进行的。现在我国的经济情况已经有了很大的改善。但是，我国人口多，底子薄，目前国民经济的产业结构和产品结构还有不少问题，能源、交通和原材料供应仍然紧张，财政还有赤字，需要向银行透支，因此，不能说争取全国财政经济情况根本好转的任务已经完成。由于财政经济上存在问题的总根源在于经济效益太低，而经济效益低又是由过去僵化和封闭的经济体制造成的，因此，为了争取财政经济情况的根本好转，治本的办法是实现经济体制改革。然而，要使经济改革的步子迈得较大，国家需要拿出较多的资金。而在当前国家手头的财政、物资和外汇后备并不宽裕的情况下，如果各方面的支出增加过多、过猛，就会使财政经济情况不但不能继续好转，还有可能恶化。面对着这样一个似乎封闭的环境，我们只能采取如下的策略来打开一条走向良性循环的通道，这就是：在一切其他方面尽可能地紧缩，全力保证经济改革的资金需要。国家的财政后备越宽裕，经济改革的步子越有可能迈得比较大，各方面的经济关系也就能够比较快地理顺，使财政经济情况加速好转，早日进入良性循环。这样，在开始时好像经济发展慢了一点，群众的消费水平提高得也不那么快，但是，由于保证了经济改革的顺利进行，到头来还是快了，从长期看，人民也可以得到更多的实惠。

从这个观点看来，1984年下半年特别是第四季度固定资产投资规模偏大，消费基金增加过猛，行政经费浪费严重，信贷失控和货币过量发行，对于经济改革的进行是相当不利的。虽然在1985年年初中央采取一系列措施控制投放，加强回笼，反对新的不正之风，强化宏观控制以后，情况已经有了好转，但是，市场关系紧张已给当前的经济体制改革特别是价格改革造成了某些困难，使我们不可能采用步子较大的价格"调""放"方案，而只能小步前进。

投资膨胀，基本建设规模超过国力，是一种难以在短期内根治的"旧症"，每当经济形势好转，就容易旧病复发。而在"松绑放权"对企业消费基金的行政控制已经有所放宽，企业财务自理、自负盈亏的制度又还很不完善的情况下，消费基金膨胀，工资奖金的增长超过国力的"新病"又极可能蔓延，从1979年开始经济改革试点以来，我们已经经历过几次积累基金和消费基金程度不等的膨胀。这种情况说明，任何时候都不能放松对积累基金和消费基金的控制，都要密切注视经济形势的发展，一旦发现异常，就要立即采取措施加以克服。

把经济增长速度控制在适当范围内

为了把积累基金和消费基金控制在适度的规模上，一个重要问题是把增长速度控制在适当的范围内。在我国社会主义建设历史上曾经一再出现的投资失控、消费失控或两者同时失控的现象，几乎都是由于追求生产增长的高指标引起的。现在，如果不解决这个问题，保持经济改革的良好经济环境的任务就很难实现。

科尔奈在他的著作《短缺经济学》中对基本建设投资战线过长、积累基金膨胀的现象作过鞭辟入里的解剖。根据他的分析，这种状况大体上由两个方面的原因造成：一方面是各级领导都有扩张自己所主持的事业的欲望，存在着"扩张冲动"，因而增加投资成为难以餍足的欲求；另一方面是由于"软预算约束"，投资当事人对扩张带来的风险并不承担物质责任，因而没有自我抑制投资欲求的愿望。于是，"投资饥渴"就成为旧体制下难以治愈的痼疾。①与"投资饥渴"相伴随，由于投资的相当一部分要转化为基本建设工人的工资（在我国，工资性支出大约占固定资产投资的40%），由于社会主义社会里职工改善生活的正当愿望和互相攀比的"示范效应"，还由于企业领导人在"软预算约束"下并不反对工资的迅猛增长，在传统体制下往往存在着"消费饥渴"的通病。目前，在我国，经济改革刚刚起步，"软预算约束"的资金"大锅饭"局面还没有根本改变，如果各级领导和社会舆论片面倡导"高速度"，这种"扩张冲动"和随之而来的"投资饥渴"和"消费饥渴"就会猛烈地发展起来，甚至一发而不可收，使国民经济的发展重新回到高指标、低效益的老路上去。走这一条道路，是很难实现国民经济的良性循环和持续稳定的发展，保持经济改革所需要的良好经济环境的。

近年来，我国工农业生产的发展速度逐渐加快。工农业总产值的增长速度由1981年的4.6%、1982年的8.7%，提高到1983年的10.2%和1984年的14.2%，1985年第一季度比去年同期增长23%左右。应当怎样看待目前这种高速增长呢？

一种意见是，这种发展速度是正常的、健康的，我们应当采取有力措施从各方面支持这种发展的势头。另一种意见则是，近年来我国经济发展速度提高是一件好事，它意味着我国的经济调整和改

---

① 亚诺什·科尔奈：《短缺经济学》，经济科学出版社1980年版，第207—210页。

革工作已经收到某些成效；但在另外一方面，当前这样高的增长速度又是国民经济中已经出现"过热"的征兆，应当采取适当的措施加以抑制。笔者是持后一种意见的。

持前一种意见的同志通常从以下几方面立论：①目前农业、轻工业、重工业同步增长，说明了国民经济主要部门之间的比例协调；②绝大多数产品购销两旺，库存积压减少，不存在过去那种"工业报喜，商业报忧"的情况，说明了国民经济的供需关系协调；③产值增长同企业实现税利增长大体同步，说明经济效益提高，国家财力能够支持目前的超高速发展。

上述有关事实是确实存在的，它们也的确表明我国国民经济中的各种关系有了改善。但是，如果根据这些情况就得结论，认为当前的这种增长势头应当持续地发展下去，却是片面的。

第一，1984年我国农业、轻工业、重工业之间的关系比较协调。同1981年以前的情况相比较，是极可喜的进步。但是，我们要看到，农、轻、重之间的比例关系固然是国民经济部门间比例关系的重要组成部分，终究还不是这种比例关系的全部。①它并不包括工农业生产部门同交通、邮电、服务等现代生产所不可缺少的基础设施之间的比例关系。②它也并不能反映工农业内部的工业生产与能源特别是电力生产、加工工业与原材料工业之间的比例关系是否正常。我国交通、邮电等先行部门历来落后，虽然它们在党的十二大决议中被列为战略重点，但近年来起色还不大。1981—1984年工农业生产增长43.1%，而交通部门的货物周转量只增长26%，通信状况的改善更为有限。同一时期，发电量只增长24.6%。这就造成了近年来能源、交通、通信等方面的紧张状态，全国经常有积压待运货物几千万吨，经常缺电10%以上。同期以机械、电子工业为代表的加工工业增长63%—97%，而以冶金、化工为代表的原材料工业只增长30%—40%，因而原材料的供应紧张，某些原材料如钢材奇缺，只能靠大量进口来维持。

由于目前我国价格不合理，加工工业产品价高利大，追求过高速度，就会使投资的部门结构继续向加工工业倾斜，因而如不对目前的超高速度加以控制，原材料、电力、交通等方面的缺口还会继续扩大。此外，还要考虑到我国是一个人均资源并不丰裕的国家，生态环境已经有不小的问题。单纯追求产值的增长而不顾及其他，将会加剧资源的浪费和环境的破坏。总之，这种超高速增长是我们的国力所无法长期承受的。如果任其发展，超越能源、交通、原材料、外汇等的承受能力，发展速度就会被迫猛降，我们必须避免这种情况出现。

第二，目前我国商品市场销势很好，无论消费品还是生产资料都几乎没有滞销的产品。但要由此得出国民经济供需协调，产品适销对路，经济效益良好的结论，根据也似嫌不足。目前市场商品畅销，连一些质次价高和长年积压的商品也一售而空，并不是一种正常现象。出现这种现象的主要原因，是由于1984年下半年以后货币过量发行，创造了极为旺盛的购买力。货币供应过量，有效需求超前到一定程度，消费者就会产生抢购和囤积的心理，而不考虑商品是否适用和价格是否过高。

还必须指出，去年有些地方工业发展的高速度是靠加工工业的粗放（外延）增长和高度的资金和资源投入取得的。在近年来发展起来的大量公司、企业中，有不少利用本地资源和闲散劳动力进行符合社会需要的商品生产，对于经济的繁荣和市场的兴旺作出了贡献。然而也有一部分公司、企业是在错误的价格信号引导下被虚假的社会需求刺激出来的。于是，某些效益低，成本高，产品质量差，从长远来看并无发展前途的企业，也在银行贷款或地方拨款的支撑下大量兴办起来。这就使去年以来预算外投资增长很快。投资的猛增反过来又加剧了生产资料市场的紧张程度，使某些几十年前就已落后的机电产品畅销，而且远期订货十分饱满。实际上，这部分新增生产能力已经脱离了社会真实需求的轨道，一旦虚假的购买力消失，或者高速增长受到资源、能源等"短线"的限制而不能再维持下去，这部分在虚假需求刺激下形成的生产力就会被逐出生产领域，停产闲置甚至报废。这将造成社会资金的巨大浪费。

特别值得注意的是，这种过旺的购买力的出现，使形成买方市场的势头发生逆转。卖方市场的重新出现，对于经济效益的提高和经济体制改革的全面开展都会带来不利的影响。

第三，1984年我国工农业总产值增长14.2%，国内财政收入按可比口径计算较前年增长12%，大体实现了产值和财政收入的同步增长。1985年1月、2月预算内全民所有制企业的产值和实现税利的增长率也大体接近。有些同志认为，这说明我国的财力是能够支持当前这种超高速增长的。这种说法也值得商榷。

首先，总产值是按不变价格计算的，而税利只能用现价计算。在价格上涨的条件下，税基增大，税金和利润自然也会有所增长。但是，相对于原来的价格水平，这是一种"虚收"。如果根据这种虚收的增长追加支出，更会形成"虚收实支"，扩大财政赤字。1984年财政超收达159亿元，但由于超支更多，反使赤字有所扩大，这是一个重要原因。

其次，即使剔除上述不可比因素之后产值与财政收入仍然同步增长，在一段时间里表现出财源茂盛、财力雄厚的景象，也不能据此推断产值和投资的超高速增长是健康和正常的。在资本主义的市场经济中，存在着投资的乘数效应和消费—投资变动的加速现象。前者说明投资对收入和消费产生的倍增作用；后者说明收入和消费对投资产生的加速作用。这两种因素的共同作用是形成经济的周期性波动的原因之一。其实，投资和收入相互促进的情况并不仅仅发生在资本主义经济中。在我国国民经济发展的历史上，也曾多次发生过类似的情况。在出现这种情况时，如果采取"水多加面，面多加水"的传统方法，在信贷的支持下增加投资和消费，就可能发生控制论所说的"正反馈"作用，使信号不断增强，终致系统的振荡甚至灾变。这种投资同收入相互影响造成的经济的螺旋形上升，是不可能无限制地进行下去的。经济增长的上限取决于生产资源提供的可能。一旦超过这种可能，加速上升的经济又会以递增的负速度从波峰向波谷滑去。这种大起大落是我们必须预先加以防止的。

综上所述，我们有必要采取措施，抑制目前经济生活中出现的"过热"倾向。

1. 在全体干部特别是领导干部中树立实事求是、稳步前进的思想，制止盲目追求和互相攀比增长速度的做法，切实地把注意力转移到提高经济效益方面来。总产值这个指标有很大的缺点，既不利于全面反映企业的经济效益，又不能反映工农业生产以外的各项事业的发展情况。而且容易有较大的"水分"，用它来考核各地区、各部门和企业的经济发展情况，容易形成一种翻番的精神压力，助长追求高指标和讲假话的浮夸风，乱"集资"、搞"摊派"的平调风，也不利于发展对于提高经济效益至关重要的基础设施建设和各种服务行业。因此，推广对上海市的做法，把国民生产总值的增长情况作为主要的考核指标，是十分正确的。

2. 从控制消费基金的增长入手，使工业生产增长的超高速在有购买力的需求渐趋疲软的情况下逐步放慢。紧缩宜采取"慢踩刹车"的办法。过猛的紧缩会由于已经形成的生产力难于向紧缺部门转移而造成浪费；同时也会使供求缺口变大，不利于回笼货币。目前，正在施行的抽紧银根的措施，既要坚决贯彻，也要防止发生"一刀切"的偏差。要对不同部门有差别地采取限制或支持的方针。压缩固定资产投资，也要分别不同情况采取不同的办法。除那些并不急需的和投资巨大、经济效益不好或可行性未经切实论证的项目一概不要上马外，对于为加强电力、交通、邮电等"短线"部门所必需的重点项目，还应当力保。问题是压缩预算外固定资产投资，任务不小，难度很高，除继续采取行政手段外，还应当有新的招数。要加强税收、利率等经济手段的运用，把地方、企业和居民的投资引向加强"短线"的正确方向。

3. 尽可能加快改革配套的进程，完善新的经济机制。如前所述，"扩张冲动""投资饥渴""消费饥渴"，无一不和旧体制的

"软预算约束"即"大锅饭"相联系。目前，出现的加工工业片面发展，原材料工业、基础设施和服务行业相对落后，更是由不合理的价格体系造成的。克服"过热"的倾向，根本出路还在于把改革健康地向前推进。例如，实现金融体制的进一步改革和调整利率，进一步完善税制，改变小企业的经营方式，进行比价和差价的调整和其他方面的价格改革，调整房租和实现住宅商品化等，都是向这个方面做出的努力。这些措施将有助于完善经济机制和提高预算约束的"硬度"，因而有利于抑制"扩张冲动"和"投资饥渴"。

双重体制并存状况下的宏观控制

国民经济是一个由许多互相作用、互相依赖的组成部分有机地结合起来并具有特定功能的大系统。同任何其他系统一样，要使它的各个组成部分协调运转以实现其总体功能，每个经济系统都要有自己的调控体系。只有当这一体系能够正常地发挥调节作用时，经济系统才能顺畅地运行。各种不同的经济体系，调控机制也不相同。在传统的社会主义经济模式下，各级领导机关通过行政命令对整个国民经济实行宏观调节。在有计划的商品经济中则是运用经济的、立法的以及行政的手段，通过市场进行宏观调节。在经济改革过程中，为保证从旧模式到新体制的转变，如何实现宏观调节机制的平稳过渡，保证不致出现经济生活的紊乱，始终是各国经济改革方案设计者注意的中心问题之一。

在我国，由于经济体制改革采取逐步过渡的方式，实现对国民经济的宏观控制，就更加艰巨和复杂。我们知道，经济体制改革的实施，可以采取不同的方式。粗略地说，一种是经济系统的主要环节同时实现变革的"一揽子"方式；另一种是各个主要环节的改革有先有后的逐步改革方式。这两种方式的长短利弊，各国学者历来有不同的看法。一般地说，单纯从国民经济的运行着眼，最好是采取"一揽子"方式，这是因为经济系统的各个环节是互相联系、互相制约的，只有各个主要环节配合起来协调地变动，才能保证新系统平稳地、有效地运转。因此，多数经济学家认为，只有"一揽子"改革才能成功。但是，"一揽子"的全面改革往往震动比较大，因为它容易超越社会的承受能力而使改革遇到困难。为了避免这种困难，有些论者从政治、经济的全局着眼，主张采取逐步改革的方式，以求化大震为小震，使改革比较容易为人们所接受。我国的城市经济改革，大体上就是采取后一种办法。

然而，后一种办法也有它的问题。这就是由于改革是逐步进行的，因而不能避免在相当长的时期中存在着"双重体制"和"双重交通规则"的问题①。两种不同的体制的混杂，会在运行中发生摩擦，从而增加宏观控制的难度。在"双重体制"下，必然存在一物多价的"多重价格"（包括商品价格、外汇价格即汇率、资金价格即利息率等）。在多重价格体系下，如果缺乏有效的控制，套汇、套利、低进高出、投机倒卖等非法牟取暴利的活动就会猖獗起来。利用职权"批条子"，从差价中取利，也会成为以权谋私的新的不正之风的重要形式。

鉴于这种双重体制并存的状况还会持续一段时间，在这种复杂的情况下，单纯靠一种手段将难以完全防止宏观经济失控，因此，我们在加强宏观控制时，要充分运用多种有效手段。

第一，实行微观放活与宏观管好同步进行的原则。无论哪一方面的改革，都要在放活对微观经济活动的管理的同时，制定并实施在宏观上管住的办法。就宏观管理来说，则要实行"先立后破"的原则，绝不能容许出现宏观调节的真空状态。

第二，及时制定有关经济法规，完善各项规章制度。我们的各级管理部门都必须把明确政策界限，完善法规的工作抓起来，使各

---

① 一位波兰学者写道："在进行局部改革的情况下，总是会存在双重的即二元的经济体制。……在这种条件下，经济领域的一部分就根据一种制度规定行事，经济领域的其他部分则根据另一种制度规定行事。"（耶·克莱尔：《社会主义国家六十年代的经济改革》，见《东欧经济学家》1974—1975年冬季号）

种经济活动有法可循，在制度上无空子可钻。

第三，维护政令的有效性和纪律的严肃性。从改革的整个过程看，行政指令的作用将逐步缩小，经济手段的作用将逐步扩大。然而，目前国民经济中还有相当部分是采取行政指令管理的。而且，即使在经济改革完成以后，也不能完全取消行政手段的运用。因此，我们还需要有区别地保持行政指令调节手段的有效性。目前，截留税利、坐支现金等违反财经纪律的现象相当普遍，有法不依、有令不遵的情况时有发生。针对这种情况，必须在明确界限的基础上严肃法纪，做到言出法随，令行禁止，绝不能听任违法乱纪分子逍遥法外而不受到惩罚。

第四，尽可能完善有调节的市场机制，使已建立的新经济体制能够正常运行。目前新的有计划商品经济体制已经部分地建立起来，但是，对商品经济的社会调控机制还很不配套，主要是：企业财务自理、自负盈亏的制度规定上还存在不少的漏洞；既能反映劳动耗费，又能反映供求的价格体系还没有形成；禁止封锁、垄断和各种妨碍公平竞争行为的较为完善的市场还有待建立；金融体系等有计划商品经济中的调节组织也还很不健全；等等。解决办法不是收回已经下放的微观决策权，重新回到用行政命令控制一切的老框框，而是把改革推向前进，努力填平补齐，使改革措施配套成龙，确保在既富有弹性，又保持重大比例关系协调的宏观计划规定的范围内，微观经济活动龙腾虎跃，生动活泼地进行。

第五，加强参数调节，学会综合运用各种经济杠杆来控制经济活动。在有计划的商品经济中，宏观调节的主要手段，或者说，宏观经济的计划决策同微观经济的市场决策之间的联结枢纽，是税收、利息、价格等经济参数。目前，我们的领导机关还不善于配套地运用这些经济杠杆，通过税收政策、货币和信贷政策、工资政策、价格政策、外贸和外汇政策等的综合作用来调节市场，从而经过这个有调节的市场把企业微观经济活动纳入宏观计划的轨道。这方面的工作亟待改善。看来，有必要建立国家的调节中心，加强经济杠杆的综合运用。

宏观经济调节系统是有计划商品经济这个大系统的一个子系统，它是由许多元素有机地组成的。加之如同前面所说，在我国当前情况下，进行宏观调节要采取多种调节方式。因此，不论对哪方面经济活动的调节，都有赖于多种措施的复合作用。我们必须注意这些措施之间的配套性。就拿货币流通量的控制来说，要使宏观控制有效，需要做到：①明确货币发行权限属于国家立法或行政机关，它们规定的发行和信贷限额不得突破；②严格划分财政和银行的职权范围，财政不能任意向银行透支；③赋予银行根据信贷计划独立开展信贷业务以及监督企业各项基金形成和使用的职权和责任。以上这些，加上生产部门、商业部门、外贸部门以及监察统计部门的积极配合，就可望把国民经济中的货币流通量控制在适度的规模上。

对改革目标和实施步骤作出总体规划的必要性

从以上分析可以看到，目前出现的一些问题，同经济措施的配套不够有关。因此，制定经济体制改革目标体制和实施步骤的总体规划的问题，已经提到议事日程上来了。经济改革是一项建设新型的社会主义经济体系的巨大系统工程，需要及早地设计出这一工程建筑物——新经济系统的蓝图。经济改革目标体制的蓝图越清楚，我们的改革工作就越能做到目标明确，先后有序，防止工作中的盲目性。同时，这个总体设计对系统的结构安排得越妥当，各个子系统之间的配合考虑得越周到，我们就越有把握把各个部件装配成契合良好、能够协调运转的国民经济大机器，发挥良好的总体功能。在近年来的改革过程，包括1984年下半年以来的全面改革过程中，的确出现了一些问题。这些问题与其说是改革本身带来的，毋宁说是由于改革措施不配套、不系统产生的。当然，经济体制改革是一项新的事业，大家都缺乏经验。我们不能要求在改革开始进行以前，就设计好巨细无遗、精确完善的图纸。但是，尽快地作出一个哪怕是比较粗略的总体设计，然后在实践中逐步加以完善，是很有好处的。目前，党的十二届三中全会已经对我国经济体制改革的目标模式作出了原则规定，我们又在过去五年改革试点工作中积累了正反两方面经验，应当说，集中一批理论工作和实际工作专家，研究和提出比较具体的目标体制的总体设计方案的条件已经具备。这项工作宜于早日着手。

为了保证改革的顺利进行，我们还应当有一个改革实施步骤的战略计划。由于我国的经济体制改革是逐步进行的，为了保持各个步骤之间的前后衔接和实施每一步骤时经济系统各主要环节之间的同步配套，这样一个战略性的计划就尤其重要。否则，就容易出现改革的措施前后矛盾、各种措施互相掣肘的混乱状态。制订这样一个计划的时机现在也已经成熟了。

（原载《经济研究》1985年第5期）

单项推进,还是配套改革[*]

(1985 年 7 月)

文稿[①]第 54 段说,以城市为重点的整个经济体制改革包括两方面的本质要求:"一是进一步增强企业特别是全民所有制大中型企业的活力""二是加强和完善宏观经济的控制、调节和管理"。对于前一点,文稿第 55 段进一步指出,"搞活企业是以城市为重点的经济体制改革的出发点和落脚点";而搞活企业的主要措施,则是"进一步简政放权""给企业在产供销、人财物等方面以更大的自主权";等等。我觉得,作为对经济体制改革基本内容的规定,以上这些提法是否全面和准确,还值得再作推敲。

增强企业的活力,无疑是经济体制改革的一项非常重要的工作。但是,搞活企业是否就是改革的全部基本要求,以及单靠"简政放权"是否就能搞活企业,都是值得怀疑的。从过去一年全面开展经济体制改革的经验看,单项突出"松绑放权""扩大企业自主权",效果似乎不太理想。其原因是:第一,有计划的商品经济,作为一种经济体系,是一个由多种元素组成的有机整体。自主经营、自负盈亏的企业,是组成这个经济体系的基本元素,然而,对于一个系统来说,重要的问题不仅在于它是由什么元素组成的,

---

[*] 这是本书作者 1985 年 7 月 15 日在中共中央、国务院召开《中共中央关于制定第七个五年计划的建议(初稿)》讨论会上的发言摘录。见《吴敬琏选集》,山西人民出版社 1989 年版。

[①] 指在这次讨论会上分发征求意见的《中共中央关于制定第七个五年计划的建议(初稿)》。

重要的问题还在于,这些元素是按什么方式组织起来的,对于有计划的商品经济来说,只有在企业通过市场彼此发生联系,大家都受竞争的约束,而且这个市场是有调节的市场,国家通过适合于商品经济的宏观控制手段对国民经济进行管理的条件下,这个经济体系才能有效地运行。第二,即使对增强企业活力来说,单靠"简政放权""扩大企业自主权",也是不够的。现在大家都用匈牙利经济学家科尔奈的概念"父子关系"来描述旧体制下国家同企业的关系。需要注意的是,科尔奈所谓的"父子关系",包括两方面的内容:一是国家的行政管理机关把企业管理得死死的,弄得他们一点自主权也没有;二是行政管理机关像慈父般地维护自己的企业,给经营不善的企业以种种照顾,叫作"软预算约束"。"松绑放权"只能解决前一方面的问题。如果企业不是在竞争性市场的约束下进行经营活动,没有竞争的压力,"松绑放权"以后只会造成负盈不负亏的局面,而不能形成促使企业努力改善经营管理,尽力满足社会需要的环境,使整个经济的运行状况有根本改善。而从另一方面说,不具备竞争性市场和间接调控体系等外部条件,企业也不可能真正具有活力。任何社会化的生产都要有宏观控制,不是这样控制,就是那样控制。一旦单纯"放权"造成了失控,将只能用旧的行政办法来加强控制,这时,已经放给企业的决策权力也会被重新收回。

总之,不能把改革简单地归结为扩大企业自主权,它必须在经济体系的基本环节上既是有步骤又是配套地进行。在我看来,有计划商品经济的基本环节是三个:(1)自主经营、自负盈亏的企业;(2)竞争性的市场;(3)以间接调节为主的宏观调控体系。这三方面的改革要同步前进。

在当前,我们的中心工作是稳定经济,同时,要做好进一步推进改革的准备工作,力争使上述三方面改革不配套的问题尽快地得到解决。

[原载《吴敬琏文集》(上),中央编译出版社 2013 年版]

以改善宏观控制为目标,进行三个基本环节的配套改革[*]

(1986年1月)

（一）对于当前经济形势，我们同意这样的估计：国民经济正处在由紧张向宽松转变的过程中。但是，不稳定、不协调的因素并未完全消除。因此，加强宏观控制仍然是必要的。

过去一年主要采取行政办法进行宏观控制，虽然这在当时的情况下是必要的，然而这种办法不可避免地带有"一刀切"的缺点，损害经济的活力，它的效应也主要表现为消极地抑制需求，而不能有力地提高经济效益，从而从根本上消除不稳定的因素。

（二）为了提高效益，改善供给，必须在继续进行宏观控制的同时，注意改进宏观控制的方法。

过去一年的经验证明，要做到这一点，光靠改进金融、财政等宏观调控机构本身是不够的。为了使宏观调控措施能正确传导到企业，并得到企业的敏感响应，就必须改善市场环境和加强企业的独立性与经济责任。因此，虽然我们不能要求改革在一个早上解决所有的问题，而必须抓住重点和分步骤进行，但在每一步骤上，三个基本环节的同步改革还是必要的。

---

 * 这是本书作者1986年1月25日在国务院总理听取"七五"前期改革设想建议时所作发言的提纲。这份提纲是在吴敬琏、周小川、楼继伟、李剑阁交换意见后，由吴敬琏执笔的。载《〈经济发展与体制改革〉特刊·经济形势与改革对策专辑》，1986年2月。

（三）由于整个经济正在由紧变松，加上我们对于如何加强控制和如何提高人民群众对经济变动的耐受能力上已经比较有经验，"七五"前期改革在有限范围内迈出若干重要的步子是可能的。

（四）关于增强企业的自主权和经济责任。

我们初步考虑可以进行的改革包括以下这些：

1. 国有小企业的进一步企业化，对于宽松的经济环境没有特别高的要求，因此步子可以走得大一些（这一点可以与王小强、张少杰等同志的有关意见[①]兼容）。

2. 增强国有大中型企业的活力，对于改善整个国民经济的状况有决定性的意义，亟须有突破性的进展。目前实现这一点的关键在于改变政企不分的状况和使所有权与经营权适当分开。在这方面，除过去讨论得比较多的办法，如取消行政性公司、实行股份制外，华生、张学军等同志提出的"资产经营责任制"也不失为一种在中、长期解决问题的方案。此外，近来还有同志提出了"政府内部职能分化"——资产管理部与行政管理部分开的新思路。[②]这些可以在进行比较的基础上择优选用或结合使用。

（五）关于竞争性市场的建立和进一步完善。

1. 建立经营大规模批发业务的经济实体，首先是大型生产资料经营公司，以避免走地区性市场垄断的弯路，促进统一市场包括现货市场和期货市场的形成。

2. 尽可能理顺市场参数（包括商品价格、税率、利率、汇率等），改变这些参数双重扭曲的状况，有利于公平竞争环境的形成，同时也使造成分配不公的重要原因得到消除。目前在商品价格中，生产资料价格的问题最为突出，建议近期区别不同产品，采取

---

① 这里指他们关于在"七五"期间或稍微更长一点的时间内，把全部城市小企业（包括国营和集体企业）"推进"市场的意见。见《〈经济发展与体制改革〉特刊·经济形势与改革对策专辑》，1986年2月，第78—81页。——吴敬琏1987年补注

② 参见金立佐《对我国现阶段经济体制改革的战略考虑》，载《经济社会体制比较》1986年第2期；刘克崮《关于行政机关改革的建议》，载《〈经济发展与体制改革〉特刊·经济形势与改革对策专辑》，1986年2月，第65—69页。

多价联动、价税联动的方式，对它们的价格或"调"或"放"，或"调放结合"，进行改革（这一点可以与徐景安等同志的有关意见[①]兼容）。

3. 价格、税收、利润分配等方面采取措施，照顾产地和不发达地区的利益，同时抓紧反对垄断、保护竞争的立法，防止市场割据形势的发展。

（六）关于宏观调控体系的建设。

1. 改进财政税收体系：（1）陆续开征土地使用费、资金税等新税种，以增强税收调节经济的作用；（2）将目前这种"分灶吃饭"的财政体制推进到"划分税种，核定收支"的新阶段，以打破地方性"行政性分权"的格局。

2. 改革金融体系：（1）加速推行基层银行的企业化经营方式；（2）强化中央银行的管理和调节；（3）整顿和利用已经出现的民间金融机构。

以上重要措施，可以经过周密准备后在1987年初互相配合地出台，某些先行措施（如某些新税的开征、某些价格的调整）则可以在1986年下半年陆续推出。

（七）为保证以上改革有准备、有秩序地进行，从现在起就要立即进行各方面的准备工作。

诸如：

1. 责成有关业务部门为制定各项改革和方案办法做基础材料的准备工作，如对土地占用情况的调查、对国有财产的估算摸底等。无论以后决定采用哪一种改革方案，这些材料都是必需的。

2. 指定国家体制改革委员会等单位负责组织各方面的人员进行中期配套改革方案的设计和综合论证，向国务院提出对各种方案

[①] 指他关于生产资料价格改革的建议，见《〈经济发展与体制改革〉特刊·经济形势与改革对策专辑》，1986年2月，第90—92页。

的评估意见。

3. 经济改革的远期和中期目标模式也需要进一步明确和具体化，可由社会科学院牵头，组织经济学家和经济工作者，与改革方案的设计和评估相配合，进行研究和讨论。

［原载《吴敬琏文集》（上），中央编译出版社2013年版］

中国工业中的双重价格体系问题[*]

（1986年7月）

在近年来的中国经济改革中，对许多原来实行行政定价制度的工业产品，采取了计划调拨部分和超定额"自销"部分按不同方式定价的制度，从而形成了"一物多价"的价格体制（在中国被称为"双轨制"）。对于"双轨制"的评价，是一个很有争议的问题。早在"双轨制"正式建立的初期阶段，它一方面受到长期饱受行政性定价约束之苦的企业负责人的欢迎；另一方面也引起了某些经济学家对它可能造成的消极后果的担心。[①] 到了1985年，争论更加热烈。有人认为，"双轨制"是一种"冲突型"的双重体制，它的长期持续，必然引起经济生活的混乱，搞得不好，甚至会导致改革的"夭折"。[②] 也有人认为，"双轨制"中按市场价格销售的物资数量未必很大，但能量极大，它既促生产又压消耗，使得几种紧缺物资的供求紧张状况得到缓解，而且，"双轨制"通过逐步扩大市场销售部分的比重和调整调拨部分的价格促使"多价归一"，逐渐形成新的价格体系。因此，"双轨制"是中国经济体制改革的伟

---

[*] 这是本书作者和赵人伟提交的1986年10月在美国纽约州阿登别墅召开的关于中国经济体制改革的国际讨论会的论文。英文载《比较经济学》，1987年9月。

[①] 吴敬琏：《城市改革的关键是搞活企业》，载《世界经济导报》，1984年9月24日。

[②] 郭树清、刘吉瑞、邱树芳：《全面改革亟需总体规划》。这是一份给国务院领导的建议书，后来载《经济社会体制比较》1985年第1期。

大创造，它提供了一条具有中国特色的价格改革乃至整个改革的道路。①

如何估计"双轨制"的意义和作用，实际上是一个选择经济体制改革的基本战略和合理时序的问题，从而也涉及对过去几年经济改革具体工作的评价。因此，在 1985 年对前几年的经济改革进行全面总结和对"七五"期间的改革进行规划设计的过程中，如何估计"双轨制"的利弊得失，便成为争论的一个焦点。

一 工业产品价格"双轨制"的由来

在传统的命令经济体制中，除了由于农村中存在集市贸易因而农产品价格存在某种"双轨制"外，在工业中是不存在合法的价格"双轨制"的。虽然在社会主义各国的"第二经济"中存在黑市价格，但它们一则不合法，二则也不占重要地位。不过在中国工业中，计划外价格的范围历来较之其他社会主义国家要大一些，其主要原因是：

第一，中华人民共和国成立以后，从来没有建立起像苏联那样严格由中央控制的指令性计划制度，而从 1958 年的"体制下放"以来，中央计划的完善幅度和中央的控制能力更加减弱。在地区之间和企业之间广泛存在着计划外的交换关系（在中国被委婉地称为"协作关系"），这种"协作物资"，通常是按高于计划价格计价的。

第二，中国生产力发展水平比较低，经济上存在"二元结构"，政府受到大量兴办小工业企业以容纳农村潜在失业人口就业的压力。而这些小工业往往生产成本很高，如不允许它们卖高价，

---

① 华生、何家成等：《论具有中国特色的价格改革道路》，《经济研究》1985 年第 2 期；刘国光等：《经济体制改革与宏观经济管理——"宏观经济管理国际讨论会"评述》，《经济研究》1985 年第 12 期；华生、何家成等：《经济运行模式的转换——试论中国进一步改革的问题和思路》，《经济研究》1986 年第 2 期。

就只好用补贴维持。所以，在1958年"大炼钢铁"期间，政府就曾明文规定小高炉冶炼的所谓"后院生铁"可以卖高价。当时一位北京大学的经济学教授还为此创立了一种理论，论证在社会主义条件下一种产品有两个"价值中心"。① 这种理论虽然在"大跃进"失败以后很快就被多数人遗忘了，但是，按"协作价格"交换的实践仍然在很大的程度上保持下来。

不过价格"双轨制"的扩大和合法化，还是近年来的事情。而原来的改革设想，并没有准备用这样的方法来实现改革。

1978年12月中共十一届三中全会以后，城市经济改革的试点工作，主要是放在扩大企业自主权上。但是，人们不久就发现，没有其他方面改革的配套，特别是价格管理体制改革的配合，"扩权"并不能收到预期的效果。正如赵紫阳总理1981年11月在全国人民代表大会上作政府工作报告时指出的：过去几年的"改革，还是局部的、探索性的，工作中也出现了某些前后不衔接、相互不配套的问题。我们现在的任务，就是要总结前一段改革的经验，经过周密的调查研究，反复的科学论证，尽快拟订一个经济体制改革的总体规划"。虽然这个改革的总体规划由于种种原因并没有能够拟定出来，但是，这一"衔接"的"配套"的改革，要以价格改革为主要内容，却是确定无疑的。

以现有的文献看，1980—1981年设想的价格改革的做法，大致与1967—1968年捷克斯洛伐克的做法相似。首先就是进行工业品出厂价格的全面调整，其次进行价格管理体制的改革，除极少数产品外，普遍废止行政定价制度，由市场供求决定价格。1981年前后，一位很有影响的经济学家，当时新建立的国务院体制改革办公室的负责人薛暮桥，写了一系列的文章论述这种设想。② 同年，

---

① 樊弘：《关于社会主义制度下商品生产和价值规律问题》，载《经济研究》1959年第2期。

② 薛暮桥：《关于调整物价和物价管理体制的改革》《价格学会要认真研究物价涨落的客观规律》，载《薛暮桥经济论文选》，人民出版社1984年版。

国务院设立了价格研究中心，着手进行价格改革的准备工作。

但是在以后的一段时间里，1981年所设想的价格改革并没有实现。1982年，发生了一场计划经济与市场调节的讨论。在这场讨论中，认为社会主义经济具有商品经济属性的观点受到了批评，正像《红旗》杂志编辑部编辑的一本讨论文集的"前言"所说，"认为计划调节只管宏观经济，微观经济即各个企业活动应由市场调节""企业有权自主地进行生产、交换等经济活动"等，都是"不正确的观点"，而"实行指令性计划是社会主义计划经济的基本标志，是我国社会主义全民所有制在生产的组织和管理上的重要体现"，"要把价格、税收、信贷等经济杠杆的运用纳入国家计划，作为计划的重要组成部分"[1]。在这样的气氛下，前面所说的价格改革，特别是放开价格管理体制的改革自然也就无从进行了。

在这种情况下，改革难以在指令性计划规定的生产、投资和产品供销活动的范围内进行，它要有所前进，就只好在指令性计划范围之外，或者在它的"缝隙"之中进行。于是，"协作价格"的使用范围也随着计划外供货的扩大而扩大。到1984年，改革的气氛再次浓厚起来，它就由半合法转为合法了。

按照1984年5月国务院《关于进一步扩大国营工业企业自主权的暂行规定》（"十条规定"），生产分成计划内和计划外两个部分（这里所说的计划，专指指令性计划），企业所需的物资供应也分为两个来源，即中央统一分配的部分和自由采购的部分；与此相适应，计划内的产品实行国家用行政办法规定的牌价，计划外的产品则可以在不高于或不低于国家定价的20%的幅度内出售。1985年2月，国家物价总局和国家物资总局联合发文，取消了20%的幅度限制，于是，正式形成了按照行政命令和按照市场供求决定价格的双重定价体系。

---

[1] 《红旗》杂志编辑部：《〈计划经济与市场调节文集〉前言》，载《计划经济与市场调节文集》第1辑，红旗出版社1982年版。

1984年10月举行的中共十二届三中全会取得了巨大的突破，它所通过的《关于经济体制改革的决定》明确指出：社会主义经济是建立在公有制基础上的商品经济。事情十分清楚，为建立这样一种经济体制，关键在于改变僵化的行政定价制度，使价格既能反映成本，又能反映供求的变化。应当说，这时已经具备了全面改革工业品价格的政治前提。中国经济领导机关曾经反复讨论价格改革应首先从何处着手，后来确定，1985年先进行农产品和副食品的价格改革。这样，凡价格没有"放开"的工业品（主要是原料、能源等生产资料）的价格，仍然继续保持"双轨制"。1984年年末的计划会议确定，中央给各部门、各地方计划分配物资的数量定额由以下两项决定：（1）1984年计划分配"基数"；（2）重点建设项目所需原材料（包括制造重点设备所需原材料）。以上两项的和即为年度计划中中央分配给该单位的物资的数额。然后，由各级主管机关将指标层层分解下达，由生产单位和物资管理部门执行。

目前在一些重要产品的生产和流通中，双重体制各自所占的比重尚无精确的统计资料，而且中央一级的指令性计划在通过部门和地方向企业下达的过程中往往层层加码，因此，从中央的角度和从企业的角度看，两者的比重也很不一致。据1986年年初全国物资工作会议提供的资料，1985年中央掌握的国家统配物资从过去的256种减少到23种，煤炭、钢材、木材和水泥四种物资的国家指令性计划分配的数量占全国总产量的比重分别下降到50%、56.9%、30.7%和19.4%。1985年各地方、各企业通过市场组织的物资占地方企业消耗总量的比重，钢材、木材和水泥分别为38%、46%和61%。[①] 当然，不同城市和地区，计划内和计划外的比重是不一样的。例如，上海市物资供应的计划分配部分就比较高，钢材为72%，生铁为66%，煤炭为90%，江苏省就比较低，分别为35%、22%、58%。事实上，情况是十分复杂的。以钢材

---

① 载《经济日报》1986年2月26日。

为例，据估算生产企业按高价卖出的钢材，只占全国钢材生产总量的15%—20%，而消费者用高买进的，却占总消费量的40%左右。

至于计划内价格和计划外价格的差距，一些重要的短缺物资往往相差数倍，如钢材的代表品种 φ6.5 线材的计划出厂价格每吨610元，1985年市场价格高达1600元，最高时达2000元（5—8月），煤炭的计划价格每吨27元，市场价格高达100元左右。当然，两者的差距往往随供求情况的变化而变化，各个地区的情况也不完全一样。

二 对"双轨制"利弊的分析

双重定价体制的并存表明原有的僵化价格体制已经被突破，从而给经济生活带来了新的活力。赞成长期保持"双轨制"的人们认为，它的积极作用表现在以下几方面。

第一，有利于增加供给，缓和供求之间的矛盾。

那些原来完全按照指令性计划进行生产和销售的企业，现在有了对计划外的那部分产品进行自产自销的权力，这就大大地鼓励了企业增加生产的积极性。因为这时价格部分地成为调节企业行为的参数，许多企业千方百计地挖掘潜力，多方筹集资金，进行技术改造，扩大生产能力，使原来一些供应紧张的产品增加了生产和供给，减轻了短缺的程度。这对于供给的价格弹性较高的产品，如小窑煤，表现得尤为明显。近两年来我国煤炭生产以每年8.35%的速度递增，主要得益于小煤矿的增产。由于供求矛盾的缓和，计划外价格呈现下降的趋势。例如，1984年江苏省计划外煤炭的价格曾高达每吨150—200元，随着生产和供应的增加，价格已下降到80—120元一吨。双重体制打破了原有体制的僵局，部分地改变了原有体制下"为生产而生产"的局面，有利于搞活流通，促进生产和需要之间的衔接。

第二，有利于节约使用资源和提高企业管理人员的水平。

在原有体制下，指令性计划的生产任务要以国家以低价供应相应的物资为条件，企业对节约使用资源缺乏内在的动力。我国原材料、燃料消耗系数很高，固然同工业技术水平低有关，但价格偏低则在一定程度上保护了落后和助长了浪费。我国能源、原材料的计划内出厂价同国际市场价格相比，明显偏低，其中，洗精煤价格只有国际市场价的 45%，原油为 30%，铸造生铁 70%，普碳钢材 60%，计划外高价能源和原材料价格与国际市场价格相近或者高于国际市场价格，因此，对于用户来说，就必须精打细算、千方百计地节约使用原材料和能源，或在寻找代用品上狠下功夫。据对 300 个使用钢材企业的典型调查，在开始实行双重体制的 1984 年，万元产值的钢材消耗量比上年下降了 18%。这显然同这些企业增加了节约使用钢材的内在动力有关。这对于企业管理人员来说，特别是对那些习惯于传统运行机制的管理人员来说，也是一种训练的机会，使他们能够逐步地了解和熟悉市场运行的规律性，提高经营管理的水平。

然而，持有不同意见的人们认为，以上两点好处，严格地说，并不是"双轨制"本身固有的，而是由于价格提高、克服了价格低于均衡价的扭曲带来的。所以，"双轨制"的真正优点只在于：

第三，有利于减少阻力，在力图保持指令性计划的习惯势力仍很强大的情况下从旧体制上打开缺口，扩大市场机制的作用。

前已说明，在 1982—1984 年期间，在中国占优势的观点是：保持指令性计划的主导地位，是坚持社会主义基本原则的大事。"双轨制"在原有体制不可能立即废止的情况下，保留部分指令性计划，使这部分产品的生产和流通继续按原有轨道运行，并通过计划价格来维持原有经济利益格局不变，同时，又使计划外的那部分产品的生产和流通纳入有调节的市场的运行轨道，并通过反映市场规律的价格局部地调整了人们之间的经济利益关系。如原有体制下矿产品的价格偏低、加工工业产品价格偏高这种不合理的经济利益格局得到了部分的调整，使某些亏损行业开始赢利，使不合理价格结构下苦乐不均的状况有所缓和,并带来前面两种好处。

总之,采用"双轨制"的过渡办法能分散改革的风险,使改革易于推行。因此,这种做法得到国外某些经济学家的肯定。例如,W. 布鲁斯原来根据东欧的经验,认为局部改革的做法是不可行的,但在1985年举行的"宏观经济管理国际讨论会"上,他根据中国的经验肯定了这种做法的可行性。他说,在从配给制向商品经济体制过渡的阶段,其他社会主义国家在消费品方面曾实行过双重价格,但中国在生产资料方面也实行了双重价格,这可能是一项有益的发明创造,它是从旧体制进入新体制的桥梁,可以使行政的直接控制平稳地过渡到通过市场进行的间接控制。①

然而,价格的"双轨制"作为双重体制的集中表现,又不可避免地存在它的消极方面。正如赵紫阳总理最近在全国人民代表大会上《关于第七个五年计划的报告》所指出的:"在我国的改革中,旧体制的消亡,新体制的形成,都只能是逐步的,都需要时间。改革必然是一个渐进的过程。在这个过程中,两种体制同时并存,交互发生作用,新体制的因素在经济运行中日益增多,但还不能立即全部代替旧体制,旧体制的相当部分还不能不在一定的时间内继续存在和运用。这就决定了改革中不可避免地会出现种种问题和矛盾复杂纷呈的局面。"这些矛盾在中国经济生活中的主要表现是:

第一,造成企业行为的双重化,影响国民经济计划的完成。

由于同一种产品的计划外价格和计划内价格相差悬殊,企业作为生产单位和销售单位,总是力争压低指令性计划指标,以便把多余的生产能力用于生产计划外的产品,作为原材料的购买和使用单位,则力争多的计划统一分配物资的指标。而且在计划执行中,物资通过各种渠道从计划内流向计划外,企业间合同兑现率下降,冲

---

① 转引自刘国光等《经济体制改革与宏观经济管理——"宏观经济管理国际讨论会"评述》,《经济研究》1985年第12期。

击计划的实现。据统计，1985年第一季度，全国18种主要工业产品中有16种没有完成合同，其中，钢铁欠交51万吨，煤炭欠交298万吨，水泥欠交47万吨，影响了若干重点生产企业的生产和若干重点建设项目的施工。[①] 这种情况至今没有显著改善。

第二，造成衡量企业经营状况和对它们进行奖惩的标准紊乱，使企业经营核算制度无法建立。

对于各个不同企业来说，计划内和计划外的分配比例并无科学根据，只能按照基数法来确定，结果原来经营得好的企业计划基数高，从计划外高价得利少，原来经营得不好的企业计划基数低，从计划外高价得利反而多。而且，只要多得到一吨低价钢材，就无异于取得近千元的补贴，而调拨转自销，就可轻而易举地使利润率加倍。这就使企业不把主要精力放在改善经营、降低消耗上，而是采取一切手段争投入指标，压产出指标。这就是说，在"双轨制"下，难以形成统一的市场机制和竞争机制，从而使企业难以在同等的价格条件下开展平等的竞争。在这种情况下，考核企业经营管理好坏的标准也发生紊乱，无论是产值、销售额还是利润等评价标准，都不免失真。

第三，给倒手转卖、牟取非法利润提供了条件，败坏了社会风气，腐蚀了干部队伍。

计划内外的巨大价差，给近年来迅速增加的非法套利活动提供了温床，大量利润在流通领域中被不法分子所获取。他们内外勾结，取得调拨物资，然后低价进、高价出，牟取暴利。1985年卡车价差最大时，倒卖一辆载重4.5吨的卡车就可以成为"万元户"。所以，我们时常可以在中国报刊上看到某投机倒把集团靠转手倒卖紧俏物资获得几万、十几万、几十万元暴利一类报道。在1984—1985年的短时间中，全国办起了约20万家"公司"，其中有相当一部分一无资金、二无场地设备、三无确定的业务方向，专

---

① 载《人民日报》1985年6月4日。

靠倒卖牟取暴利。

第四，导致资源的不合理配置，降低了社会经济效益。

在资源的配置和利用上，双重体制既有如前所述积极的一面，也有消极的一面。计划外产品的高价必然刺激某些短缺物资的增产，有利于部门间结构的合理化，但同时又刺激了一些低效率的小规模企业的高成本生产，造成资源的不合理使用，导致规模经济效益下降。近年来乡镇企业的迅速发展，在增加生产、扩大就业、拾遗补阙等方面起了不少积极的作用，但也发生了以小挤大、以落后挤先进的问题。一些小企业同大企业争原料、争动力，结果发生消耗高、效益差的小电炉、小轧钢厂大量发展，消耗低、效益高的大电炉、先进轧钢厂却因原料、能源供应不足而生产能力放空的怪事。所以，世界银行的 G. 蒂德里克（Gane Tidrick）在考察了数十个工业企业以后得出结论：中国存在的多重物资供应体制和多重价格虽然提高了供给的灵活性，增加了企业自主权，但是并没有提供一种有效的市场机制控制的替代办法，因而不免付出极高的资源代价。[①]

总之，在我们看来，双重定价体系和"一物多价"制度在一定的历史条件下，不失为一种向市场体系过渡的有益的方式，然而它的长期延续，却是弊多利少的，搞得不好，甚至会成为进一步改革的障碍。这是因为，价格是商品经济中的基本参数，当这一参数处于严重扭曲的状态下，不仅整个经济系统由于实际上不可能建立有效的市场机制从而无法有效地运行，而且，其他的调节参数，如利率、税率、汇率，也由于缺乏合理的价格基础而难以制定和运用，因而也不可能进行以间接调控为主的宏观管理。

三 对可能解决办法的分析

究竟如何对待上述令人烦恼的摩擦和弊病呢？这是所有关心中

[①] G. 蒂德里克：《中国国营工业的计划与供给》，载陈吉元、G. 蒂德里克编《中国工业改革与国际经验》，中国经济出版社1985年版，第185—228页。

国经济体制改革的人们面临的尖锐挑战。人们提出了多种多样的解决办法,归纳起来,大体有以下三类:(1)实行重新集中化,回到原有体制,至多在占主导地位的命令经济的旁边,保留一小块"市场调节"和多少具有灵活性的价格的活动场所;(2)立即结束双重体制,消除旧价格体制的残余,一举实现定价机制的完全自由化;(3)把双重体制当作从旧体制向新体制转换的过渡阶段,逐步地转入新体制的运行轨道。虽然在目前的双重体制下,回到旧体制去的危险是始终存在的,但是至少在目前还没有人公开地提出第一种意见。至于第二种意见,由于在短期内消除旧体制的一切因素是明显不可能的,因此,似乎也没有人明确提出。这样,留下来有争论的问题就只在于实现过渡的方式和速度了。在目前,主要存在两种意见。

第一种意见被称为"尽快过渡论"。例如,有作者认为,"双轨制弊大于利,应尽早过渡"[①]。也有人从目前城市经济中占支配地位的还是旧体制,新体制由于配套不足无法有效运转立论,认为"近年来经济波动的体制根源在于新旧两重体制的相持状态""根本改善的出路……就在于打破新旧体制相持的状态,使新经济机制能较快发挥主导作用"[②]。持这种观点的人们认为,在目前这种旧体制只是被打开了若干缺口,新体制还不能作为一个系统有效地发挥作用的条件下,存在着经济波动加剧和走回头路的严重危险,因此,应当力争早日打破目前这种双重体制相持、双轨价格交错的困境,使新的经济机制尽快地起主导作用。实现了这一点,虽然并不意味着双重体制并存的局面的结束,但是由于市场机制能够发挥它的功能,而会使经济发展和经济改革进入互相支持、互相促进的良性循环。他们主张采取的主要措施是:在建立自主经营、自负盈亏的企业,建立竞争性市场和建立间接调控体系等三个互相

---

① 赵林如:《关于价格改革的几个问题》,载《经济工作者学习参考资料》1986年第7期。
② 吴敬琏:《经济波动和双重体制》,载《财贸经济》1986年第6期。

联系的方面，有步骤地进行同步配套的改革。其首要步骤，则是在较短的时间内初步理顺价格，同时建立起新的财政体系和金融体系的框架。

相当多的人认为前一种想法过于理想化。他们认为，在中国这样一个市场发育程度低下的发展中国家，不能追求双重体制很快过渡到单一的商品经济轨道上去。因此，他们主张采取"走小步""渐放渐调"，比如说，每年将放开价格由市场调节的物资数量增加10%—20%，同时对计划价格作少量的调整。这样，可望在5—10年的时间内实现价格体系的合理化。

支持这种观点的有多种论据，其中包括：应当保持前几年改革战略的延续性，而不应在没有充分把握的情况下，走一条"大配套"改革的新路子；"双轨制"增加供给、搞活市场的积极作用正在发挥，没有必要过早地加以改变；"双轨制"提供了一种形式，"使得在整个庞大的运行体制转换结束之前就能解决企业的不平等的'种姓制度'"，保证"企业挣脱行政隶属和等级差别的羁绊"[1]；等等。不过在我们看来，最有力的论据还在于，目前的经济情况不允许采取大的改革动作，在短期内实现由旧体制占主导地位到新体制占主导地位的过渡。正如刘国光所说，"要实现这种过渡，首先还是要解决国民经济总需求与总供给的宏观平衡问题。这个问题不解决，不论是计划体制的双轨制，物资流通体制的双轨制，以及集中反映这两者的价格双轨制，都不可能消失"，而由于"上述宏观平衡问题一时难以彻底解决……双重体制向单一新体制的过渡以及双轨价格向单轨的新价格体系过渡的时间恐怕很难如中外经济学者所希望的缩得很短"[2]。

以上分析无疑反映了当前中国的实际情况，其可以商榷之处在于：宏观平衡问题，即总需求膨胀，以致大大超过总供给的情况是

---

[1] 华生、何家成等：《经济运行模式的转换——试论中国进一步改革的问题和思路》，载《经济研究》1986年第2期。

[2] 刘国光：《我国价格改革的一些情况和问题》，载《财贸经济》1986年第5期。

不是注定不能解决。我们知道，在传统的社会主义经济体制下，确如 J. 科尔奈所说，存在着"扩张冲动""投资饥渴"和"消费饥渴"，因此，"短缺"和需求膨胀乃是内在于这种经济的倾向。但是，这并不等于说，在一定的时限内，政治和经济的领导对于控制需求和改善供给是完全无能为力的。从中国的历史看，为了一定目的在一个时期内造成供求大体平衡的状况，还是可以做到的。多次"增产节约运动"和"经济调整"都起了这样的作用。就拿最近时期的一个实例来说，1981 年的经济调整在几个月的时间内就造成了"买方市场"次第出现的局面。① 只不过由于种种原因，我们没有能够抓住这种有利条件进行大步的配套改革，坐失了良机。至于从 1984 年下半年开始、至今后果还没有完全消除的那次消费和投资的膨胀，一方面固然是受到内在于旧体制的"消费饥渴"和"投资饥渴"的推动；另一方面在宏观决策上没有处理好经济发展同经济改革的关系②以及具体工作上的失误，却起了决定性的作用。可见，如果认识明确，坚决执行"把改革放在首位"，经济"建设的安排要有利于改革的进行"的方针，采取一切措施"坚持总供给和总需求的基本平衡，使积累和消费保持恰当的比例"③，从而为配套改革争取到一个较为宽松的环境，并不是绝对难以做到的。

把上面所说的一切概括起来，我们也许可以建议采取这样的策略：在近期内用一切手段控制总需求膨胀，推出价格改革、财政税收改革和金融改革的基本措施，初步形成货物市场、服务市场和短期金融市场的框架，在较短时间内改变双重体制胶着对峙、新体制不能起主导作用的局面。不过即使到那时，由于中国经济的落后性

---

① G. 蒂德里克的前揭文章对这一情况有很好的描述与分析。
② 总结这方面的教训，1985 年 10 月中国共产党全国代表会议通过的《中共中央关于制定第七个五年计划的建议》中，对于如何正确处理经济建设与改革的关系，有很好的分析。
③ 《中共中央关于制定国民经济和社会发展第七个五年计划的建议》（1985 年 7 月 15 日）。

和复杂性,旧体制和旧调节方法的某种残余仍会在一定范围内长期保存。只有经历较长时间,逐步完善新体制,使之能够渐次完全取代旧体制的功能,才有可能从根本上结束双重体制并存的局面。

[原载《吴敬琏文集》(上),中央编译出版社 2013 年版]

"两权分离"和"承包制"概念辨析[*]

（1987年9月）

一

社会主义公有制条件下所有权同经营权的分离，即通常所说的"两权分离"问题，是目前中国经济学界讨论的一个热点。然而，对"两权分离"的理解却是多种多样的。目前经常出现把不同含义的"两权分离"混在一起的情况，从而造成对经济体制改革中试行的承包制、租赁制和股份制等的经济关系实质的不同解释，并给讨论增加了困难。

公有制条件下的"两权分离"，是不少社会主义国家在经济改革过程中都提出过的命题。中国经济学界早在20世纪50年代末期就讨论过这个问题。保加利亚共产党领导人日夫科夫在1981年首先提出了把国有企业的所有权与经营权分离开来的意见。1984年《中共中央关于经济体制改革的决定》明确指出："根据马克思主义的理论和社会主义的实践，所有权同经营权是可以适当分开的。"对于国有企业经营机制改革的这项基本原则，国内经济学界几乎是一致同意的。不过在将原则付诸实施时，理解却因人而异。这不能不引起实际工作中很不相同的做法，甚至引起混乱。

---

[*] 本文根据作者1987年9月9日在《经济社会体制比较》杂志社召开的一次座谈会上的发言整理而成。

细细想来，人们说的"两权分离"，其实有两种完全不同的含义，实在有加以辨析的必要。

对于"两权分离"的第一种理解，是传统政治经济学的理解，即所有权同占有、使用、支配权的分离。

在中国，大概是 1959 年，就有几位同志专门写文章讨论社会主义条件下"两权分离"的问题，认为"两权分离"的实质，就是所有权和占有、支配、使用权属于不同的主体。后来，孙冶方同志根据苏联学者的研究，肯定了这种解释，并把这样理解的"两权分离"，即"所有权属于一个主体，占有、使用、支配权属于另一个主体"作为他所设计的"全民所有制经济管理体制"的基础。①

我国经济学家为论证这种理解，举出了两条主要的依据，一条是马克思在《资本论》第 3 卷第 5 篇讲生息资本（借贷资本）和产业资本之间的关系时作出的分析。马克思指出，借贷资本家把他所拥有的货币借给产业资本家从事经营，于是，发生了"货币资本家"与"产业资本家"，或者是说"资本所有"与"资本职能"之间的分离。另一个根据，是列宁在 20 世纪初对土地国有条件下农业经营问题的论述。列宁在《社会民主党在 1905—1907 年俄国第一次革命中的土地纲领》和《十九世纪末俄国的土地问题》里都指出过，土地国有化并不排斥土地的私人经营，这里存在着土地所有者同土地经营者之间的分离。这种分离在旧中国也是司空见惯的。例如，在封建时代的地主与佃农之间，所有权（"田底权"）的拥有者和占有、使用权（"田面权"）的拥有者之间，都存在这种分离。正是根据以上的经济事实和马克思主义古典作家的分析，

---

① 孙冶方同志说："有一位外面的法学博士认为，从太古以来，人类就懂得谁是著名的三位一体者（占有、使用和支配权），谁就是所有者。而当劳动人民掌握了政权，就截然不同了。他们以世界上从未有过的方式来建立自己的全民财产。在全民所有制之下，占有、使用和支配权是一个主体。而所有权是另一个主体。国营组织……对固定给他们的国家财产行使占有、使用和支配权。而这些财产的所有者是国家。"（孙冶方：《关于全民所有制经济内部的财经体制问题》，载《孙冶方选集》，山西人民出版社 1984 年版，第 241 页）

许多经济学家认为,所谓"两权分离",也就是所有权同占有、使用、支配权之间的分离。或如孙冶方同志所说:

"经营管理权问题,也就是法学者所说的所有权中的占有、使用和支配权的问题""马克思在《资本论》……中就曾详细论述过借贷资本家和企业资本家,即所有者和经营管理者的分离问题。在旧中国,在许多地方存在过田底权和田面权的分离,所谓田底权就是所有权,田面权或承佃权就是经营管理权。田底权和田面权曾经是可以独立买卖和转让的。"①

从以上的说明看得很清楚,这里所说的"两权分离",是在不同的所有者之间发生的,也就是所有权在不同主体之间的分割。例如,在生息资本的情况下,正如马克思指出的,资本所有权同资本职能分离的实质是:借贷资本家在一定期间内让渡自己的所有权,产业资本家则在一定期间内购买了这个所有权。这使产业资本家取得了在借入期内对借入资本的完全的支配权。他可以用这笔钱来经营自己的企业,将本求利,负盈负亏。正因为这样,马克思才把这种"两权分离"既叫作"资本所有权同它的职能之间的分离",又把它叫作"资本的法律上的所有权同它的经济上的所有权分离"。至于"田底权"与"田面权"分属于两个独立的所有者,更是不言自明的事情。

问题在于,我们过去对于这种"两权分离"实际上是所有权分割这一点没有给予充分的注意。可以说,过去我国绝大多数经济学家都对"两权分离"的实质作出这种解释。拿我自己来说,直到 20 世纪 80 年代初期写的文章②里仍是这样说的。据我最近的接

---

① 孙冶方:《关于全民所有制经济内部的财经体制问题》,见《孙冶方全集》,山西人民出版社 1984 年版,第 241 页。

② 例如,吴敬琏:《关于我国现阶段生产关系的基本结构的若干理论问题》,载吴敬琏《经济改革问题探索》,中国展望出版社 1987 年版。

触,苏联和东欧的一些著名学者似乎也都用这种解释来说明他们改革中的"两权分离"做法。但是近来我越来越觉得,这种理解是有问题的。

问题的症结是,我们在改革中之所以要提出"两权分离"问题,是为了使国有企业的经营机制适合于社会化大生产的要求,而上述传统意义上的"两权分离",同现代大经济中普遍实行的"两权分离"却并不是一回事。

在大工业发展时期的所谓"企业主企业"(the entrepreneurial enterprise)[①] 中,所有者和最高层次的经营者是合为一体的。但是,随着社会化程度的提高和企业规模的扩大,所有者往往难以执行最高经营者的职能,特别在股份分散的股份公司中,所有者(股东)越来越与实际经营相脱离,而实际控制权(包括短期决策权和长期决策权)则被交给在董事会监督下的领薪金的经理,由他们负责经营。这样,就发生了第二种意义,即现代意义上的"两权分离",或者叫作"所有权与控制权的分离"和"所有权与经营权的分离"。

马克思早就观察到了近代大企业中指挥、监督职能脱离所有权独立化的现象,而把这种现象看作第一种意义的"两权分离"(资本所有权与它的职能的分离)的进一步深化。他在《资本论》第三卷中指出:"资本主义生产本身已经使那种完全同资本所有权分离的指挥劳动比比皆是。因此,这种指挥劳动就无须资本家亲自担任了。"特别是"股份公司的成立。由此……实际执行职能的资本家转化为单纯的经理,即别人的资本的管理人"。"经理的薪金只是,或者应该只是某种熟练劳动的工资。"而"资本所有权这样一来现在就同现实再生产过程中的职能完全分离,正象这种职能在经

[①] A. 钱德勒(Alfred D. Chundler. Jr.):《看得见的手》,哈佛大学出版社 1977 年版,第 381 页。他在这本书里把"企业主企业"与"经理人员企业"(the managerial enterprise)相对比。

理身上同资本所有权完全分离一样"①。

西方经济学对这种现象的考察相对地晚一些，然而随着股份企业的发展，他们的考察也更具体一些。美国经济学家 A. 贝利和 G. 米恩斯在 20 世纪 30 年代初首先指出了资本主义大企业中"所有与控制的分离"（the separation of ownership from control）②。在这类"两权分离"的股份公司里，股东雇用经理来经营企业，并雇用董事来监督经理。董事和经理都是具有专业知识和能力的经理人员，企业的实际决策权是在这些经理人员手中。

需要指出的是，马克思从来是把第二种"两权分离"同第一种"两权分离"严格区分开来的。和前一种分离（所有权在独立的主体之间分割）不同，后一种分离并不发生在两个独立的所有者之间。马克思把后一种分离的实质确定为"管理劳动同自有资本或借入资本的所有权相分离"；在这种场合，经营者并不是第一种"两权分离"情况下用"借入资本"经营的产业资本家，而只是别人的资本（不论是"自有资本"还是"借入资本"）的管理人；他所取得的收入，既不是"利息"，也不是"利润"，而是"监督劳动和指挥劳动"的"工资"。总之，经理不是资本的拥有者，而是被所有者用薪金和奖金（bonus，有时也译为红利）雇用来管理企业，并随时可以解雇的工薪劳动者。

二

现在的问题是，在我们这里，常常把上述两种不同的"两权分离"混在一起了。这样一来，在讲如何在国有企业，特别是国有大企业中实现"两权分离"时，就不免发生混淆乃至混乱。

例如，对于国营企业承包经营的经济实质的解释，我觉得就有

---

① 《马克思恩格斯全集》第 25 卷，人民出版社 1974 年版，第 435、493—494 页。
② A. 贝利、G. 米恩斯：《现代公司和私有财产》，哈考特·布雷斯世界出版公司 1968 年修订版。

这样的问题。因为，同样是肯定承包制乃是实现"两权分离"的好形式的经济学家，对它属于哪一种意义上的"两权分离"，也有很多相同的认识。

有的经济学家认为，这种承包制的实质是，发包者（国家）保持着法律上的所有权，即取得上缴税、利的权利，承包者（集体或个人）则在承包期中实际占有、使用和支配生产资料。显然，这里所说的"两权分离"，是第一种意义上的。然而，由此也就产生了一些需要研究的问题。首先，在这种情况下，经营者是否也是一个独立的所有者或马克思所说"经济上的所有者"呢？既然用第一种含义的"两权分离"来解释承包制，就不能不承认承包者在承包期间是财产实际上（经济上）的所有者。然而这样一来，又等于否定了在企业内部存在所有与经营的"两权分离"。正是在这种情况下，有的经济学家明确地把国有企业承包制解释为"两权在国家一级分离，在企业一级重新统一"。我觉得，后一种说法由于逻辑一贯地使用第一种意义上的"两权分离"，就使问题明晰得多了。它说明，在国有大企业实行承包制的场合，经营者并不是所有者的雇员，而是借入资金从事独立经营的所有者，从而应对经营的后果负完全责任，即直接负盈和负亏。然而这又产生了一个问题，即这种经营形式是否适合于社会主义的大企业？我国的经营者是否有能力来承担这种大企业的亏损？从现代大生产的发展历史和我国个人财产的实际状况看，答复恐怕都只能是否定的。

另一些经济学家则用第二种意义的"两权分离"来解释现行的承包制。他们说承包者并不拥有所有权，而只是受托进行经营，按经营情况取得奖励，因此，它既不影响以国家为代表行使的全民的所有权，又能调动经营者的积极性。这种解释的优点是，它更符合于现代大经济对企业经营机制的要求。但是，它又与我国目前不少地方承包制的实际做法有一定差异。例如，现行制度规定：（1）在承包合同规定的承包期，承包者对于资产具有完全的支配权。在此期间，无论经营者实际表现出来的经营能力如何和盈亏多少，出包者（所有者）都不应加以干涉，更不能终止承包合同；（2）承包者要以自己的私人财产担保，直接承担亏损责任（虽然承包者的财产往往不过几万元，实际上无法抵偿通常拥有几百万元、几千万元资产的国有企业可能发生的亏损）。这些做法，都是与现代大公司即第二种意义上的"两权分离"的通常做法不相一致的。在现代大公司中，对雇来的经理绝不会采取这样的做法，事实上，没有哪一个大公司敢于把自己的巨额财产长期"包"给一个雇来的经理人员去全权处理，也不会在此期间不对公司的经营和财务情况进行严密的监督，不会在已经出现严重经营失误迹象的情况下由于经理"任期未满"而不予撤换，而只是在破产以后才对经理提起诉讼，让他用家产来抵偿。所以，用第二种含义的"两权分离"来说明承包制，也有与实际不相吻合的缺点。

三

另外，需要廓清一个概念是"承包"本身。人们常说，所谓承包，就是发包者（上级主管机关）同承包者（集体或个人）之间用合同或契约固定下来的权责利关系。因此，它较之传统体制中那种命令与服从的关系更符合于商品经济的原则。

说承包制是发包者与承包者之间的一种合同或契约关系，当然是正确的。然而，在不同的社会关系背景下，合同和契约反映的具体经济关系是不同的，我们应当仔细加以区分。例如，欧洲自古代罗马法以来的民法所说的契约，确认的是具有平等权利的商品所有者之间的关系。而中世纪所谓社会契约，确定的却是领主和附庸之间权利义务关系。

市场经济国家的经济学家常常感到难以准确地把握我们的承包制。因为，承包制在英语中被译为 contract system。而西方人一提起 contract（合同或契约），所想到的只能是市场经济中平等的商品所有者之间的契约关系。因为，在这种经济中，合同和契约无非是由国家法权所保护的商品所有者之间等价互换所有权的关系。在现代市场经济中，大公司常常把它的部分建筑工作量、零部件和其他业务分包给别的公司，而且可以层层分包。在这种情况下，分包和转包（contract 和 subcontract）指的都是两个独立、平等的商品生产者之间用合同固定下来的稳定的供需关系。这种关系和目前国有企业的承包制有很大的区别，因为，后者不是发生在平等的商品生产者之间，而是发生在行政主管机关和下级企业之间。这种关系在相当大的程度上属于马克思所说的"支配与从属的关系"；J. 科尔奈则称为"纵向从属"（vertical dependence）关系①。混同这两种性质不同的合同或契约关系，不仅会产生语言上的歧义，以致在讨论时发生混淆；而且会影响对承包制在市场取向的改革中的地位与作用的评价。

四

以廓清上述两对概念为前提，我想从改革的目标模式的角度简单地谈谈对各种经营形式的看法。

首先，我觉得在我们的中小企业里实行第一种意义上的"两权分离"是有益的和没有问题的。除了六七千个大企业以外，所有的国有企业都不但可以"包"（即高级所有者同低级所有者之间的契约关系）和租（即所有权在不同所有者之间的分割式定期让渡），而且可以卖（所有权的永久性让渡）。这都不会损害公有制经济的主导地位。不过在我看来，卖比租好，租比包好。因为，在我们当前的"分包""承包"关系中，包含有"纵向从属"或者"支配和从属的关系"，而租是两个平等的商品经营者之间的市场

---

① J. 科尔奈：《国营企业的双重依赖：匈牙利的经验》，《经济研究》1985 年第 10 期。

行为，卖更是如此。因此，后者更有利于改革目标模式的实现；而"纵向从属"关系的保存和扩展，会对社会主义企业间平等的商品交换关系的形成和发展带来消极影响。①

至于社会主义的大企业能不能采取第一种意义的"两权分离"，我持怀疑态度。小企业内部关系简单明了，在明确财产关系的基础上使经营者同所有者合一，是有好处的。但对大企业却并不是这样，世界工业发展的历史证明，在大企业的经营中所有者与经营者合一常常是缺乏效率的。在资本主义工商业萌发时期的个体经营中，所有者、经营者、劳动者是三者合一的，后来三者逐步分离；第一步的分离是劳动者与所有者的分离，第二步的分离是经营者与所有者的分离。现在还看不出来在大生产的进一步发展和社会主义条件下三者有重新合一的必然性。

以后一步分离，即第二种意义上的"两权分离"来说，之所以发生这种分离，在经济上的原因是：经营大企业必须要有专门的知识和才能，而所有者并不天然具有这样的能力。显然，在社会主义国有大企业中也并不存在否定这种分离的经济依据。加之如同前面所说的，目前我国个人财产的情况也使经营者根本不具有承担大企业面临的巨额风险的能力。让承包者用几万元的家产去担保去承担数以百万计的国有资产，无异于把全民财产置于巨大的风险之中，而经营者在事实上只能负盈而不负亏，因此，对于在社会主义大企业中运用所谓"产权理论"，必须采取十分审慎的态度。即使一定要对大企业实行承包的话，最好是先在小范围内试行。范围不要太大，而且最好各种情况都试一试，不能靠给特殊的优惠条件，揠苗助长，否则对全民财产的风险太大。

---

① 不仅某些"纵向从属"的具体形式不利于社会主义商品经济的发展，而且一般来说，任何"纵向从属"关系都不符合改革的方向。正因为如此，南斯拉夫经济学家 A. 拜特（A. Bajt）甚至认为，南斯拉夫 20 世纪 70 年代起实行的，用契约形式明确企业与社会组织之间承包义务的"契约经济"（contract economy）"与市场经济相矛盾""在某种程度上类似于封建式的经济管理"（A. 拜特：《南斯拉夫经济体制改革的经验》，载中国经济体制改革研究会编《宏观经济管理和改革》，经济日报出版社 1986 年版，第 97 页）。

与此相联系，目前无论在苏东国家还是中国，都有一种强烈的要求，就是不但要把所有者同经营者结合起来，而要把劳动者同所有者、经营者结合起来，我觉得，这种三位一体的经营形式对小企业是合适的，然而对大企业却未必尽然。前文已经讲过，资本主义大企业经过几百年形成了所有者、经营者、劳动者三者既互相分离又互相联系的所谓"制衡关系"（check and balance）。我想这种关系的形成，既有阶段关系方面的原因，又有大生产内在要求的一般原因，因此，撇开资本主义的剥削关系，企业内部类似的制衡关系仍是可以借鉴的。而在社会主义企业中如果不建立这种制衡关系，而建立三者合一的在职职工所有和自主管理体制，就有可能出现某些被称为"行为短期化"的消极现象。有的经济学家认为，当在职职工共有企业、成为主人的时候，他们的投资意愿就会强化，"少扣多分""分光吃尽"的现象就会消除。但是，理论分析和实践经验都没有证实这种论断，从理论上来说，比较经济学在讨论美国加州大学 B. 沃德教授的"伊利里亚"模式（Illyria Model）时，已经确切证明，当企业的目标函数是在职职工收入最大化的时候，会产生扩大再生产的意愿低落、消费膨胀和"行为短期化"等倾向，多数人对这一点的认识是一致的。南斯拉夫等国的实践也可以作为殷鉴。正如南斯拉夫同志所说，实际上归在职职工所有的"社会所有制"，是一种"没有所有者的所有制"，因为职工是流动的，旧职工不断退出，新职工陆续参加，多数在职职工往往情愿"少扣多分"，拿到现利，而不去考虑自己退休后企业的长远发展。

我认为大企业唯一的出路是实行第二种意义上的"两权分离"，其具体形式则是主要归法人所有的股份制，对于如何从目前国家所有、直接经营过渡到国家通过投资公司、基金会等法人组织作为主要持股者的股份制，有多种可能的做法。在我看来，其第一步是要像许多经济学家所建议的那样，把政府调节国民经济的职能与作为所有者代表的职能分开。① 至于全民的所有权以何种形式实现，看来可以通过几个互相衔接的步骤，比如说，如同世界银行及其他经济学家建议的那样：（1）建立各级政府的国家资产部，向企业分散参股；（2）设立若干个互相竞争的国家投资银行或持股份公司，向企业分散参股；（3）由各处社会基金会，如社会保险基金会持股。② 其中（2）和（3）都是由营利性的或非营利性的法人持股。当我们的社会主义公有制过渡到第（2）阶段特别是第（3）阶段以后，将会形成可以称为"法人所有制"的社会主义企业组织形式。在这种模式下，可以容许个人和法人持股。但是目前有一种做法，就是在国家股、"外单位股"、个人股之外还搞一种"企业股"。我认为，这种办法会搞乱财产关系，是不可行的。以上四种按持股者划分的持股形式中，所谓"外单位股"也就是法人股，其性质取决于法人本身的性质。一般来说，它与公有制为基础的原则并不相悖。至于个人股，只要不是"权力股""后门股""干股"等变相瓜分国家财产的形式，比重和数量又不足以操纵企业的经营，也没有问题，问题在于所谓"企业股"。这里讲的"企业"与作为整个法人的企业不是一个意思。它一般是指经理，或者是在职职工。一旦设立"企业股"，在企业中就出现了两个利益主体，一个是大概念的"企业"，即法人本身，另一个是小概念的"企业"，即前述法人以外的个别人或一部分人（经理或职工集体）；而经营者就有了双重身份，一方面是大概念"企业的法人代理人"（agent of the corporation，在我国有时译为"法人代表"），另一方面又是小概念"企业"的代表；在这种格局中，经营者显然会受到很大的压力，使他的行为向小概念"企业"的利益倾斜，而会损害全体股东这个大概念"企业"的利益。有人说在我们的

---

① 金立佐：《审势·反思·选择——对我国现阶段经济体制改革的战略考虑》，载《经济社会体制比较》1986年第2期。
② 参见世界银行1984年经济考察团《中国长期发展的问题和方案》，中国财政经济出版社1985年版，第220页。

情况下，企业股只是小头，在企业经营中不能起支配作用，所以，后果不像南斯拉夫那么严重。其实未必尽然。因为小"企业"的代表和大"企业"的代表，两者是同一个人，即经理。在这种情况下，现有的体制势必使他的行为发生扭曲，益"小公"损"大公"。这种利益格局又会促使企业产生短期行为。在对经理人员缺乏经常监督的情况下，这个"法人代表"甚至会采取各种非法手段损害最大的所有者——国家的利益，也就是损害 10 亿人民的利益。

如果以上的分析是正确的，看来我们能够得到的结论，只能是实行第二种意义，即现代意义上的"两权分离"，走股份化的道路，实现真正的行政调节权与所有权的分离和所有权与经营权的分离，使国有大中型企业成为在经营专家（或者叫企业家）领导下、能够在竞争性市场上演出威武雄壮话剧的经营实体。

（原载《吴敬琏选集》，山西人民出版社 1989 年版）

"整体改革论者"的学术观点和政策主张

——《中国经济改革的整体设计》前言

（1988年2月）

中国的经济体制改革，已经进入它的第十个年头。经过九年多的工作，传统的封闭僵化体制已被冲破，富有生机和活力的新体制的各种要素正在成长。但是，新体制由于还没有作为一个体系建立起来，事实上不可能取代旧体制作为资源配置者的社会职能。于是新旧两种体制处于一种相互对峙、谁也不能有效发挥作用的状态。这样，在我国的国民经济运行中出现了大量的摩擦和冲突，某些社会矛盾也以新的形式出现在人们的面前。正是在这样的背景下，中国经济学界对经济发展和改革战略选择问题展开了广泛深入的讨论。讨论中，各种分歧意见之间相互辩驳切磋，其激烈程度为多年来所未有。现在奉献在读者面前的这本论文集，就是争论中一个学派（它往往被称为"协调改革论者"或"整体改革论者"）代表作品的汇编。我们在汇编时注意了避免论文集易于出现的松散凌乱的缺陷，尽可能使论文集比较系统全面地反映这一流派的学术观点和政策主张。当然，由于这些文章有的发表于报刊，有的是内部研究报告，也有的是讨论会上的发言稿，它们的体例和侧重点难免不够统一。但是，如果这本论文集能或多或少从一个侧面记录这一场对中国经济改革和经济科学的发展具有深远影响的争论，也是十分有意义的。

一

发生在 20 世纪 80 年代后期的这一场中国经济学界的大争论,有着深远的历史渊源和国际背景。

为了便于分析问题,我们可以将争论中的纷纭复杂的观点,大体分为两种基本的思路。

一种思路的要点是:(1)传统社会主义经济体制的根本弊病是决策权力过分集中,抑制了地方政府、生产单位和劳动者个人的积极性和主动性;(2)改革的要旨,在于改变这种状况,充分调动地方当局和生产者的积极性;(3)调动积极性,主要要靠下放行政权力和加强物质刺激来实现。这是改革的大方向。一切符合这个大方向的具体措施,都应当予以支持。

另一种思路的要点是:(1)旧体制的各种弊病的根源,是用行政命令来配置资源,而这种配置资源方式是不可能有效率的;(2)对于高度社会化的现代经济而言,唯一可能有效替代依靠行政命令的资源配置方式的,是通过有宏观经济管理的市场制度来配置资源,它能够把为数众多、分散决策的独立生产者的主动性,引导到效益优化、稳定发展的社会目标上去;(3)因此,改革要以建立这种市场制度为目标同步配套地进行,只有利于竞争性市场体系形成的具体改革措施,才是符合改革方向的和应当加以支持的。

第一种思路可以说曾经是大多数社会主义国家改革初期普遍得到承认的一种主流思路。我们自己,也在相当长的时期中不同程度地持有类似的观点。只是在经过了几十年曲折反复的实践以后,第二种思路才被中国和其他国家的经济学家提出并逐渐明晰起来。中国从 20 世纪 50 年代以来,有关经济改革基本理论和战略取舍的争论,几乎都是围绕上述基本问题进行的。

在社会主义各国中,中国是最早提出经济改革的国家之一。早在1956年，党的领导就作出了必须进行经营管理体制改革的决定。基于当时对传统社会主义经济体制的认识，毛泽东在《论十大关系》一文中指出，"我们不能像苏联那样，把什么都集中到中央，把地方卡得死死的，一点机动权都没有"；"把什么东西统统都集中在中央或省市，不给工厂一点权利，一点机动的余地，一点利益，恐怕不妥"。这就决定了经济体制改革要以扩大地方政府和生产者的权力和利益为方向。但是，20世纪50年代中期的改革，是在"兴无灭资"和"反对修正主义"的政治气氛中进行的，因而市场方向的改革是"应毋庸议"的。虽然当时已经有个别经济学家指出，可供替代的体制，是由企业自由地根据市场价格变化来作出决策，但并没有引起大多数经济学家的注意。按照多数人可以接受的思路，1958年进行了中国社会主义经济建立后第一次经济改革，它的主要内容是扩大地方政府对于企业、物资供应、投资、信贷和计划的决策权。在保持命令经济的总框架不变的条件下实行的这一套层层分权措施，和农村政社合一的政治经济制度一起，形成了"大跃进"的组织基础。

1958年的经济混乱，给人造成了一个错误的印象，以为社会主义注定了不能实行分散决策。于是随着"大跃进"的失败，政府采取了一系列措施在财政、信贷和企业管辖权等方面重新集中化。但是，事实上并没有能够完全做到这一点。1958年形成的这一套"行政性分权"的思想和实际做法在中国影响深远。一方面，使各级地方政府拥有较之多数命令经济国家更大的权力，而中央计划的约束力很弱，成为中国式命令经济的一种传统；另一方面，虽然改革的任务始终摆在日程上，而进行改革时，行政性分权几乎又是唯一的选择。因此，在1958年以后，仍然多次进行过类似的行政性分权改革。

"文化大革命"以后，中国再度兴起改革之风。1979年后的改革，从以"放权让利"为基本思路这一点来说，同1956年原来提出的改革思路有类似之处，但是，这一原则的应用范围，又有极大区别，主要表现在：（1）比较注意扩大企业的自主权；（2）不仅在国有部门内进行，而且首先是在农村中进行并扩及对外经济关系。这种区别使得1979年以后的改革，取得了过去几次改革无法比拟的成就。

对于以"放权让利"为主要内容的局部改革的弊病，人们早已有所察觉。1980年我国杰出的经济学家薛暮桥就指出了这种改革的局限性，主张应当把重点放到"物价管理体制改革"和"流通渠道的改革"方面，逐步取消行政性定价制度，建立竞争性的商品市场和金融市场。1984年第四季度由经济过热和需求膨胀引起的困难，再次告诉人们，单纯"放权让利"的局部改革，不但不能收到预期的效果，而且没有竞争性的市场，企业不受社会需求约束，就会出现"负盈不负亏"和"行为短期化"的现象，造成需求膨胀的压力；非行政性的宏观经济管理（在我国往往被称作"间接调控"），也会由于缺乏必要的市场中介而无从建立，当需要加强宏观控制时，只好乞求于原有的行政手段，回到旧体制去。

事情似乎越来越清楚，出路在于推进以市场为方向的改革，尽快形成竞争性的市场体系，保证经济的稳定发展和改革的成功。从理论方面说，我国理论界对于改革目标模式的认识，近年来有了突破性的进展。这反映在1984年党的十二届三中全会肯定社会主义经济是建立在公有制基础上的有计划商品经济。1985年党的全国代表会议指出，建立新经济体制，主要是抓好互相联系的三个方面：建设自主经营、自负盈亏的企业，形成竞争性市场体系，国家对企业的管理逐步由直接控制为主转向间接控制为主。1987年党的十三大进一步将新经济模式具体化为"国家调节市场，市场引导企业"的经济机制。看来，市场取向的改革目标是越来越清晰了。

然而，要在实际经济生活中实现这一原则取向，却并非易事。竞争性市场机制和合理价格体系是商品经济或市场经济得以有效运行的枢纽。因此，它们的早日形成，是市场取向改革成败的关键。

但是，这方面的改革却是最困难的。由于它一方面将消除行政权力和"慈父主义"的经济基础，另一方面将带来硬预算约束和优胜劣汰的机会与风险，不能不遇到某些面临丧失既得利益的人们的反对。于是从近期的政治风险着眼，就会对施行这种改革"足将进而趑趄"。东欧国家无一例外地在这个问题上，遇到了障碍。在我国，价格改革，特别是工业品价格改革的尝试，也未能取得显著的成就。1986年，根据《中共中央关于制定国民经济和社会发展第七个五年计划的建议》，中国政府决定，着手拟定"七五"前期以价格、税收、财政、金融、内外贸为重点，其他方面配合进行的总体设计、分步实施的改革方案。这一方案也因种种原因而未能实施。

有一部分经济学家认为，以价格、税收、财政、金融、内外贸为重点，以尽快建立竞争性市场为目标的改革，无论在经济上，还是在政治上都是不可行的。因为：第一，价格、税收、财政、金融、内外贸配套改革，要求有一个较为宽松的经济环境。在中国这样的发展中社会主义国家中，这种状况是不可能出现的。第二，上述配套改革意味着巨大的利益关系调整，它不仅不能给所有的人都带来好处，还有可能损害部分人的既得利益，因而遇到的社会阻力和带来的政治风险，都会大到社会无法承担、政治上不能予以接受的程度。由此得出的结论是，应当尽量推迟，或设法绕开价格等的配套改革，继续沿着"放权让利"，使大家都得到好处的道路前进，以便使情况逐渐有所改善，再积蓄力量进行更大的改革。

"整体改革论者"持有不同的意见。在我们看来，不实现价格改革和建立竞争性市场，新经济体制不能有效运转，目前的种种经济问题，就无法从根本上得到解决。东欧一些社会主义国家，始终没有建立起竞争性的市场机制，在经历了若干年的相持阶段以后，经济发展和体制改革先后陷入某种两难困境，这也给了我们深刻的教训。与此相对照，如果联邦德国和日本在第二次世界大战后不是确信市场理论的基本原理，敢于冒在"收紧货币"和"放开市场"中必然出现、然而完全能够克服的风险，那就不会有 1948 年的"艾哈德改革"和 1949 年的"道奇计划"，从而也就不会出现联邦德国的"艾哈德奇迹"和日本的"神武景气"。因此，从长远的观点看，长期停留在新旧体制相持阶段，带来的政治风险，将不是很小，相反可能是相当大的。我们必须避免这种状态出现。基于这种认识，在近几年的改革战略讨论和方案设计工作中，我们积极地提出了进行整体协调改革，避免陷入两难困境的主张。收入本文集的文章，就是在这个过程中，为论证整体改革思路或为实施这种改革而写作的。

二

整体协调改革思路，经常受到的一种指摘，是说这种思路"从书本出发""脱离实际"，流于"理想化"，因而是不可行的。这里牵涉如何看待科学理论、如何正确处理理论知识同亲身经验之间的关系等一系列深刻的思想方法问题。

在中国这样一个有着十亿人口的发展中国家实现社会主义经济体制的根本变革，的确是一件前无古人的事业。但这绝不等于说，我们只能在黑暗中摸索前进，而不能从别人的经验中得到借鉴，更不能从反映一般规律的理论知识中得到启示。且不说马克思主义的基本原理是我们一切工作的指针；既然改革的目标是实现现代化和建设高度社会化的社会主义商品经济，现代经济学知识就是不可或缺的；既然我国是一个发展中的国家，第二次世界大战后一些国家和地区在发展和改革自己的经济过程中，积累起来的丰富经验，显然也值得我们认真学习和借鉴。我们自己深知由于长期生活在闭关锁国和思想禁锢状态下，对建设现代商品经济理论准备不足，对各国情况也知之甚少，因而从参加经济改革的理论准备和实际工作之初，就注意了进行现代经济学的补课，并对世界各国的经济体制和经济发展作比较研究，努力提高自己的理论水平，用以指导实践，同时在实践中发展理论，以期减少盲目性，增强自觉性，争取少犯错误，避免犯常识性的错误和别人已经犯过的错误。现在看来，我们在这方面做得还十分不足。

不过，这种十分不足的努力，却招来了"本本主义""脱离实际"等责难。有些同志把"实事求是"同就事论事混为一谈，在他们看来，几个世纪以来，经济学者致力研究的市场理论、货币理论、价格理论、资源优化配置理论，等等，只不过是写在经济学教科书上给人看看的东西，与实际应用并不相干，通通都是学者们的无用迂见，只有自己的亲身经验才是可靠的。可是我们又偏偏缺乏对于社会主义商品经济的经验，于是只好走着瞧，走到哪里算哪里。在轻视理论知识和间接经验的思想的影响下，"改革不可设计论"广为流行，经济学中公认的原理被嗤之以鼻，人们被鼓励去以"撞击反射"的方式去作目标并不清楚的尝试。这种尝试由于带有很大的盲目性，往往由于重复东欧国家乃至我们自己已经尝试过但实践证明并不成功的做法而付出代价。显然，由此带来的损失和重复交纳的"学费"，本来是可以避免的。

我们提出这个问题，并不是想把我国改革的理论准备不足归咎于个别人，因为在一个曾经是文盲充斥、小生产占有优势的国家，存在轻视乃至蔑视理论知识的倾向，本来是自然而然的。小农和手工业生产者"耳听为虚、眼见为实"的认识论原则，历来对于整个社会，包括无产阶级政党有重大的影响。早在20世纪40年代初期，孙冶方同志在一封著名通信中就指出，中国共产党在建党后的相当长时期中，轻视理论的重要性、轻视理论对实践的指导作用，乃是一种占优势的倾向。党内有一部分人动辄指摘重视理论学习的人们为"学院派"，"似乎认为只要有实际斗争的经验，而不要高深的理论研究……就能领导革命达到胜利"。我觉得孙冶方同志的这段话不但在当时是正确的，至今都有其现实针对性。

中华人民共和国成立和大规模经济建设的开展，使加强科学研究，加强理论工作变得更加迫切了，但在"左"的思想影响下，轻视知识、轻视科学的倾向却有所发展。在1958年以后，"边设计、边施工、边生产"一类完全否定科学知识的意义、否定理论的指导作用的口号，竟然成了经济工作方针。

然而，用小生产者习以为常的试试碰碰的方法来处理现代经济十分复杂、又变动不居的问题，毕竟是不行的。马克思早已指出过，机器大工业这种生产形式，要求"以自觉应用自然科学来代替从经验中得出的成规"。如果说粗陋的草鞋的确可以根据经验"边打边像"的话，那么，现代工业产品则必须先根据各种工程学原理进行设计，然后才能加工制造，否则必定会因为蔑视科学而受到惩罚。在十一届三中全会前的长时期中，我国经济发展曾因此而蒙受了重大的损失。

现在我们面临的任务是实现我国经济体制的根本改革。这是一项较之制造个别产品乃至建设整座工厂要复杂得多的系统工程。对于这样巨大的系统工程，如果没有科学理论的指导，如果没有对国际经验的比较和借鉴，恐怕不可避免的是要事倍功半的。

前进的道路从来不是径直的。理论应用于实际也必须根据当时当地的情况而有所变通，但是，这种变通和迂回必须有利于目标的实现。既然我们的目标是建立有管理的市场经济，眼前每一步都要考虑到有利于目标的实现，而不应当固化原有的或变相的行政协调体系，阻碍市场体系的建立和逐步完善。这就是我们反对行政性"分权"和"双轨制"长期持续的原因。

本着这样的认识，特别是有鉴于我国经济改革的理论，较之某些东欧国家更加薄弱，为了使改革进行得更顺利一些，我们认为，必须在深入研究我国的实际经济情况、总结自己的改革经验的同时，努力提高整个经济工作队伍的理论素养，悉心研究各国经济发展和经济改革的经验，从中找出规律性的东西，用以指导我们的工作。当然，正如前面已经说过的，我们自己在这方面作得还是很不够的。理论观点有偏差疏漏、理论同实际的结合不紧密等情况都是存在的。但是，在我看来，错误的理论观点，只能用正确的理论观点去克服，理论与实际结合不够的缺点，应当用促其紧密结合的办法来弥补，而绝不应当否定理论的意义，阻碍把问题提到理论的高度来讨论。

三

"整体改革论"者受到的另一类批评，是"从外国书本出发"。这种批评也未必贴切。

我们在从事中国经济体制改革问题的研究时，遵循从中国经济的实际出发的原则，同时也力求运用现代经济学知识作为帮助我们提高分析能力的一种手段。我们之所以要这样做，主要是因为对于我国的经济改革来说，现代经济学关于市场运行机制的分析具有重大意义。众所周知，我国经济改革的目标，是以社会主义的商品经济取代传统的指令性计划经济，或称"命令经济"。传统的社会主义政治经济学以"产品经济"为分析对象，许多原理并不适合于商品经济，而现代经济学关于市场经济运动规律的科学理论，却对商品经济的运行机制作了深入细致的分析。我国的商品经济虽然具有自己的特色，但是作为商品经济，必然与其他国家的商品经济具有某些共同的性质，也应遵循某些一般的规律。

应当指出，在过去若干年中，由于受"左"的思想影响，经济学界普遍对于当代西方经济学论著怀有偏见，认为它们是资本主义的货色，只能一概否定。至于东欧的改革派经济学，则在长时期中由于相当广泛地吸收了现代西方经济学的成果而被"正统的"社会主义政治经济学看作背离了马克思主义传统的旁门左道。

事实说明，上述判断是不符合实际的。虽然某些西方经济学家的理论带有辩护性质，但是不能不承认，作为一门实用性很强的学问，从 20 世纪末期以来取得长足的发展。特别是西方经济学对于市场运行和对于宏观经济政策的研究，较之 19 世纪上半期是大大地深入和具体化了。它从分析市场经济得出的某些基本原理，对于社会主义的商品经济是同样适用的。而这恰好是否定市场机制的传统社会主义经济学最薄弱的，因而也是最需要吸收现代经济学的成果来加以充实的部分。而且，我们既然已经认识到了社会主义经济不是某种变形的自然经济，而是有计划的商品经济，或者是有宏观经济管理的市场经济，我们就应当像我们的东欧同行一样充分吸收现代经济学的积极成果，增长我们对现代经济运动规律的知识，从而加强经济改革的理论准备，使我们的工作更具有自觉性。

不无遗憾的是，"左"的思想影响给充分吸收现代经济学的有用成果造成了某些障碍。某些同志在多年抵触之后，虽然承认了社会主义经济是一种商品经济，却不愿意承认它是一种市场经济，从而有意无意地降低市场机制在社会主义社会资源配置中的巨大作用。从突出市场对于资源配置的作用的角度看，西方经济学把近代和现代发达国家的经济叫作"市场经济"，而不把它叫作"商品经济"，是有一定道理的。这是因为，无论从历史上还是从理论上说，商品经济都是较之市场经济更为广泛的概念。市场经济必然是商品经济，但商品经济未必是市场经济。所谓商品经济（这是列宁习用的概念，马克思把它叫作"货币经济"），顾名思义，就是各种财富都可以买卖的经济。在我国历史发展的早期阶段，商品经济就已得到了广泛的发展。早在战国时代的秦国，土地这种农业社会中最重要的生产资料已成为商品，"民得卖买"。大约在10世纪，中国已出现纸币，较之西欧早六七百年。虽然有商品交换的地方就有市场，但是，在中国古代经济中，一则自然经济还占支配地位；二则即使是"为他人""为社会"生产的产品，包括通过商品货币形式流转的财富，也由行政权力进行分配（租赋钱粮等），或在行政权力支配下买卖（官庄皇商等），市场机制在经济生活中并不处于配置资源的枢纽地位。因此，中国商品经济的早熟并不等于说它在古代已是市场经济了。所谓市场经济，是一个高度社会化的商品经济的概念。在市场经济中，市场是资源的基本配置者（虽然在不同类型的市场经济中，市场各有特点，例如，可以是没有任何宏观经济管理的市场，也可以是有宏观经济管理的市场，等等)。我国经济体制改革的实质,是用以市场机制为基础的资源配置方式取代以行政命令为主的资源配置方式。换句话说,我们要通过改革建立的社会主义商品经济,不是别种类型的商品经济,而是采用有宏观经济管理的市场机制配置资源的商品经济。在这个意义上也可以叫作社会主义的市场经济。

现代经济学对于如何通过市场机制配置资源的多方面问题作了相当细致的分析。我们感到,为了设计好改革方案和保证新体制的有效运转,这方面的知识是不可或缺的。

在近几年的讨论中,有的论者以我们要建立具有中国特色的社会主义经济体制为依据,否定经济学的一般原理对于我国经济改革的意义。我们认为,这样立论是不妥当的。应当明确,各国经济体制都应当具有自己的特点。但这并不等于说,它们的经济不受一般经济规律的制约。例如,现代经济学的各个流派都认为,价格总水平的涨落是一种货币现象。无论是马克思主义经济学的纸币流通规律,还是西方经济学中的"交易方程式",等等,无不确认货币供应超过其正常需求,或迟或早会引起物价波动。如果有人由于我国经济具有自己的特点而以为在中国的条件下,即使多发票子也不会引起物价上涨,结果如何,是并不需要等到"亲口尝一尝"以后就可想而知的。

这里需要提到对整体协调改革设想流于"理想化"的责难。从一定意义上说,任何科学理论都是"理想化"的。因为科学研究要从五光十色的现象中找到事物的本质,即事物运动的规律,它总是就典型环境中的运动状态进行分析。而由于现象与本质总是不能直接统一的,在理论和现实之间就总会有差异。如果把这种"去粗取精""由表及里"的做法称作"理想化",那么,科学中的"理想化"是不可避免的。只要我们在做实际工作时随时注意本质与现象的这种差异,懂得具体的事物较之抽象的理论要复杂生动得多,切实防止把现实生活和实际工作简单化的错误,这种"理想化"就没有什么坏处。因为在这种情况下,一种思路、一种方案，既是"理想化"的，又是高度现实的。当然，我们的批评者并不是在上述意义上使用"理想化"一词的。他们把这个词视为"空想"的同义词，根据我们设想的方案与目前的实际做法之间有差异的事实，判定前者是一种脱离实际的空想，我觉得这里的推理可能有些毛病。判定一种思路或方案是否空想的标准，并不在于它与当前的实际做法有没有差异，而在于在采取适当措施以后它是否能够实现，依据科学规律制订的方案会合乎规律地引出预期的结果，因此虽然它尚未实现，但并不是一种空想；相反，无视客观规律性的存在，以为靠某些迁就眼前事变，却并无可靠科学依据的措施就能达到预想的目标，到头来却不得不被实践证明为空想。

四

另一种较少见诸文字，却流传颇广的责难，是说协调改革论者指出放权让利、单项突进战略的缺点和其他具体政策的失误，提出应当采取整体配套的战略来推进改革，意味着否定以往改革工作的巨大成绩，对中国的改革作出了不公正的评价，不利于改革的威信的保持，因而在政治上是"保守的"，甚至是"反改革"的。

需要说明的是，我们在参加关于改革战略选择的讨论时，想要做的只是通过对我国经济发展和经济改革现状的实事求是的分析，找到进一步推进改革的途径，而不是要对改革成绩的大小作出评价，更不是对人们的工作作出鉴定。在这方面即使有意见分歧，实质也在于对如何进行改革持有不同意见。在我看来，把这种意见分歧和不同意见间的讨论说成是坚持改革和反对改革之争，似乎并不能帮助我们弄清所要讨论的问题。

近几年来，经济学界的学术气氛总的来说是比较健康的。但是，在看到开拓创新、百家争鸣的大好局面的同时，在各种学术观点的民主争鸣和讨论方面、在运用和尊重实证分析方面，仍旧存在不同程度的缺陷，仍能看到旧时代的某些痕迹。其中的一种表现，就是在学术讨论中不是花力气、摆事实、讲道理，分析对方的论著，论证自己的观点，而是老想用某种意识形态的帽子作为争论制胜的武器。也有些同志在讨论中未能贯彻改革应有的民主精神，往往不习惯平等的讨论，而是以自己的观点画线，用多少有些简单化的方法对不同观点去加以批判。这将有待于我国经济学界共同努力，为创造更新、更好的学术空气，我们每个人都应贡献出自己的一份力量。

经济学是一门科学。在科学的面前应该人人平等，可以自由地进行讨论。只有实践才是判断理论正误的最终标准，其他的权威都不应当存在。在"文化大革命"过后，我们曾经慨叹中国没有真正的经济学，只有对"最高指示"、现行政策的诠释和辩护。可是时至今日，以是否符合现行政策和是否得到领导首肯来评判学术观点正误的风气并未根绝，因而会出现"理论刮风""热点转圈"之类的现象。这些显然不利于经济学求实和创新风气的养成，因而是不足取的。有鉴于此，我们主张在争论中应当提倡"不作墙头草，不当轻气球"。虽然我们的意见难免有错谬的地方，但是，就总体而言却是诚实探索的结果，因而敝帚自珍，不愿轻易地改变。

正像不少东欧经济学家所指出的那样，对于改革的理论和实际问题进行自由而切实的讨论，是改革向前推进的必要前提。我们希望自己的工作有助于这种讨论的深入展开并取得成果。所谓自由而切实的讨论，当然包含着如实地暴露矛盾、进行批评等内容。本书的大多数作者除进行理论研究外，还参加了改革的实际工作。改革工作者的地位并没有给我们任何抗拒批评的理由，而只是加重了我们对人民的责任。因此，我们欢迎读者对我们的理论观点和实际工作提出批评意见，严肃切实的批评能够帮助理论的完善和工作的改进，它才是真正有利于改革的。

现在无疑是中国经济科学最繁荣兴旺的时期。我国的改革事业正处在一个十分重要的时刻。在奔腾向前的改革洪流中,这本论文集作为一朵小小的浪花,我们并不指望它发出拍岸的巨响,只要它能给浩荡的江河增添一股细流,我们就感到无比欣慰了。

(原载《中国经济改革的整体设计》,中国展望出版社1988年版)

"寻租"理论与我国经济中的某些消极现象

(1988年8月)

美国经济学家 N. 拉迪（Nicholas R. Lardy）在一篇总结中国八年经济改革的论文[①]中提出，在中国目前的国有企业管理体制和财政分成制下的各级政府收入留成，实际上是《寻租社会的政治经济学》中所说的"租金"（rent）。拉迪认为，由于价格改革的迟滞、各级政府行政干预的继续保持和保护主义的强化，在当前的中国经济中"寻求租金"（rent-seeking，简称"寻租"）活动十分流行。这种活动使经济效率严重降低。自从拉迪的文章在本刊发表以来，不少读者向我们反映：拉迪提出的问题很富有启发性，希望本刊介绍有关"寻租"的理论文献。为了满足读者的要求，我们在本期杂志上登载了有关"寻租"理论的三篇文章（D. 柯兰德尔的《寻租理论导引》、A. 克鲁格的《寻租社会的政治经济学》和钱颖一的《克鲁格模型与寻租理论》），期望引起进一步的探讨。

"租金"是一个重要的政治经济学范畴。在经济学的发展历史中，它的外延有一个逐步扩大的过程，因而人们在现代文献中读到"租金"一词时，往往误以为是指土地的租金——地租，因而感到难以理解。在早期的经济学家那里，"租金"一词的确是专指地租。但是到了近代，例如在马歇尔那里，租金已经泛指各种生产要素的租金了。在所有这些场合，租金都来源于对该种要素的需求提高而供给却因种种原因难以增加，从而产生的差价。在现代经济学

[①] N. 拉迪：《中国经济体制再造》，《经济社会体制比较》1988年第2期。

的国际贸易理论以及"公共选择理论"中，租金被进一步用来表示由于政策干预和行政管制（如进口配额、生产许可证发放、物价管制乃至特定行业从业人员的人数限制等）抑制了竞争，扩大了供求差额，从而形成的差价收入。既然政策干预和行政管制能够创造差价收入，即租金，自然就会有追求这种租金的活动，即寻租活动。寻租活动的特点，是利用合法或非法手段，如游说、疏通、走后门、找后台等，得到占有租金的特权。

有些经济学家把这类活动称作寻求"非直接生产性利润"（DUP）。DUP活动的涵盖面较之"寻租"活动更为宽广。它不仅包括只创造利润而不创造财富的寻租活动，而且包括旨在促成政治干预和行政管制从而产生租金的活动和旨在逃避现存的管制以取得租金的活动。所有这类活动，都是要耗费社会资源的。从它们只耗费资源而不创造财富的意义上说，是一种浪费。既然这种浪费源于行政管制，避免浪费的最有效的办法自然是解除管制（deregulation），实现市场自由化。但在市场经济中，行政管制往往是为维持社会经济的有效运转所不可能完全取消的。因此许多经济学家，认为应当把政府干预和行政管制限制在绝对必要的范围内，而不应被直接非生产性利润的寻求者所影响，去保持和扩大行政管制的范围。因为这样做，只会增加寻租者取得租金的机会，招致收入分配不公加剧和社会资源浪费的后果。

寻租理论或DUP理论的建立是20世纪70年代以后西方政治经济学的一项重要进展，它的倡导者之一J. 布坎南（James M. Buchanan）还因与此相关的贡献获得了1986年度的诺贝尔经济学奖。对于这样一种重要的理论观点，认真加以研究的必要性是显而易见的。不仅如此，我们之所以需要重视这种理论，还因为它的某些论点和研究方法，对于科学地分析当前中国经济中的某些消极现象，寻找有效的救治办法，也会有所启发。

近年来，在我国经济中，不平等竞争、"官倒"活动、"以权经商"、靠价差、利差、汇差发财的活动有所发展，由此引起的分配不公和腐败现象已成为人们的"热门话题"。问题在于，在有关的议论中，就事论事的描述多，深入的科学分析少。议论中不乏义正辞严的抨击，但是，对问题的实质和产生这些现象的根源少有人能作出一针见血的说明，从而也很难提出有效的对策。例如，许多人认为，上述种种现象都是在引进商品—货币关系和市场机制的情况下不可避免的。因此，虽然他们对这些现象的价值判断天差地别：有的由腐败之风蔓延推定市场化的改革方向是错误的；有的则争辩说，争夺差价、送"红包"、收回扣，就跟投机倒把、搞"公共关系"一样，乃是商品经济的通常做法，从而是市场化过程中不可避免的，不值得大惊小怪。但是，他们在把上述现象同市场取向的改革连在一起这一点上则是共同的。就是一些认为应当制止这种倾向的发展的人们也认为，向内外市场开放就自然会在激发生机和活力的同时放进带菌的蚊蝇，我们只能靠道德教育和惩治威慑对它们有所抑制，而不会别有正本清源的良策。

可是只要我们认真地对上述现象的来由进行一番分析，就不难发现上述种种判断的不确切性。市场的基本秩序和基本规则是平等竞争。我们目前所面临的这些消极现象，显然不是来自市场规律的影响，不是"看不见的手"拨弄的结果，而是来自市场发育严重不良、行政力量对市场的管制，或如一位"寻租"行为的分析者所说，是由于"看得见的脚"踩住了"看不见的手"，导致国民经济各领域中巨额租金的形成和上上下下各色人等对租金的角逐。利用价格等的"双轨制"赚取差价，从倒卖批件、额度、票证牟取暴利等，正是典型的"寻租"行为。而那雨后春笋般建立的官商不分的"公司"，无非是些"寻租"的大享。

弄清楚了这一点，许多疑难问题也就迎刃而解了。

例如，我们一方面听到不少企业的经理人员抱怨目前"婆婆"太多，管束太严，占用了他们的时间与精力应付"上面"的苛细要求；另一方面，又看到不少经理人员主动地进行"政治"活动，拉关系、找门路、立项目、开试点，争取给"特殊政策"，跑

"部""钱"进。从寻租理论看，这种矛盾现象是易于得到解释的。因为在租金广泛存在、人们普遍寻租的情况下，谁不主动地为争夺租金而奋斗，就意味着自身的利益受到损害。

又如，进行价格改革的一种重要阻力，竟然来自某些从放开价格中得到提价好处的供货部门的工作人员，这曾经是一件人们困惑不解的问题。但当人们掌握了 DUP 的规律，也就顿时解开了谜底：保持行政管制，使部分人能够凭借特殊权力取得租金，对于有这种机缘的人们是最有利的，这较之通过剧烈的市场竞争增加利润要省力得多。如果这一切都已经清楚，根本的出路也就易于明确了。这就是解除对微观经济活动包括厂商价格行为的行政管制，放开价格，健全市场，开展平等竞争，而这正是我们深化改革的基本方向。

当然，西方经济学中的寻租理论，是在与我国很不相同的社会背景下发展起来的。历史传统和经济发展水平不同，面对的现实问题也有很大的差别。因此，我们不仅要借鉴，而且要创新。甚至不如说，借鉴是为了创新，目的在于发展自己的理论，解决自己的问题。

（原载《经济社会体制比较》1988 年第 5 期；同见《经济社会体制比较》编辑部编（1989）；《腐败：金钱与权力的交换》，中国经济出版社 1989 年版，第 1—5 页）

论作为资源配置方式的计划与市场

(1991年8月)

自从近一个世纪以前提出公有制经济的运行问题以来，市场与计划的关系就几乎成了社会主义经济学的"永恒主题"。近年来，我国经济界又就计划与市场、计划调节与市场调节、计划经济与市场经济（商品经济）的关系等问题反复进行了热烈的争论。撇开语义上的分歧，争论主要集中在作为稀缺资源配置方式的计划与市场之间的关系问题上。本文所要着重讨论的问题，也是后一问题。

一　资源配置与社会生产

在计划与市场关系问题的讨论中，参与讨论的人们往往从不同的角度提出问题。例如，从它们的所有制基础，或者从它们的作用后果提出问题；也有不少人认为，问题的本质在于资源配置方式。在相当多的场合，从不同角度提出的问题是混杂在一起的，因而不时发生"三岔口"式的争论，陷于低水平的重复。这种讨论很多却进展不大的情况，促使我们把讨论集中到实质性问题，即资源配置问题。

我们觉得，这样来处理问题，不仅可以使讨论少生枝节，使讨论能步步深入，更重要的还是资源配置问题无论对于理论还是对于实践都至关重要，有必要进行深入的探讨。

以计划经济能否与市场、市场调节、市场经济兼容的问题为例。人们一接触这个问题就会注意到，讨论文献中的"计划经济"一词往往有双重含义：第一重含义从经济的运行方式立论，指明这种经济靠人们预先规定的计划在各经济行为主体之间配置社会资源。第二重含义则从经济的运行状态立论，指明在这种经济中，社会能够有意识地保持国民经济平衡的即按比例的发展[①]。从词义的历史演变看，第一重含义显然更具有本源的性质。本文着重从前一个角度讨论问题，同时在使用概念时尽量给以明确的界定，希望避免由概念不清产生的混乱。

稀缺资源的配置问题，在经济学的研究中历来有着重要的地位，其原因大体是：经济学的研究对象首先是物质财富的生产，而对生产一般进行的分析，又离不开两个公理性的假设：一是资源的稀缺性，二是目标函数的最大化。这样，为了在既定资源条件的约束下生产尽可能多的产品来满足需要，就要根据当时特定的技术条件和经济发展水平，在各种可能的用途之间最有效地配置稀缺资源。为此，社会需要作出一定的制度安排和设定一定的竞技规则，即建立一定的经济体制。所以说到底，经济体制是由处理生产问题的需要产生的，它的首要功能，在于有效地配置资源。由此可以得出结论：衡量各种经济体制和经济政策长短优劣的最终标准，乃是它们能否保证资源的有效配置，提高经济效率。

从原则上说，在社会性、协作性的生产中，资源可以通过两种方法和手段来配置：一种手段是行政命令，例如，无论在哪一种经济体制下，在一个经济行为主体（如一个生产单位）内部，通常运用行政手段来配置资源；另一种手段是市场力量，即通过商品在市场上按照价格进行的交换，在不同的经济行为主体（部门、地

[①] 所以，为了避免经济的运行方式和它的运行状态这两种含义的混淆，人们往往用"集中计划经济""命令经济"等用语来反映上述运行方式方面的特征；而用"按比例发展""持续稳定协调发展"之类的用语来反映上述运行状态方面的要求。

区、企业、个人等）之间配置资源①。按作用的范围划分，资源配置可以分为一个厂商（firm）内部的微观配置和厂商之间的社会配置。就后者而论，按照基本的配置方法，可以划分为两种社会资源配置方式：（1）以行政手段为基础的行政配置；（2）以市场机制为基础的市场配置②。

对于市场资源配置的机理，古典作家只作过十分原则的说明，其中最为著名的，首推斯密（Adam Smith）关于市场这只"看不见的手"引导商品生产者为了自己的利益去满足社会需要的论述。从现代经济学的眼光看来，斯密的上述论述，也许只能算是一个天才的"猜想"，而不是严密的证明，因为它并没有具体说明"看不见的手"是怎样实现稀缺资源在各种需要之间的有效分配的。马克思比斯密进了一步，他在论述"另一种意义"的"社会必要劳动耗费"时，指出了在货币经济中，社会劳动资源可以用于各个特殊生产领域的份额的数量界限，是由价值规律决定的，这就触及了资源配置问题的症结。不过，他也没有作更详细的说明。同时，他对于依靠价值规律这个"盲目的自然规律"维持的经济平衡，总的来说是评价不高的，认为这种平衡和协调，始终只是"通过经常不断地消除经常的不协调"来实现的，不可能经济和有效，而且本身就蕴含着危机的可能性。在资本主义基本矛盾的推动下，这种可能性必然变为现实。

马克思和恩格斯设想过采取行政资源配置方式的"自由人的联合体"，他们用公共的生产资源进行劳动，并且自觉地把他们许

---

① 就像高斯（R. H. Coase）所说，行政机制和市场机制是"两种可以相互替代的协调机制"。在市场经济的条件下，"在企业之外，价格运动调节着生产，对生产的协调是通过一系列市场交易来实现的。在企业内部，这些市场交易不存在了，与这些交易相联系的复杂的市场结构，让位于调节生产的企业家——协调者"。企业家运用一套计划和组织机制，在企业内部配置资源（高斯：《企业的性质》，《经济社会体制比较》1988 年第 2 期）。

② 采取市场配置方式的经济通常被称作"商品经济"或"市场经济"。采取行政配置方式的经济往往被称作"计划经济"。但由于前面提到的歧义，为了避免混淆，在本文中按比较经济学的通行叫法，把后者称为"统制经济"或"命令经济"。

多人的劳动力当作一个社会劳动力来使用。在那里，鲁滨逊的劳动的一切规定都重演了，不过不是在个人身上，而是在社会范围重演。马克思和恩格斯说，在行政配置的情况下，社会必须按照生产资料，其中特别是劳动力，来安排生产计划。各种消费品的效用（它们被相互衡量并和制造它们所必需的劳动量相比较）最后决定这一计划。人们可以非常简单地处理这一切，而不需要著名的"价值"插手其间。但是，他们没有对市场配置资源的过程作更具体的分析。

对于市场机理较为精密的分析，是19世纪70年代以后由以马歇尔（Alferd Marshall）、瓦尔拉（Leon Walras）、帕累托（Vilfredo Pareto）等人为代表的新古典经济学家作出的。新古典经济学把自己的研究重点放在稀缺资源的有效配置这一经济运行的根本问题上，对市场机制如何配置资源进行了具有数学精确性的分析。这些分析证明：在完全竞争的条件下，由市场供求形成的均衡价格，能够引导社会资源作有效率的配置，使任何两种产品对于任何两个消费者的"边际替代率"都相等、任何两种生产要素对于任何两种产品的"边际技术替代率"都相等和任何两种产品对任何一个生产者的"边际转换率"同"边际替代率"都相等，从而达到任何资源的再配置都已不可能在不使任何人的处境变坏的同时，使一些人的处境变好的所谓"帕累托最优"（pareto optimum）状态。

新古典经济学家尤其是其中的新福利经济学家，不但对保证市场资源配置有效率的前提条件作了精密的分析，还对保证计划资源配置有效率的前提条件作了细致的研究。帕累托在1902—1903年出版的《社会主义制度》和1906年出版的《政治经济学手册》两书中已经肯定，由一个"社会主义的生产部"来实施经过科学计算的计划，是可以实现资源的优化配置的。1908年，帕累托的追随者巴罗尼（E. Barone）在著名论文《集体主义国家的生产部》中详尽地分析了计划配置实现有效性的前提条件。他指出，只要这个"生产部"能够求解经济均衡方程，据此确定各种稀缺资源的价格，并使各个生产单位按照边际成本等于价格的原则安排生产，则经济计划也可以达到市场竞争力量所导致的相同结果，即稀缺资源的有效率的配置①。两种资源配置方式的区别仅仅在于求解上述方程的方法有所不同：一个通过市场竞争求解，另一个通过计划计算求解。所以，两者只在解法上有孰优孰劣或可行不可行的比较，而与社会制度的本质特征没有直接联系。

二 对社会主义条件下资源配置方式的传统理解与现代发展

在从生产一般的角度考察了计划与市场的关系以后，让我们进一步研究社会主义条件下计划与市场的关系。

马克思和恩格斯创立的科学社会主义，把关于社会主义的理论和政策放置到了社会化大生产的基础上。因此，我们的讨论也从马克思主义经典作家 20 世纪 40—80 年代对社会主义经济运行机制的设想谈起。

（一）古典观念

按照马克思主义经典著作的历史分析方法，他们在说明社会主义经济资源配置方式的特征时，处处与资本主义生产即"发展到最高阶段的商品生产"相对比。概括来说，马克思和恩格斯认为，资本主义的运行方式和与之相对应的运行状态是：第一，按一定比例分配社会劳动和其他资源的职能，是由随供求情况的变化而经常发生波动的市场价格承担的；第二，这种资源配置方式所必然导致的运行状态，则是生产的无政府状态和反复出现的严重经济危机。

---

① J. A. 熊彼特就此评论道：对于社会主义计划经济是否可行的问题，"在巴罗尼以前已有一打以上的经济学家暗示了答案。其间有这样的权威如维塞尔、帕累托。他们两人都观察到，经济行为的基本逻辑在商业社会和社会主义社会是一样的，答案是由此推出来的。但是帕累托的弟子巴罗尼是第一个完成答案的人"（参见《资本主义、社会主义和民主主义》，商务印书馆 1979 年中译本，第 215 页）。

而对于商品生产和货币经济已经消亡的社会主义经济的运行方式和运行状态，他们的预想则是：第一，代替市场价格机制的，是社会对社会劳动和其他资源按照预定计划进行的直接配置；第二，社会按统一计划配置资源，将消除由于商品生产和市场竞争带来的无政府状态，实现国民经济无危机的按比例发展。

这样，马克思主义经典作家把他们设想的未来社会的经济运行方式（按预定计划配置资源）同运行状态（按比例发展）看作合二而一的事情，而同资本主义经济（商品生产或货币经济）的运行方式（通过市场价格制度配置资源）和运行状态（生产无政府状态）截然对立。根据这种理解，古典社会主义经济理论得出了社会主义公有制与资本主义私有制之间、计划经济与商品经济之间、两种运行方式之间以及两种运行状态之间一一对应的体系。

应当指出，马克思主义的经典作家一向不拘泥于他们曾经作出的个别结论，而总是根据时间、地点、条件的变化来修正自己的原有论断。拿资本主义经济能否具有计划性的问题来说，当19世纪末生产社会化已推进到较高程度、资产阶级也不得不在事实上承认生产的这种性质而采取托拉斯的形式来组织生产时，恩格斯就指出过，在存在着支配和垄断性的托拉斯的情况下，资本主义生产的"无计划性也没有了"。

这里需要对马克思和恩格斯所用的概念作一点说明。马克思主义的奠基人既没有用过"商品经济"，也没有用过"市场经济"来称呼他们为"商品生产"或"货币经济"的经济形式。首先，"商品经济"是一个表达和"货币经济"同样内容的俄语词。其次，马克思主义的奠基人之所以没有使用"市场经济"这样的词语，则是因为他们同自己的先行者——古典经济学家一样，把分析的重点放在商品关系的质的方面，而没有对货币经济的资源配置机制作细节的研究。

"市场经济"一词，是在19世纪末新古典经济学兴起以后才流行起来的。新古典经济学细致地剖析了商品经济如何通过市场机制有效地配置资源，市场被确认为商品经济运行的枢纽，从此，商品经济也就开始被通称为市场经济。所谓市场经济（market economy），或称市场取向的经济（market-oriented economy），顾名思义，是指在这种经济中，资源的配置是由市场导向的。所以，"市场经济"一词，从一开始就是从经济的运行方式，即资源配置方式立论的。它无非是货币经济或商品经济从资源配置方式角度看的另一种说法。

（二）列宁的发展

列宁是一位不断用实践来检验和修正原有结论的革命实践家。在他的一生中，对于社会主义经济运行方式的认识有很大的变化。

从列宁从事革命活动的早期到苏维埃国家建立后的相当长时期中，他一直坚持社会主义者对于计划和市场的传统看法。具体来说，有以下几个方面：（1）社会主义要在生产资料公有制的基础上，把整个社会组织成为"一个全民的、国家的'辛迪加'""成为一个管理处，成为一个劳动平等、报酬平等的工厂"；（2）"社会主义就是消灭商品经济""组织由整个社会承担的产品生产代替资本主义商品生产"；（3）"实行巨大的社会化的计划经济制度""实行全国范围的经济生活的集中化""把全部国家经济机构变成一整架大机器，变成一个使几万万人都遵照一个计划工作的经济机体"。

在这样的思想背景下，列宁曾于1906年使用过"市场经济"作为"商品—资本主义制度"的同义语，来同"社会主义计划经济制度"相对比。他说：只要存在着市场经济，只要还保持着货币权力和资本力量，世界上任何法律也无力消灭不平等的剥削。只有实行巨大的社会化的计划经济制度，同时把所有土地、工厂、工具的所有权转交给工人阶级，才可能消灭剥削。

10多年后，在战时共产主义时期，他用不同的语言阐述了同样的思想。与此相适应，列宁也始终坚持他早年对社会主义经济的计划性所作的界定：经常的、自觉地保持的平衡，实际上就是计划性，然而这并不是"仅仅从经常发生的许多波动中确立的平均量"的平衡。这就是说，他只把"计划性"限定于完全靠预定计划来建立平衡的场合，排除了建立在商品生产和价值规律基础上的平衡。

1921年春开始实行的新经济政策使列宁的思想发生重大转变。在此以前，战时共产主义造成的巨大灾难，使许多人认识到，那种"直接用无产阶级国家的法令，在一个小农国家里按共产主义原则来调整国家的生产和产品分配"的做法是错误的，需要重新探索建设社会主义经济基础的途径。经过试行"产品交换"、恢复"商品交换"，到发展"适应社会主义建设需要的商业"，一切工商企业都实行"商业化原则"，新经济政策在社会主义经济占主导地位的条件下，恢复了市场制度。列宁直言不讳地指出："我们不得不承认我们对社会主义的整个看法根本改变了。"

在这种情况下，对计划和市场的关系的看法也不能不改变。1922年4月俄共（布）第十二次代表大会《关于工业的决议》的分析是："既然我们已经转而采取市场的经济形式，就一定要给各个企业在市场上从事经济活动的自由""计划原则，按范围来说，同战时共产主义时期的差别不大，但是按方法来说，已经截然不同了。总管理委员会的行政手段已经为机动灵活的经济手段所代替。"①

这样，我们看到，如果说在酝酿采取新经济政策的时期列宁还曾坚持认为，"周转自由就是贸易自由，而贸易自由就是说倒退到资本主义去"，而"真正的计划"必然是"完整的、无所不包的"，在引入市场机制的情况下，"真正的计划"会变成"空想"；那么，在新经济政策正式施行以后，列宁的想法发生了变化，他明确指出，通过市场机制实现统一的国家计划同计划经济并不矛盾：新经济政策并不是要改变统一的国家计划，不是要超过这个计划的范

---

① 《苏共决议汇编》第2分册，人民出版社1964年版，第259—261页。

围，而是要改变实现这个计划的办法。这就是说，他已经明确地把"计划经济"的两重含义区分开来，认为国家可以以市场为基础，再加上自觉的协调，实现国民经济的"计划性"，即按比例的发展。

（三）斯大林时代

列宁过早的去世，使新经济政策的延续受到了挑战。20世纪20年代末期，在苏联领导层中就新经济政策的存废问题进行了一轮新的论战。争论的一个主要问题，就是应当继续通过市场、还是改用直接计划去配置资源。在这场论战中，以斯大林为首的主流派在政治上和组织上彻底击溃了"左派"和"右派"，在理论和政策上，则采取"左"的方针，否定了新经济政策。于是，掀起了批判"迷信市场自发力量"的理论风浪，说是新经济政策已经过时，需要根除它的影响。在这场政治运动的基础上，建立了斯大林的集中计划经济模式。

在当时苏联所处的国际环境和经济发展阶段上，集中计划体制是否有它存在的合理性，这是一个学术界还在讨论、迄今无定论的问题。但是，有一点是可以肯定的，就是把一种在特定情况下采用的资源配置方式凝固化，并且把它说成是唯一符合社会主义本性的体制，是没有根据的。在斯大林的影响下建立起来的"社会主义政治经济学"把国民经济的运行方式与运行状态混为一谈；同时，把集中计划经济当作社会主义经济的同义语来使用，而把商品经济或市场经济当作资本主义特有的经济形式，这样，市场力量和价值规律的调节（作为"竞争和无政府状态"的同义语）就完全失去了在社会主义经济中的合法性；而苏式僵化体制，则成为不可触动的神圣之物。战后时期的苏联和其他社会主义国家的体制失灵和经济停滞，显然同这种僵化理论和建立在这种理论基础上的资源配置方式有直接的关系。

（四）当代的认识

由于命令经济的缺陷在经济进入内涵（集约）成长阶段以后

变得日益突出，因而从 50 年代中期开始，社会主义各国陆续开始对原有的经济体制进行改革。这些国家经济改革的具体做法虽然各个不同，但它们的基本方向却是一致的，这就是引进市场机制，更多地发挥市场力量的作用。在最初的阶段，人们只是在命令经济的基本框架不变的条件下增加某些市场的因素，以便强化对生产单位和劳动者个人的物质刺激，来推动国家计划的贯彻。后来发展到在国民经济中分出一小块领域，让市场去调节（"板块结合"）。甚至考虑在市场机制的基础上进行计划指导（"胶体结合"），实现按比例发展。不过后一种想法在苏东各国的理论讨论中始终没有取得支配地位，在实践中也没有取得实质性的突破。当代社会主义经济理论的进展，我们留待下一节去考察，这里只就我国改革工作中的认识提高过程作一概括。

根据"实践是检验真理的标准"的原则，我国 20 世纪 80 年代中期在处理计划与市场关系的问题上取得了重大的突破。这集中地表现在中共十二届三中全会《关于经济体制改革的决定》（以下简称《决定》）的有关论述中。首先，《决定》作出了一个意义深远的论断："改革计划体制，首先要突破把计划经济同商品经济对立起来的传统观念，明确认识社会主义计划经济必须自觉依据和运用价值规律，是在公有制基础上的有计划的商品经济。"

这就是说，社会主义计划经济就是有计划商品经济：自觉保持平衡的计划经济这种运行状态，是完全可以同通过市场机制配置资源的商品经济这种运行机制兼容的。中共十二届三中全会的这一论断，显然是对在社会主义政治经济学中长期占统治地位的传统观念的革命，它表明，我们对于"计划经济"的认识根本改变了。《决定》关于"我们的国民经济计划就总体来说只能是粗线条的和有弹性的"；关于应当"使价格能够比较灵敏地反映社会劳动生产率和市场供求关系的变化"，以及"国家机构"不应"直接经营企业"，而应"实行政企职责分开"，保证"企业有权选择灵活多样的经营方式""安排自己的产供销活动""自行任免、聘用和选举本企业的工作人员""自行决定用工办法和工资奖励形式",使之"成为自主经营、自负盈亏的社会主义商品生产者和经营者"等规定,为我们描绘了一幅具有中国特色的计划经济,即建立在公有制基础上的有计划商品经济的新图画。1987年党的第十三次代表大会对有计划商品经济的资源配置方式作了进一步的说明,指出我国"新的经济运行机制,总体上来说应当是'国家调节市场,市场引导企业'的机制。国家运用经济手段、法律手段和必要的行政手段,调节市场供求关系,创造适宜的经济和社会环境。以此引导企业正确地进行经营决策"。

把上面这些概括起来,可以得出两点结论:

第一,社会主义经济是建立在公有制基础上的商品经济。传统社会主义经济理论认为社会主义公有制的建立意味着商品生产和商品交换的消亡,或者即使承认在社会主义的特定阶段还不能不容许商品货币关系在有限的范围内存在,也认为商品是社会主义经济中的异物。这些过时的观念已为上述党的正式文件所否定。既然事情正像《决定》所说,"社会主义经济同资本主义经济的区别不在于商品经济是否存在和价值规律是否发挥作用,而在于所有制不同",再要把商品经济或市场经济看作资本主义的专有物,同资本主义"画等号",就是很难讲得通的。

第二,计划经济的两重含义是可以分离开的。就像同是市场经济,其运行状态也可以很不相同一样;作为一种运行状态的计划经济,其运行方式也是多种多样的。行政配置不一定能够确保国民经济的"计划性",我国在几十年中采取指令性计划制度并未能避免一再发生经济大起大落的波动;经济的"计划性"完全有可能通过计划指导下的市场机制来保持。

三 分歧的实质是什么

现在摆在我们面前的问题是:在当前计划与市场问题的讨论

中，双方意见的实质性分歧是什么，他们在社会主义经济定义上的区别，反映着什么样的经济体制取向上的区别？认为社会主义经济只能定义为计划经济，而不能定义为商品经济或市场经济的同志所要肯定的和反对的，是些什么主张？

显然，分歧产生的根源，并不在于对社会主义经济的运行状态有两种不同的认识。这是因为：一方面，几乎所有讨论的参加者都认为，社会主义作为一种公有制占主导地位的经济，有必要自觉地保持国民经济的平衡的、按比例的发展。从这个意义上说，社会主义经济是一种"计划经济"，这是没有疑义的。另一方面，既然所谓"市场经济"是从运行方式即资源配置方式的角度上讲的，它同从运行状态的角度上讲的计划经济，并不处在同一层次上，无法加以对比，因而任何把计划经济（按比例发展的经济）同商品经济或市场经济（以市场配置为基础的经济）看作互相排斥、有此无彼的观点都很难成立。

不过换一个角度看问题，情况就不同了。从社会资源的配置方式这一特定的角度看，以行政配置作为社会资源的基本配置方式（命令经济）同以市场配置作为社会资源的基本配置方式（市场经济）之间，的确存在彼此排斥或相互替代的关系。不少反对说社会主义经济是市场经济的经济学家，正是从资源配置的角度立论的。所以，问题的焦点在于：社会主义经济是否只能按照预定计划在社会范围内配置资源，让指令性计划成为稀缺资源的主要配置者。

在目前的争论中，反对以市场机制作为资源的基本配置者的同志常常把问题归结为对方主张搞"纯粹的市场经济"。事实上，这种所谓的"纯粹的"市场经济，是根本不存在的，即使在所谓的"自由资本主义"时代也并不存在。从 17 世纪末到 19 世纪，西方某些政治家倡言自由放任主义（Laisez faire），主张政府只应起"守夜人"的作用，保境安民，而不干预经济。这个口号所针对的，是当时仍然严重存在的封建主义和重商主义的行政干预，因而是资产阶级先驱人物的一种理想。但是，这种完全竞争的"理想状态"，终19世纪之世也没有实现过。进入20世纪以后，"原子式"的市场竞争不能适应现代产业的发展已变得如此明显，市场有所不能和多有缺失已为社会所公认，因而市场经济各国的政府不能不更多地负起责任来，弥补"市场失灵"和"市场失误"，加强对宏观经济的管理，并在许多方面对企业的经济活动进行干预和管制。这就是凯恩斯主义取代老自由主义的历史背景。尽管60年代以后西方新自由主义思潮重新抬头，但是他们也无非要减少一点政府不必要的干预，并不是要搞什么"完全、彻底"的自由放任。这在"新自由主义"占优势的国家，例如，联邦德国的"社会市场经济"中，也表现得十分明显。所以，萨缪尔逊的广为流行的《经济学》教科书一进入本题就明确指出，资本主义的市场经济从来没有达到过完全自由放任的境地。它指出，在资本主义发展的历史上，"在削减政府对经济活动的直接控制的倾向达到完全的自由放任的状态以前，潮流就开始向相反的方向转变。自从19世纪后期，几乎在我们所研究的所有国家中，政府的经济职能都在稳步增加"。可见，即使在萨缪尔逊这位"自由企业制度"的倡导者看来，当代西方经济也是一种建立在竞争性市场和价格制度基础上、"国家机关和民间机构都实施经济控制"的"混合经济"[①]。

在一些后进国家的市场经济中，政府在赶超西方先进国家的过程中有效地发挥了"行政指导"的能动作用，在市场经济的基础上实施强有力的计划诱导和行政干预，对这些新兴工业经济（NIEs）的发展起了良好的作用。这种市场经济＋行政指导的模式，被一些人称作"亚太模式"[②]。

现代经济学早已观察到了市场失灵（market failure）的现象，即市场在某些领域中不能发挥作用或不宜发挥作用的情形，论述了

[①] P. A. 萨缪尔逊：《经济学》（第10版），商务印书馆1986年中译本，第59—67页。
[②] 陈光炎：《亚太经济模式及其对中国的含义》，《经济社会体制比较》1990年第1期。

在一定范围内进行社会的宏观经济（总量）管理、计划指导或所谓"行政指导"的必要性。在发展中的社会主义国家的条件下，由于"市场失灵"，因而需要进行宏观管理和行政干预的领域大体如下：（1）由于市场调节是一种事后调节，从价格形成、信号反馈到产品产出，有一定的时滞，所以调节过程中往往发生"蛛网原理"（cobweb theorem）所描述的波动。这在那些生产周期较长的产业部门中表现得更为明显。为了减少经济波动，保持经济的稳定发展，除了要在市场制度的范围内寻求改进的办法外，国家还可以在中、长期预测的基础上制订宏观经济计划，并提供其他有关经济当前状况和发展趋势的信息，为企业和其他经济行为主体的微观经济决策提供指导。（2）某些宏观经济变量，如财政收支总额、信贷收支总额和外汇收支总额，对于市场经济的稳定运行具有决定性的意义。然而，这些宏观总量的确定和控制，却不是市场自身力所能及的，或不是市场力量能够单独决定的。它们只能由有关的宏观经济当局根据市场动态和稳定经济的需要进行管理。（3）当所谓外部性（exteranilties）存在，即某些经济活动导致外部其他人受益（外部效益）或受损（外部负效益）、而没有计入有关产品的价格或成本之中时，市场机制有效率地配置社会资源的前提便在一定程度上受到了破坏。这时便需要政府进行干预，采取行政规制（administrative regulation）或经济奖惩的办法来加以处理。至于那些具有极强外部性、而在享用上又不具有排他性的所谓"共用品"（public goods），如社会治安、国防等的"生产"，一般更应由社会负责。（4）在规模经济意义显著的行业，市场有产生垄断的倾向，垄断又反过来抑制市场机制的有效运作，妨碍效率的提高。因此，反对垄断和非公正竞争是政府的重要职责。政府应当通过司法和行政的办法防止垄断产生和保持竞争秩序。（5）公正的收入分配，是社会主义的重要社会目标。然而，市场不可能自动实现这一社会目标，保证收入分配的相对平等。因此，需要政府采取行动，通过实施正确的税收政策和收入政策来维护分配的公正性。（6）一个经济的动态比较优势（dynamic comparative advantages）不能像静态比较优势那样，在市场上自动地表现出来。所以，政府特别是发展中国家的政府要通过自己的产业政策，创造条件，使这种潜在的比较优势得以发挥。

总之，现代市场经济无一例外地是有宏观管理、政府干预或行政指导的市场经济，或称"混合经济"。就是说，这种经济以市场资源配置方式为基础，同时引入政府等公共机构通过计划和政策对经济活动进行的调节。显然，我国的社会主义有计划的商品经济具有与此相类似的运行机制。在这种情况下，很难设想有哪位严肃的经济学家会建议在我国实行"纯粹的市场经济"。恰恰相反，不少主张我国经济应当以市场机制作为资源配置的基础手段的经济学家，对于如何在市场取向的改革中加强宏观管理和行政指导，提出了积极建议或作出了具体的设计。

同主张以市场调节为基础的人们的情况相似，主张指令性计划应成为基本的资源配置者的同志所主张的，也并不是"纯粹的命令经济"（用他们的语言，应当叫作"纯粹的计划经济"），而是在保持命令经济用国家计划来配置资源的基本框架的条件下，吸收某些市场的因素（所谓"自觉利用价值规律"[①]）来刺激人们的积极性的体制。真正"纯粹的计划经济"，大概只存在于苏联战时共产主义的短暂时期，甚至斯大林在 30 年代初期建立的集中计划经济模式，也在一定程度上利用了商品关系，在全民所有制经济内保留了商品—货币的"外壳"，实行"经济核算制"，所以也算不得"纯粹的计划经济"。

所以，当前在计划与市场关系问题上的争论，并不是主张"纯粹的市场经济"和"纯粹的计划经济"之争。事实上，争论双方都是主张把计划手段同市场机制结合起来的，只不过各自设想的

---

① 这是一种很不确切的说法。我国的杰出经济学家孙冶方说过，"利用价值规律"，是一种唯意志论的提法。他指出，这样说，就"好像价值规律是一个可以随便听从使唤的'丫头''小厮'"（《孙冶方选集》，山西人民出版社 1984 年版，第 418 页）。

结合方式完全不同：一部分经济学家主张保持传统命令经济的基本框架，以预先编制、以命令形式下达的计划作为社会资源的基本配置者，同时运用某些市场因素作为贯彻计划的辅助手段，甚至还可以开放一点无关紧要的经济领域，让市场力量去进行调节；另一部分经济学家则主张以市场—价格机制作为社会资源的基本配置者，同时用社会管理和行政指导来弥补市场的缺失。

在1981—1982年计划与市场关系问题的讨论中，反对说社会主义经济是商品经济的同志们已经这样提出过问题："实行指令性计划是社会主义计划经济的基本标志，是我国社会主义全民所有制在组织和管理上的重要体现。完全取消指令性计划……取消国家对骨干企业的直接指挥……就无法避免社会经济生活上紊乱，就不能保证我们的整个经济沿着社会主义方向前进。"①

在新近的讨论中，我们也读到：如果我们……让市场成为资源的主要配置者，不重视乃至削弱和否定计划经济的重要作用，必然会导致社会主义公有制经济的瓦解。②

这两段论述表明，反对实行社会主义商品经济或市场经济的论者，其主张的要旨在于让指令性计划成为"资源的主要配置者"。

以下，我们就来从资源配置这个特定的角度考察这两种观点——"行政（计划）配置论者"和"市场配置论者"之间的分歧，比较前者所主张的命令经济和后者主张的商品经济或市场经济两者的长短优劣。

在命令经济的资源配置方式下，稀缺资源是这样进行配置的：首先，中央计划机关掌握有关稀缺资源的状况、生产的技术可能性和生产与消费需求的各种信息；其次，计算稀缺资源应当怎样在不同部门、不同地区和不同生产单位之间配置，才能取得最佳效益；

---

① 《红旗》出版社编辑部：《计划经济与市场调节文集》"前言"，红旗出版社1982年版，第3页。

② 参见《中国不能完全实行市场经济》，《光明日报》1989年10月28日；《中国的改革决不是完全实行市场经济》，《北京日报》1990年12月3日。

最后，根据计算结果，编制统一的国民经济计划，并把这个计划层层分解下达，一直到基层执行单位。上级主管机关直接掌握企业的人、财、物、供、产、销（即党的十二届三中全会《决定》所批评的，"国家机构直接经营企业"）；下达到执行单位的计划对它们生产什么，生产多少，用什么技术生产，投入品从哪里来，产出品到哪里去，开发几项新产品，追加多少投资，建设哪些项目等，都应有明确具体、一般是实物量的规定。如果计划规定的指标完全正确，执行单位又能全面地加以完成。就能使国民经济协调而有效率地运转，否则就会出现比例失衡和经济波动。

从上面的说明可以看到，行政资源配置的要点，是用一套预先编制的计划来配置资源。主观编制的计划能否反映客观实际，以及它能否正确地执行，决定了这种资源配置方式的成败。因此，它能有效运转的隐含前提是：第一，中央计划机关对全社会的一切经济活动，包括物质资源和人力资源的状况、技术可行性、需求结构等拥有全部信息（完全信息假定）；第二，全社会利益一体化，不存在相互分离的利益主体和不同的价值判断（单一利益主体假定）。不具备这两个条件，集中计划经济就会由于（1）计算不可能准确无误，（2）计划不可能严格精确地执行，而使经济系统难以有效率地运转。问题在于，至少在社会主义阶段，这两个前提条件是难以具备的，因此，采取这种资源配置方式，在作出决策和执行决策时，会遇到难以克服的信息方面的障碍和激励方面的困难。

从信息机制方面说，在现代经济中，要保证资源配置决策正确，必须解决信息的收集、传输、处理等问题。在我们的时代，同马克思、恩格斯设想社会主义经济体制的时候不同，人们的需求极其复杂，而且变化极快。层出不穷的新产品刺激了新的消费需要，由此产生的巨量信息，是任何一个中央计划机关也无法及时掌握的。与此同时，现代经济的生产结构也极为复杂。而且由于科学技术一日千里的进步，新产品、新材料、新工艺不断涌现，为满足一种需求所可能采取的生产方案和工艺流程何止千百种。总之，在我们这个"信息爆炸"、瞬息万变的时代,要把在社会的各个角落里分散发生的巨量信息收集起来,及时传输到中央计划机关去,是很难做到的;而且即使中央计划机关掌握了所有这些信息,要在以日、月计的时间内求解一个含有几千万乃至上亿个变量的均衡方程组,将计算结果变成一个统一的、各个部分间相互衔接的计划,并把它层层分解下达,直到基层执行单位去,也是根本不可能的。

从激励机制方面看,采用行政资源配置方式的困难更大。我们知道,在任何一种资源配置方式下,都必须有一定的激励机制,以保证正确的资源配置决策能够得到贯彻执行。在社会主义国家的行政资源配置方式下,资源配置决策是由代表社会全体成员整体利益的中央计划机关集中作出,并通过按层级制(hierarchy)原则组织起来的"整个社会"去执行的。这就要求全社会的一切组织,包括所有的基层组织、中介组织乃至计划机关自己,都要像马克思描绘的"社会鲁滨逊"的肢体,或者像 M. 韦伯所说的理想科层组织(bureaucratic organization)那样行动。这些组织除了不折不扣地完成行政任务之外没有自己的任何特殊利益,因而在执行社会的统一计划时,不会有任何偏离。事实证明,这一条件在社会主义条件下也是不可能得到满足的。在社会主义阶段,每一个经济活动当事人,包括计划的制订者和执行者,都有他们自身的利益。这种利益同社会的整体利益经常有矛盾。于是他们在提供信息、编制计划和执行计划的过程中,免不了有意识地或无意识地受到自身局部利益的影响而发生偏离。所以,虽然曾经有人设想,现代信息——计算技术的发展,将使我们得以解决用预定计划配置资源在信息方面的困难[①];却没有人能够提出,在行政资源配置体制下协调众多经济

[①] O. 兰格在他生前的最后一篇论文《计算机和市场》中写道:"如果我今天重写我的(1936 年的)论文,我的任务可能简单得多了。我对哈耶克和罗宾斯的回答可能是:这有什么难处?让我们把联立方程放进一架电子计算机,我们将在一秒钟内得到它们的解。市场过程连同它的烦琐的试验似乎都已过时。我们大可以把它看作电子时代以前的一种计算装置。"(兰格:《社会主义经济理论》,中国社会科学出版社 1981 年版,第 183—186 页。)

活动当事人之间的利益矛盾的妥善办法。且不说在生产发展和技术进步的过程中，信息量的增长必然快于计算技术的发展，企求靠计算技术的提高来克服信息方面的困难是注定不能实现的幻想，即使信息问题得到解决，行政资源配置方式的激励问题也是不可能得到解决的。

那么，用什么样的社会资源配置方式取代这种行政资源配置方式呢？如同前面所说，对于社会化的经济，只有两种可供选择的社会资源配置方式，除了以行政手段为基础的方式，就是以市场机制为基础的方式，既然如此，所谓经济体制改革，就无非是用后一种方式取代前一种方式。后一种配置方式的优点是，稀缺资源配置是通过市场这个由上千千万万商品经营者之间按一定规则进行的交易活动交织而成的灵巧机器实现的，因而既能克服传统体制下决策权力过分集中的缺点，又不致出现混乱无序的状态。第一，从信息机制看，通过市场交易和相对价格的确定，每个经济活动的当事人都可以分享分散发生在整个经济各个角落的供求信息，从而解决了社会化大生产中信息广泛发生同集中处理的需要之间的矛盾。第二，各种资源配置决策不是靠行政权力由上到下地贯彻，而是由追求效用最大化的经济活动当事人根据市场信号（这个市场信号已经含有社会调节的因素），通过自己的计算自主地作出并自愿执行的，从而能够使局部利益同社会利益协调起来。

市场经济的有效运转也有两个必须满足的前提条件：第一，企业的数目足够多并能自由进入，不存在垄断（完全竞争假定）；第二，价格足够灵活，能够及时反映资源的供求状况，即它们的相对稀缺程度（价格灵敏性假定）。这两个条件不具备，市场制度也难以发挥有效配置资源的作用。以上两个前提条件也不可能完全满足。和集中计划经济下情况不同之处在于，它们有可能近似地得到满足。例如，在现代的条件下，完全竞争的市场不可能存在，但垄断竞争、寡头竞争等不完全竞争的市场，或称竞争性市场还是有可能建立的；价格对资源的供求状况作瞬时反映是做不到的，但是在竞争性市场的条件下，它们是能够大体上反映各种资源的相对稀缺程度的，如此等等。除此而外，还有前面说过的其他"市场失灵"和"市场失误"的情况。但是，这些缺陷是可以在一定程度上由政府干预和"行政指导"来弥补的。特别是在社会主义的条件下，国家拥有多种手段进行干预和指导，就更有可能运用自己的影响，改善资源的配置状况。

总之，两种资源配置方式前提条件不具备，有很不相同的情况。计划经济所需的前提条件是完全不可能具备的。特别在现代经济中，科学技术飞跃进步，新的生产可能性层出不穷，需求结构极其复杂而且瞬息万变，在这种情况下，就更是这样。市场经济所需的前提条件不可能完全具备，但它们有可能基本上具备。因此，这种资源配置方式是相对地有效的。

以上这些，不仅仅是从定义演绎出的结论，事实上，它已为20世纪经济发展的实践所证明。这些难于解决的困难，正是传统体制下五光十色、纷然杂陈的消极现象产生的根源。要消除这些消极现象，必须从根本上改变用行政方法配置资源的方式。

实行命令经济各国的僵化的体制极大地妨碍了社会主义潜力的发挥，使经济效率难于提高，说明这种运行机制存在着根本性的缺陷。不仅苏联70年经济发展的经验宣告了作为命令经济原型的体制完全不能适应现代化的要求，有些东欧社会主义国家企图在命令经济的总框架不变的条件下通过有限发挥市场因素的作用的办法，来改善它的运行状况，这种零敲碎打的"改革"努力，也几乎毫无例外地以失败告终。

在我国，自从1956年提出集中计划体制必须进行改革以来，由于对于改革的实质在于改变资源配置方式这一根本问题认识得不够深刻，以为在不改变行政配置资源的总格局的条件下，只要放权让利、调动各方面的积极性，就能根本改善国民经济的运行状态，因此在改革上走过不少弯路，甚至陷入"放—乱—收—死"的"改革循环"。

粉碎"四人帮"以来，在认真总结历史经验的基础上，我国对社会主义经济运行机制的认识有许多重大突破。党的十一届三中全会以来的改革开放路线，就是建立在这种科学认识的基础上的。党和政府的历次重要决议，为我国的经济改革指出了正确的方向。1979—1988年这10年改革的巨大成就，证明了党的十一届三中全会以来的路线的正确性；同时，由执行改革开放路线不够系统和不够果断带来的通货膨胀、分配不公和腐败现象蔓延等消极结果，也从反面说明，不坚决走这条道路定会产生种种严重问题。

四 争论的现实意义

在当前，计划和市场关系的问题再次引起人们的注意，是同近期经济发展提出了迅速改善我国的经济运行机制的要求有关的。

1988年秋，中共中央决定进行经济调整，治理经济环境，整顿经济秩序。依靠10年改革所激发出来的活力和强有力的行政手段，经过1年的努力，到1989年秋季，通货膨胀得到明显的缓解。但与此同时，又出现了市场疲软、生产能力闲置、企业收益下降、国家财政困难等问题。从1989年10月开始放松银根，力图"启动市场"。在那以后的1年多时间里，银行大量注入贷款，但国营大中型企业仍然回升乏力，而通货膨胀的潜在压力却迅速积累。

面对这种情况，不少经济界人士正在努力探索，寻求一条走出当前困境的坦途。

从当前的经济和社会情况出发进行分析，大致上有3种可供选择的路子：（1）在基本上维持现有经济体制和发展格局、只作某些小的修补和调整的条件下，主要靠不断调整宏观经济政策，保持经济社会的稳定和一定速度的增长。（2）强化对资源的集中计划控制，主要采用行政手段整顿秩序，调整结构。（3）大力推进市场取向的改革，依靠市场竞争力量和依托于统一市场的宏观调控，促进企业潜力的发挥、整个国民经济效率的提高和国家财力的增强。解决办法取向上的这种差别，在相当大的程度上是由人们对于计划与市场关系的不同认识产生的。

认为行政配置方式与市场配置方式可以平起平坐地"结合"的人们，大概会选择第一种路子。但是，理论的分析和实际经验都证明，社会的资源配置机制必须是一个有机的组织、一个控制论系统，把行政手段和市场机制板块拼合起来，只会造成大量漏洞和严重摩擦，是不可能长期维持的。现有的指令性计划和市场机制都不能有效地发挥作用的"双重体制"，是目前我国经济整体效益低下、经济秩序混乱和国营企业缺乏活力的深刻体制根源[1]，只要这种"体制失灵"的状况不作根本改变，就很难增强我国经济的活力并保证整个国民经济的持续、稳定、协调发展。因而许多经济学家在深入研究了我国经济的现状后一致认为，这种思路是不可取的。

主张采取坚决措施改变目前状况的人们大体上都认为，"体制失灵"的原因在于：当前的体制既非集中计划经济、又非有计划的商品经济，是一种上述两种体制都不能有效发挥作用的混乱体制。可是怎么改，朝哪个方向改，却存在两种完全对立的想法。

一种是"行政集权解决法"。认为社会主义条件下社会资源配置应以指令性计划为主的同志大都持有这种主张。他们认为，改革从一开始就有一个"取向"问题。当时选择了市场取向，造成了目前的种种混乱现象，这是政治经济学所说"市场经济的竞争与无政府状态"的典型表现。现在应当纠正这个错误。解决问题的办法是实行行政性的再集权，把主要企业、主要投资和主要物资掌握到中央部门手里来，由指令性计划调节；对企业的管理以"条条"为主；金融恢复到单一银行体系，强调专业银行的政策调节职能，等等。凭借这一套行政协调体系和严整的计划纪律，就可以

---

[1] 参见本文作者在《通货膨胀的诊断和治理》（《管理世界》1989年第4期）一文中对我国近年来经济困难的体制根源所作的分析。

有效地进行结构调整（资源再配置），提高经济效率。

从原则上说，行政集权解决法是可以在一段时间里恢复经济的稳定的，在我国的历史上也有过运用这套办法取得成功的先例。20世纪60年代初期调整国民经济就使用了这种办法。当时由于1958年的行政性分权（体制下放）和"大跃进"，国民经济陷于极端困难的境地。1960年提出"调整、巩固、充实、提高"的八字方针。1962年1月召开了"七千人大会"，统一了思想，作出了加强计划纪律的"十项规定"和一系列行政性集权的决定，收回了下放给"块块"的企业，对金融、财政和统计实行"比1950年统一财经时管得更严更紧"的体制。在这套高度集中的体制建立起来以后，经济调整便雷厉风行、令行禁止地贯彻下去，只经过几个月的时间，就度过了1962年年初最困难的阶段。虽然没有根本解决问题，到1970年又因为"统得过多、管得过死"而不得不再次进行大的行政性分权"改革"，但至少在1962—1965年这一段时间内，保持了经济的稳定增长。

在这次调整中，不少同志赞成采取行政集权解决法。不过从1989年秋季以来，虽然尝试了多次，却没有取得预期的成果。有的同志认为，之所以未能取得成功，是由于部分人具有本位主义思想和缺乏全局观念，只要采取坚决的步骤，还是可以把过于分散的权力收回来，重振计划纲纪的。对此，我有不同看法。我认为，根本的问题不是实行行政性再集权在政治上是否可能，而在于这种资源配置方式在经济上是否可行。在我国目前的经济发展阶段上，回到集中计划体制已经很少有可能性了。原因有二：一是我国目前的经济，其复杂程度已经比20世纪五六十年代高得不可比拟。二是利益主体多元化也已经走得很远。对于如此复杂多样、正在迅速变化的经济，恐怕是根本无法用指令性计划体制或指令性计划为主的体制有效地加以管理的。

另一种主张是采取"市场整合（一体化）解决法"，即推进市场取向的改革（包括价格改革、企业改革、流通体制改革、财税改革、金融改革、外贸改革、社会保障体制改革等），把目前被切割得十分零碎、价格信号又严重扭曲的市场，比较快地整合为竞争性的国内大市场，在此基础上加强国家的宏观管理和行政指导，靠平等竞争来调动各方面的积极性，以增强活力，改善结构，提高效率。

从解决资源有效配置问题的角度分析，采取这种办法是可以在一个不长的时期内见到成效的。但是目前对于采取这种解决办法，存在几方面的顾虑，或者说，有几种反对意见：

第一，政治方面的顾虑。一些同志怀疑市场取向的改革是否能够同巩固公有制的大方向兼容。的确，市场的形成以利益主体的多元化，即独立商品经营者的存在为前提，因此它同任何独家垄断的所有制形式不相容。但是，公有制并不注定要采取目前这种政府一元化管理的形式。我认为，把适应于社会化大生产需要产生的法人组织形式（股份有限公司）移到公有制为主体的产权关系上，就能创造社会主义大企业的崭新组织形式。把我国大中型国营企业改组为公有制法人（包括各种社团法人、金融机构、政府组织）持股为主、个人持股为辅的分散持股的股份公司，政企分开，所有权和经营权分开，是有可能在社会主义公有制的范围内做到的。这样做，既增强了企业活力，提高了效率，也加强了社会主义经济的整体力量。

目前，西方有些政治家利用社会主义国家近期遇到的挫折，正在宣传一种社会主义注定要失败的理论。这种理论的论据上要是两条：（1）现代经济只有以竞争性市场导向才能有效率。（2）市场经济同西方民主、财产私有是"三位一体"的，三者或者全要或者全不要，二者只居其一。也就是说，如果要搞好经济，就必须全面否定社会主义；反之，要坚持社会主义，经济就不可能搞好。许多人反对这一结论，但是，他们反驳的角度有很大的不同。比较常见的一种是在上述两条论据中，肯定后者，否定前者。这就是说，一方面，承认市场经济的确同西方民主、财产私有不可分割，共同组成资本主义的社会体系，因此我们绝不能走这条路。另一方面，认为社会主义经济不实行市场取向的改革、而以指令性计划为主，也完全能够搞好，因此应当三者全不要。这种说法不能不使人感到担心。因为几十年来许多国家在保持指令性计划体制占支配地位的总框架下改善社会主义经济运行状况的努力，并没有一个取得成功。把对社会主义的信心建立在依靠命令经济体制改善经济的运行状况这个不牢靠的基础上，恐怕未必是明智的态度。在我看来，上述西方政治家的第一个论点，即只有在市场经济的条件下现代经济才能有效地运转，是并不错的。他们的错误在于，武断地认定市场经济只能存在于资本主义的社会框架下，而注定不能与社会主义相结合。事实上，正如商品生产和商品交换可以存在于不同的社会中一样，市场经济也并不是资本主义的专有物，并不必然要以财产私有和西方民主为前提。市场经济是可以建立在实现形式经过改革的公有制的基础上和以社会主义民主制为政治外壳的。

第二，经济方面的顾虑。主要有两个方面：其一，担心采用市场整合的解决办法，建立以市场调节为基础的资源配置机制，会损害我国经济发展的"计划性"，使它陷入混乱状态。其实，这种把经济的按比例发展同以市场机制为基础的资源配置方式看成互相排斥的，把商品经济同无政府状态画等号等传统观念早就被事实否定了。我们已经分析过，从运行状态上说的"计划性"（自觉保持平衡），完全可以通过在市场配置的基础上加强国家的宏观管理和行政指导的办法来实现。第二次世界大战后一系列国家在后一种体制的基础上实现了持续、稳定的高速度发展，就是对市场配置资源必然使经济陷于无政府状态的成见的最好回答。我国经济改革的目标，是建立"国家调节市场，市场引导企业"的社会主义有计划商品经济体制，这种经济体制肯定是能够保持经济持续、稳定、协调发展的。其二，担心价值规律的作用将引起我国社会中贫富两极分化。其实，所谓价值规律，只是反映了商品经济中的等价交换行为，它本身并不能引起收入分配的两极化。收入分配的差别，首先取决于财产初始分配的差别。如果我们在改革的过程中能注意防止初始分配出现的严重不公现象，这种差别就不会过大。同时，对于交易过程中出现的差别，国家还可以运用各种政策手段（如累进所得税、高额遗产税等），进行再分配调节。可见，在大力发展商品经济的同时防止个人收入过分悬殊是完全有可能做到的。与此相反，对于货币经济过分的行政管制，倒是大量非生产性的"寻租收入"的真正基础。这是早已为我国"双重体制"下"寻租行为"猖獗、腐败蔓延的事实无可辩驳地证实了的[1]。

第三种疑虑同上面两种有原则性的不同。它并不认为推进市场取向的改革有什么原则性的错误，而只是觉得目标虽好，但很难实现。这种疑虑是有一定道理的。由于从以行政协调为主的经济向以市场协调为主的经济的平稳过渡，不但需要有良好的经济环境（总供给同总需求的对比越是宽松，过渡的震动也越小），而且取决于企业主体和市场体系的发育程度。因此，在这一类过渡过程中，"长期稳定论"（日本战后初期）或"渐进过渡论"（东欧近年改革）往往容易得到多数人的支持。如果条件允许从容地过渡，假以时日当然并无坏处，问题在于，进行改革的社会主义国家通常都面临由旧体制造成的恶劣经济环境，这种恶劣的经济环境，只能靠建立新经济体制来加以根治，而不可能有别的出路。因此，经济体制越是失效，经济环境越差，就越有必要加快改革的进程，否则经济情况会越拖越糟，终至陷于恶性循环而不能自拔。相反，倒是在创设必要条件的前提下，采取"短期稳定"（第二次世界大战后的西德和日本）或"一跃而进入市场"战略（东欧某些国家），却相对地比较容易取得成功。如果久拖不决，恐怕倒反不能避免被迫进行"休克治疗（shock therapy）"的痛苦和牺牲。

回头来看中国，在多种经济成分并存、非国有成分放得比较活

---

[1] 东欧一些国家和中国的经验都证明，在有严重行政干预的货币经济或 J. 科尔奈所谓的 IB 模式下，最容易出现"分配不公"和腐败行为（参见拙著《"寻租"理论与我国经济中的某些消极现象》，见《腐败：货币与权力的交换》，中国展望出版社 1989 年版，第 1—5 页以及同书中的其他论文）。

的情况下，想用强化指令性计划的办法来加强、支持公有制经济，恐怕难免落空。12年来，全民所有制企业在工业总产值中所占的比重每年下降2—3个百分点，国营工业同非国营工业产值的对比，1990年已从改革初期的75∶25降为54∶46。国营企业在传统体制下日益相对萎缩的事实说明，固守传统体制绝非出路。从总体上说，国有企业的技术力量、装备、经营者的素质比乡镇企业、个体企业等要强得多，问题只在于机制缺陷。我们应当确信，搞好了改革，它们是能够在国内外市场的竞争的压力下不断增强活力，并带动整个国民经济腾飞的。但是，如果继续把全民所有制企业用指令性计划、或变相计划捆死，那么，作为国家经济骨干力量的全民所有制只能相对萎缩下去。这怎么可以说是在加强社会主义经济呢？

同时，在公共经济部门效率很低、浪费很大的条件下，经济增长在很大程度上是靠大量贷款支撑的。大量地贷款而没有造成严重的物价上涨，又是靠居民储蓄实现信用回笼的。1989年居民储蓄存款余额增加1300亿元，1990年增加1900亿元。贷款是国家资产付出，其中一部分由于变成呆账、烂账而不再流回；而储蓄存款则同钞票发行一样，是国家的负债。这样一出一进，资产变成了负债。目前，国家的负债同国有资产总额大体相当，如果上面所说的趋势继续发展下去，国家负债将很快超过国有资产。所以，想用强化对公有经济的指令性计划控制加"输血""启动"的办法去巩固公有经济，结果会适得其反。所以，这种办法并不那么可取。

此外，大步推进市场取向改革的条件，似乎也并不像人们想象的那样坏。首先，经过从1988年9月到1989年9月的治理，物价涨势迅速回落，甚至出现了所谓"市场疲软"的现象，这就给了大步推进改革以十分难得、稍纵即逝的机会。与此同时，对于10年改革中我国企业家素质以及竞争意识、盈利意识等的提高也不能估计过低。经过10年改革，目前在我国已经涌现出许多具有管理才能和企业家精神的专业人才。只要建立起竞争性的市场和贯彻执行党的十二届三中全会关于政企职责分开的决定，取消行政机关对企业的微观干预，大批社会主义的企业家就会脱颖而出，在竞争的舞台上大显身手。此外，虽然目前我国国内市场还被条块行政系统切割得相当零碎，市场信号也因行政定价制度在相当大的范围内保留和多种行政干预而严重扭曲，但是市场已在命令经济的大量漏洞和缝隙中蓬勃成长，这是不可否认的事实。特别是在一些改革开放进展得比较快、受行政指令约束较小的地区和部门，市场因素的成长势头强劲，它们一年来在经济调整中的优异表现，有力地说明了市场力量作用的发挥对于稳定局势和繁荣经济的重大意义。

当然，实行"市场整合解决法"也有不少的困难需要切实地加以解决。例如，通过所谓"衰退的优化效应"奖优汰劣，迫使病态企业关、停、并、转，会伴生短期失业现象。对这种负效应的控制和救助，也需要作专门的研究。商业组织的发展和社会保障体系的建立，也是一项十分繁重的工作。但是应当相信，这些问题是可以解决的，大步改革必然带来的风险，也是可以控制在人民能够承受的范围之内的。如果能够抓住有利时机，按照党的十一届三中全会以来历次党的中央全会、代表会议和代表大会指出的方向，大力推进改革，那么，我国社会主义经济的振兴是大有希望的。

总之，理论推导和国际经验都证明，以市场配置为基础的商品经济运行方式是一种适合于社会化大生产、能够保证有效率地成长的经济体制，因而它的确立，是不可逆转的历史趋势。1978年12月党的十一届三中全会以来，我国经济体制改革的长足进步，不仅使我国经济建设取得了举世瞩目的成果，而且使我们对于社会主义经济运行机制有了比较透彻的认识。目前，我国的经济体制已经越过了通向商品经济道路上的临界点，不可能再退回到旧体制去了。因此，"八五"计划（1991—1995年）和"十年规划"（1991—2000年）建立新经济体制的目标是或迟或早一定会实现的，问题只在于通过什么方式去实现。显然，我们应当争取走行程更短、代价较小的路，以造福于我国人民。

（原载《中国社会科学》1991年第6期）

关于公司化[*]

(1993 年 8 月)

国有大中型企业改革，是我国经济改革面临的一项十分迫切又相当艰巨的任务。虽然多数经济学家和企业家都认为大中型企业应当采取现代市场经济中通行的公司制度，但是，人们对于公司制度的理解存在着很大的差异，具体的做法更是见仁见智，主张各不相同。在这篇文章里，我们拟就公司化的若干主要问题提出自己的意见。

一 什么是公司化

所谓公司化（corporatization）[①]，是指将现有的非公司类型的企业（特别是原来的国有大中型企业）改组成为公司法人组织。在现代经济中，公司分为有限责任公司和股份有限公司两种基本的形式。

---

* 本文由作者与钱颖一合著。载《经济日报》1993 年 8 月 24 日。《经济日报》的编者按是：在加速进行市场化改革的今天，国有大中型企业改革应当采取现代公司制度，对于这一点，在我国经济界和理论界已有了共识，而且在实践中也有了成千个试点公司。但是，对于什么是公司制度，应当如何建立公司制度以及工作的重点是什么，等等，认识和做法很不相同。这极大地影响了企业改革的成效。今天本报发表的吴敬琏、钱颖一两位教授的文章，对有关问题鲜明地提出了自己的观点，很值得一读。我们发表这篇文章，为的是引起讨论，取得更多的共识，使我国的企业改革进行得更为顺利。

① 在吴敬琏过去的文章中，把 corporatization 译为"法人化"，同时注明"也可译为公司化"。鉴于目前有较多的人使用"公司化"的译法，本文统一使用"公司化"的称谓。

公司化改制包含三方面的基本内容：

第一，明确公司的法人性质。公司法人的基本特征是：（1）具有独立的法人地位（legal‐person status），具有与自然人相同的民事行为能力，可以以自己的名义起诉和应诉；（2）自负盈亏，以由股东出资形成的公司法人财产独立承担民事责任；（3）完整纳税（包括公司所得税）的独立经济实体；（4）采用规范的成本会计和财务会计制度。

第二，界定产权关系，明确投资者对公司法人财产的股权。所谓股权即按出资比例所界定的权益，除对公司财产的所有权外，主要是指在股东大会上投票和按期分红的权益。普通股享有投票权，投票原则是一股一票。股东的分红也根据股东所持股票的种类（优先股还是普通股）和持股份额而定。股权具有可转让性，可以易手。

第三，建立"公司治理结构"（corporate governance）。公司治理结构是指为治理企业在以下三者，即（1）所有者（股东）；（2）公司的法定代表人——董事会；（3）执行管理部门（executive management）之间形成的一种制衡机制。

股东是公司的所有者，股东大会是公司的最高权力机构。股东有以下权力：（1）对剩余收入（residual income，指企业在完成各种合同后的剩余收入，即利润）的索取权，即分红的权利；（2）在审议董事会关于修改公司章程、出卖部分或全部财产的建议和财务报告时的投票权；（3）对董事的选举权和在董事玩忽职守、未能尽到受托责任时的起诉权；（4）对公司经营活动的知情权和监察权。

董事会由股东大会选出，代表全体股东的利益，负责制定或审定公司的重大经营方针即战略性决策并检查其执行情况。董事会的主要职责是：（1）制定公司的经营目标、重大方针及管理原则；（2）挑选、委任经理人员，并掌管经理人员的报酬与奖惩；（3）对公司的经营活动进行考察；（4）协调公司与股东、管理部门与股东之间的关系。

公司的执行机构由高层执行人员（executive officers，指总经理，常务董事等，也称为高层经理人员）组成。高层经理人员受聘于董事会，在授权范围内拥有对公司事务的管理权和代理权，负责处理公司的日常经营事务。经理人员在行使职权时，需遵守法令、公司章程和股东大会及董事会的决议，但不受个别股东的干预。

二　建立公司治理结构是公司化的核心

在上述公司化的三项基本内容中，建立公司治理结构是最为关键的，因此，有必要作进一步的分析。

1. 公司治理结构中"信任托管"关系和"委托代理"关系的区别

（1）股东大会和董事会之间的信任托管关系（fiduciary relationship）

股东出于信任推选董事，董事是股东的受托人（trustees），承担受托责任（fiduciary duties）。由董事组成的董事会受股东大会的信任委托负责经营公司的法人财产。这种关系是一种信任托管关系，其特点在于：第一，一旦董事会受托经营公司，就成为公司的法定代表人，是股东利益的代表；股东既然已投了信任票，则不再去干预公司管理事务，也不能因商业经营原因随时随意解聘董事，但可以以玩忽职守原因而起诉董事，或者下届不选举他（们）。不过选举不是由单个股东决定，而要由股东大会投票决定；个别股东如不信任托管关系，还可"用脚投票"即转让股权而离去。第二，董事的报酬不同于经理人员，董事一般不领取薪金，公司的外部董事可领取一定的津贴或称车马费，表明不是雇佣关系，而是信任关系。在有限责任公司的情况下，由于股东的人数较少，股东（或其代表）可以是董事会的成员，直接控制公司；在股份有限公司的情况下，股东人数较多，便由少数股东代表、经营专家和社会人士等组成董事会。

（2）董事会与公司经理人员之间的委托—代理关系

董事会以经营管理知识、工作经验和营利能力为标准，挑选和任命适合于本公司的经理人员。经理人员接受董事会的委托，便有了对公司事务的管理权和代理权。从法律角度来看，股份公司的高层执行官员在公司内部有管理事务的权限，对外有诉讼方面及诉讼之外的商业代理权限。这种委托代理关系的特点在于：（1）经理人员只是公司的意定代理人，其权力受到董事会委托范围的限制，包括法定限制和任意限制，如某种营业方向的限制、处置公司财产的限制等。超越限制的决策和被公司章程或董事会定义为重大战略性质的决策，都要报董事会决定。（2）公司对经理人员是一种有偿委任的雇用，经理人员有义务和责任依法经营好公司事务，董事会有权对经理人员的经营绩效进行监督，据此决定（或约定）奖励或激励，并可随时解雇。

在现代市场经济的实际生活中，董事会主要起战略决策和监督的作用，而作为代理人的高层经理人员的权力要比法律上规定的来得更大。因此，如何加强对他们的监督和激励就成为完善公司治理结构的一项重要课题。

应该看到，委托人和代理人各自追求的目标是有不同之处的。作为委托人的董事会要求经理人员尽职尽责，执行好经营管理的职能，以便股东能够取得更多的剩余收入；而作为代理人的高层经理人员所追求的，则是他们的人力资本（知识、才能、社会地位）的增值和提供人力资本进行指挥劳动所取得的收入的最大化。为此就需要建立一套有效的激励机制，根据经理人员的工作绩效（包括公司的赢利状况、市场占有率、在社会公益方面的表现等）对他们实行激励。高层经理人员的报酬大体采取以下几种形式：薪金、奖金、在职消费、股票或股票期权（options）。此外，经理人员还受到三重市场约束：（1）商品或服务市场竞争的约束；（2）资本市场对企业的评价（特别是股价）的约束；（3）经理人员市场的约束。在这三重市场竞争的激励和鞭策下，经理人员必须兢兢业业地工作。董事会则必然要运用若干监督和评审手段来不断地评价经理人员的代理效绩，包括可指定外部机构对日常经营进行审计和直接任命对董事会负责的财务经理等手段。

（3）两种关系的区别

从以上所述我们可以看到，公司治理结构中股东与董事会之间的信任托管关系和董事会与经理人员之间的委托代理关系这两者，在性质、权责和利益等方面都存在着很大的不同。概括而言，在信任托管关系中，股东大会把对公司法人财产的责任全部委托给董事会，不设立与绩效挂钩的激励办法，不能随时更改托管关系。而在委托代理关系中，董事会只是把部分经营权力（日常经营管理权）委托给了高层执行人员，需要设置雇用和激励机制，可按程序随时召开董事会撤换高层执行官员。委托代理关系也存在于公司内部，如总经理与部门经理、经理与推销员等，这种关系常常是多层级的，但都不涉及产权关系。

在股权高度分散化和在控股公司掌握大量被控公司的情况下，公司内部人员以外的董事即外部董事的作用变得更为突出。这时，在公司外部需要存在相当一批可以被股东信任去托管资产并监督经营的人才资源。通常，其他公司，特别是所谓"关联公司"的经理人员，由于懂得经营和财务，关注自身的可靠性价值，往往是外部董事的合适人选，但作为外部董事，信用和责任感更为重要。

2. 公司治理结构的要旨在于明确划分股东、董事会和经理人员各自的权利、责任和利益，从而形成三者之间的制衡关系

首先，股东作为所有者掌握着最终的控制权，他们可以决定董事会人选，并有推选或不推选直至起诉某位董事的权利；但是，一旦授权董事会负责公司后，股东就不能随便干预董事会的工作了。

其次，董事会作为公司的法人代表全权负责公司，具体委托经

理人员负责日常经营管理事务，并有对经理人员进行监督的责任和确定对经理人员的激励的权利；但是，董事会最终要对股东负责。

最后，经理人员受聘于董事会，作为公司的意定代理人统管企业日常经营管理事务，只有在董事会的授权范围之内，经理人员才有权决策，其他人不能随意干涉。但是，经理人员的管理权限和代理权限不能超过董事会决定的授权范围，经理人员经营成果的好坏也要受到董事会的监督和评判。

3. 公司治理结构具有灵活性

公司治理结构提供了股东、董事会、经理人员相互关系的基本框架，而在这一基本框架之内，具体的治理结构可以有较大的灵活性。事实上，在各个公司中，由于具体情况不同，有关三者之间关系的规定常常是不尽相同的。例如，股东大会对董事会的授权范围不同；有些公司的股东大会授权董事会决定公司的收购与兼并事宜，有些则由股东大会直接决定上述事宜；多数公司的股东大会授权董事会任命高层执行人员，但也有的公司由股东大会自己掌握最终批准权等。董事会与高层执行官员的关系也具有灵活性：有些公司的董事会只任命一位首席执行官（Chief Executive Officer，CEO，即董事会所属执行委员会主席），再由首席执行官任命其余的高层执行人员，而另一些公司的董事会不仅任命首席执行官，还任命其他高层执行人员（在这种情况下，首席执行官也可以由董事长担任）；多数大公司的董事会设置参与日常经营管理的常务董事（managing directors），有些公司则不设这一职位；有些公司由董事会较多地负责战略性决策并较频繁地召开董事会，也有些公司董事会把较多的决策权交由高层执行人员负责等。

4. 各国的公司治理结构具有不同的特点

由于历史传统和其他条件的不同，各国的公司治理结构各有特点。例如，虽然各市场经济国家的大公司大多以法人持股，即机构持股为主，但日本和德国公司的法人持股者主要是其他企业特别是银行，英美公司则主要是养老基金等非银行金融机构。在日本的企业相互持股体制中，作为公司的大股东，同时也是主要贷款者和开户银行的银行被称为主银行（main-bank），美国法律则禁止银行持股。由于股东的构成不同，各国公司治理结构也有区别；日本公司的董事会含有较多的由总经理（社长）提名的高层经理作为内部董事；美国法律则规定上市公司的外部董事要占有一定的比重，而且董事会的某些委员会（如审计委员会）要由外部董事组成；德国和某些北欧国家行使战略决策和监督职能的是监事会（德文为 aufsichtsrat），董事会则是由高层经理人员组成的执行管理部门称为理事会（vorstand），即经理理事会；德国法律还规定，监事会的 1/3（小企业）或 1/2（大企业）成员要由职工选举产生，实行职工参与决策。这些不同的法人治理结构各有利弊，各国公司往往互相取长补短，并随着条件的变化加以调整。

尽管有这些灵活性和区别，但公司治理结构的基本原理和基本框架的渊源是统一的。同样，公司化作为企业改制的方向而言也绝不是含混不清、可以任意定义的。

三　需要补充说明的几个问题

以上论述对于公司化作了基本的分析，然而为了避免产生歧义，我们还有必要作三点补充的说明。

1. 所有权嵌套关系（全资附属和控股关系）

在市场经济的条件下，一些公司为了扩展和分权管理，往往下设若干独立注册的全资附属机构或由自己控股的子公司。母公司作为这些下属机构的所有者，其首席执行官员对于如何组成这些下属机构的董事会，以及授意董事采取何种经营方针等，都有充分的代表所有者行事的决定权。同时，全资附属机构的资本金反映在母公司的资产负债表之中，年终净损益要并入母公司的损益表，其资产负债表也可视情况并入母公司的资产负债表。进一步讲，子公司的下面也还可以设立自己的全资附属机构或"孙子"公司，而且，子公司和"孙子"公司两者之间的关系也如同母公司同子公司的关系一样，子公司又是孙子公司的所有者。由此便出现了一种一层"套"一层的产权关系，我们称为所有权的"嵌套"关系。这里，只使用母子关系的严格定义就能界定所有不同的所有权关系，而不必再去定义祖父母、孙子乃至曾祖孙关系，否则会产生歧义和混淆。正是由于这种所有制的嵌套关系的特性，市场经济中的层级型控股关系并不需要区分谁拥有所谓"最终所有权"和谁拥有"相对所有权"，而采用这种不准确的概念，就会把本来清楚的所有权关系搞得含混不清了。

举个例子来说，如果全资国有的 A 公司全资持有 B 公司，B 公司全资持有 C 公司，则不能说国有资产代表机构委托 A 公司或 B 公司来代为经营 C 公司的国有资产。

2. 公司化不等于股权高度分散化

一方面，公司化的核心问题是"所有权与控制权的分离"，而不是股权的高度分散化。从公司制度的发展和演变来看，所有权与控制权的分离已成为近一个世纪以来公司制度发展的一般趋势。在现代拥有成千上万股东的大公司中，所有与控制已充分分离，但是从目前的国际经验来看，股权过于分散化的效果却不能令人满意。如美国的许多公司股权过于分散化，股东的目的主要是短期内取得红利和股票升值收入，而不考虑资产的长期发展，也不对企业经营进行有效的监督。因此，一些大公司的经营绩效很差。而日本的许多公司股权相对比较集中，主银行起到比较好的控制和监督作用。从总体上看，公司的经营绩效比较好。

另一方面，即便是对国有制企业来讲，如果能通过公司化建立起公司治理结构，明确股东、董事会、经理人员的权利、责任和利益关系，也会使企业的状况有明显的改善。例如，日本国铁（JNR）和国家电话电报公司（NTT）在进行公司化之后的相当长的一段时间里，并没有出售股权，但由于公司治理结构本身已经建立起来，同时打破了行业垄断，形成了市场竞争关系，因此，公司的经营状况大有转机。从我国的实际情况出发,在实行公司化初期以建立股权比较集中的有限责任公司为主,可能是比较适宜的。

3. 公司化不等于股票上市

需要着重说明的是,实行公司化的要点在于明确产权关系并建立公司治理结构,使企业真正成为具有法人性质的公司组织。我们之所以要反复强调这一点,是因为在前一段的"股份制试点"过程中存在着一种偏向,即没有把工作的重点放在对原有企业的公司化制度改造上,而是认为"股份制改革"的基本内容就是实行产权股份化和股票上市,把它主要看作是企业筹资、创建新企业乃至为部分人取得非法经济利益的途径。由于股票能够上市的只是少数经营收益高的企业,对于多数收益一般或不好的企业来说,是不能通过这种办法解决问题的。尽管大量并不具备基本的公司组织框架和公司特性的企业也可挂上某某公司的牌子,然后用发行股票的办法筹资弥补亏空和扩建,但是,这样带病扩张,而不是先治好病再求发展,其后果将是十分严重的。而切切实实地搞好上面所说的公司化则是对绝大多数企业都适用的、有效的。

公司化是与股票市场有联系的。但是应当认识到,股票市场不仅仅是一种筹资渠道,股票市场对公司经营的评价作用是更为重要的。为了实现股票市场的这种功能,应当力求股票价格反映公司未来的赢利能力,使交易在此基础上进行。然而,从发达国家的股市情况来看,由于股票市场的不完全性,短期行为和跟风行为多,股票价格往往脱离上市公司的实际绩效,也会引起泡沫现象(bubbles)或暴涨暴跌。这种情况已经引起各国金融当局和经济学家的广泛注意。目前我国正处在股票市场建设的初期阶段,尤其应当注重创造对公司的市场评价机制。不能为筹资的方便而制造繁荣的外观,更不能为维持"繁荣"而支撑交易(人为"托市"),因为,这样建立起来的股市脱离了公司的实际盈利能力,丧失了评价功能,肯定是病态的。

四　公司化在企业制度改革中的作用

目前急需推进公司化的原因是多方面的，其中最重要的原因主要有以下几个方面：

1. 公司化是制止国有企业经营状况恶化、资产加速流失的迫切需要

目前，我国国有企业正面临着比以往任何时候都严峻的局面。首先，虽然经过多年改革，但国有企业由于行政性束缚过重和内在激励不足而缺乏活力的痼疾尚未根治。其次，统计口径上的缺陷又进一步恶化了国有企业的形象，因而导致人们对国有企业的信心急剧下降。最后，在国有企业产权界定不清又无人负责的情况下，国有资产受到多种方式的侵犯，出现了从企业外部和企业内部通过不正当的经营行为争相蚕食国有企业，国有资产加速流失的现象；而这种情况又反过来进一步恶化了国有企业的绩效。

公司化改革有助于明确产权关系，并通过公司治理结构看管好所有者的财产并加强对企业经理人员日常经营行为的监督。

2. 公司化是国有企业改革的合理起点

如上所述，公司化的基本内容是明确企业的法人性质，界定产权，建立公司治理结构。如果我们能够把这一改革付诸实践，那么，便可以为建立新的企业制度奠定基础。其一，可以使企业成为具有很强法人特征的独立的经济实体，并使行政机关对企业的微观干预失去经济依据和法律依据，从而为实现企业的自主经营提供前提。其二，可以明确各个公司的法人资产，为真正实现企业的自负盈亏直至破产提供可能性。其三，可以在保证国家权益（国有资产及其收益）不受侵犯的条件下，使经理人员有职、有权、有责任、有约束、有激励地自主经营，发挥企业家在企业经营管理中的独特作用。

国际经验表明，公司化改革可以并行开展，在较短的时间内全

面推行和完成。

3. 公司化有利于解决国有企业改革中的其他难点

在国有企业的改革过程中还存在着其他一些比较难以解决的问题，例如，如何解决国有企业过度负债的问题，如何分解国有企业承担的过多的社会保障和社会福利职能的问题。公司化为我们解决这些问题提供了可能的契机。在公司化的过程中，需要重新进行股本—债务安排，我们不妨因势利导，通过债权换股权的办法，卸去企业的旧包袱，建立银行等法人持股的新机制。还可能通过建立各种性质的社会保障机构，如各种养老基金、医疗基金等，将部分国有企业的股权，根据其承担职工保障费用的义务的大小转给这些基金，从而把社会保障的职能从企业中分离出去。

4. 公司化为企业所有权的多元化准备条件

公司化只是建立市场经济下企业制度的第一步，是为进一步理顺产权关系、促进资本配置的合理化所做的基础性工作。只有先迈出公司化这一步，并扎扎实实地做好工作，以后才能顺利地实现股权的多元化。如果在企业体制正处于转变过程中，公司化的工作还没有完成，企业还没有建立起合理的治理结构和约束机制，就急于实现股权的多元化，其结果必然会侵犯某些股东的权利，并为企业的进一步改革造成障碍。

公司是一种组织形式，本身与所有制无关。公司制度本身为股权结构的合理组合提供了比较灵活的选择环境。但是究竟选择什么样的股权结构，还取决于现实条件和市场选择。

（原载《经济日报》1993 年 8 月 24 日）

关于社会主义的再定义问题[*]

（1997年5月）

一

中国共产党第十五次全国代表大会召开在即，这是一次跨世纪的代表大会。人们期待第三代领导集体继承和发展邓小平同志的理论和事业，为我国的进一步发展廓清道路，展示前景。无论从当前国内外情况看，还是从推进改革开放的实际需要出发，党的第三代领导人都有必要在这次代表大会上根据邓小平同志建设有中国特色的社会主义理论和我国改革开放所创造的丰富经验，对社会主义的基本理论提出新的突破性的主张，以作为党的政治旗帜，凝聚全党和团结全国各阶层人民，共建21世纪的伟业。

党的第三代领导人所处的历史环境与以毛泽东为代表的第一代领导人和以邓小平为代表的第二代领导人有很大的不同。第一代、第二代领导人在急风暴雨的武装革命斗争中树立起自己的权威，成为马克斯·韦伯（Max Weber）所说的"具有超凡个人魅力的"（charismatic）领袖。在目前和平建设的环境中，党的领导人已经不可能成为这种类型的权威。但是，第三代领导人完全有条件在继

---

[*] 这是1997年5月8日提交给中共中央总书记江泽民和国务院总理朱镕基的一份意见书，对中共十五大政治报告的写作提出建议。原题为"把社会主义的理论创新提高到一个新的水平——关于社会主义的再定义问题"，这里的标题取自原副标题。

承邓小平改革开放的理论和实践遗产的基础上，在新的历史条件下实现社会主义的理论创新和制度创新，使自己具有韦伯所说的法理型的正当统治理由（legal – rational legitimate）。

二

党中央自十一届三中全会以来的历次重要会议，突破传统模式的束缚，为发展社会主义理论有过一系列的建树，推动了改革开放的逐步深入。中共十一届三中全会历史性地将党的工作重心转到经济建设上来。中共十二届三中全会把社会主义经济定义为有计划的商品经济。中共十三大提出我国处于社会主义初级阶段，因而需要采取以公有制为主体、多种所有制并存的方针。中共十四大确立了我国改革的社会主义市场经济目标，中共十四届三中全会为实现这一目标作出了具体规划，并对"公有制为主体"作了进一步的解释。这些都已触及社会主义本质和对社会主义经济基本特征的理解。但是，当问题涉及正面论述社会主义社会的所有制结构，特别是国家所有制的地位和作用问题时，由于缺乏充分的说明，传统观念的影响仍然广泛地存在。目前这已构成进一步推进改革开放的主要的理论和思想障碍。

20世纪80年代后期以来，我国改革的重点和难点集中在国有经济的改革方面。这方面的改革迟迟未能取得突破，使我们在经济上和政治上处于被动。

国有经济存在的问题是双重的：一方面，国有企业长期采取政企不分、政府直接经营企业的经营方式，它所掌握的资源不能得到有效的利用。改革开放以后又片面强调对企业放权让利，使有关各方激励不兼容的矛盾日趋尖锐。所有这些，都使中共十四届三中全会决定的建立现代企业制度的改革推进十分困难，而国有企业的财务状况日益恶化。另一方面，国有经济的现有布局存在很大的问题。目前国有资本数量十分有限，却分布在从零售商店到远程导弹工厂的几十万个企业之中，造成了单个企业资金过少，不能实现规模经济，难以进行重大技术更新，因而竞争能力很差的问题。而且，由于过度负债，一些国有企业特别是上级主管机关的领导人养成了大手大脚地使用银行的钱（其实归根结底是老百姓的钱）去冒风险的习惯，形成了不计成本、乱铺摊子等不良经营作风。与此同时，许多应当由国家办的事情，例如，重大高新技术的研制、大型资源性产业的开发、为政策性银行提供资金和贴息，却因为国家无钱办不起来，甚至连提供基本的公共服务，也采取了收费的办法。以上两方面的问题，是相互纠缠在一起的。例如由于安置冗员和退休职工、分设福利性设施的资金无着，阻碍了企业改革的进行，使病态企业愈来愈多。

以上情况说明，加快国有经济的战略性改组已经成为继续推进国有企业改革的症结所在。如果这方面的工作不能有所突破，在进一步对外开放和市场竞争日趋加剧的情况下，不但国有经济有可能站不住脚，整个民族工业在大工业、大商贸、大金融业中都有全军覆没的危险。要防止这种结果的出现，需要适当收缩国有经济的过长战线，使国有资本向国家必须掌握的战略部门集中；同时，支持和鼓励一切有利于国计民生的经济成分的发展。其实，这一要求早已体现在党中央提出的"以公有制为主体、多种经济成分共同发展"的方针之中。但是，迄今为止，这一方针并没有完全落实。贯彻执行这一方针最大的政治思想障碍在于，传统的社会主义政治经济学关于社会主义基本特征所下的定义，即社会主义＝以国有制为代表的公有制＋计划经济，仍然在干部和群众中有着广泛的影响，认为国有经济比重的任何降低都意味着社会主义因素的削弱，因而对于贯彻这一方针有着多方面的阻力。

面对着这种情况，正本清源地解决问题的办法，是根据邓小平关于社会主义的本质的论述和我国改革开放的实践经验，彻底摆脱传统思想的束缚，对社会主义作出更加明确的界定。

三

众所周知,社会主义在历史上是作为一种社会理想提出来的。它表达了在资本主义的诞生阵痛中苦苦挣扎的劳苦大众对转型期中种种非公正行为的抗议和对一种公正、美好社会的向往。但是,早期社会主义者囿于小生产者的狭隘眼界,只是从道德的角度去抨击资本主义社会的丑恶现象,却无法为实现自己的社会理想找到现实的物质基础。马克思和恩格斯继承了早期社会主义者追求社会公正的价值观。但与早期社会主义者不同的是,他们在产业革命后的经济条件下,从大工业生产的勃兴看到了实现社会主义的希望。马克思主义经典作家提出,由于生产的社会性要求产权的社会化,生产社会化与资本主义私人占有之间的矛盾只有通过"在事实上承认现代生产力的社会性,因而也就是使生产、占有和交换的方式同生产资料的社会性相适应",由"联合起来的个人对全部生产力总和的占有"来获得解决。至于这种社会化的产权即公有制的具体形态是什么,马克思和恩格斯并没有作详细的描述,而是把这一任务留给后代的社会主义者去完成。

社会主义只能采取国家所有制和在国家控制下的集体所有制这两种公有制形式的论断,是由斯大林在20世纪20年代末期联共(布)党内的严酷斗争环境中强行作出的。在斯大林的直接授意下由苏联科学院经济研究所写作的《政治经济学教科书》(本篇文章以下简称《教科书》),把国家所有制和由国家机关组织实施的计划经济列为社会主义最基本的经济特征。其中,国家所有制更被看作是整个社会主义制度的基础。《教科书》认为,"国家所有制是社会主义社会中占优势的、起主导作用的所有制形式",体现着"最成熟、最彻底的"社会主义生产关系;国有制"这一社会主义所有制的高级形式,在整个国民经济中起着领导的和决定的作用";集体所有制之所以具有社会主义性质,也是由国家所有制占支配地位的情况决定的。虽然斯大林的社会主义定义带有明显的被马克思主义经典作品强烈批评过的"国家迷信"的色彩，但是它在相当长的时期中仍被某些社会主义视为马克思主义的天经地义。例如在我国，改革开放以前数十年追求"一大二公"的错误方针，显然就是在这种影响下提出的。

对于这种不符合马克思主义的国家观的论点，不乏共产主义运动的杰出人物提出过质疑。毛泽东在读教科书的笔记中谈道，一切靠国家的指令性计划是违背人民群众创造历史的学说的。刘少奇在教科书读书会上也指出过，由于全民所有制经过国家"拐了一个弯"，影响了它的全民公有的性质。不过，由于各自的历史局限，他们的怀疑并不具有根本的性质。直到20世纪80年代，邓小平才对这种社会主义定义提出了根本性的怀疑。邓小平尖锐地指出："社会主义是一个很好的名词，但是如果搞不好，不能正确理解，不能采取正确的政策，那就体现不出社会主义的本质。"邓小平说，改革开放前出现的曲折和失误，归根结底是由于对于什么是社会主义"没有完全搞清楚"，"照搬苏联搞社会主义的模式"的结果。他按照社会主义的本来含义，指明："社会主义的原则，第一是发展生产；第二是共同致富"；"社会主义与资本主义不同的特点就是共同富裕，不搞两极分化"；"社会主义最大的优越性就是共同富裕，这是体现社会主义本质的东西"。

中共十一届三中全会以来，我们正是按照上述原则去发展生产力和推进改革开放的。例如，在我国改革开放的过程中，人们普遍地认识到，计划经济不是一种有效的资源配置方式，从而决定用市场经济来取代计划经济。同时，我国实践也突破了在所有制上追求"一大二公"和把国有制看作公有制的高级形式的框框，支持公有制的多样化和多种经济成分的共同发展。虽然前期改革主要是在国有经济的范围之外进行的，但这些创新已经使我国社会主义制度的优越性开始焕发出来，赢得了人民群众的衷心拥护。

现在，改革已经推进到传统体制的核心部分，而在这个领域内传统思想的影响又表现得特别强烈和有害。在这种情况下，根据邓小平对社会主义理论的上述发展和我国改革开放已经积累起来的丰富经验，完全摆脱苏联模式和《教科书》的束缚，对社会主义作出更明确的定义，贯彻社会主义的本质是实现共同富裕的思想，把社会主义的基本经济特征规定为以实现共同富裕为目标的市场经济（这也就是社会主义市场经济的确切含义），就十分必要了。

四

根据以上分析，我国的社会主义市场经济应当建立在以公有制为主体、多种经济成分共同发展的基础之上。具体来说：

（1）在社会化大生产的条件下，实现产权社会化即以公有制为主体无疑是我们必须采取的方针。但是，公有制有多种实现形式。应当鼓励对多种公有制形式，如各种形式的基金和基金会、各种形式的合作组织、社区所有制等的探索和开拓，而不能将它局限于国家所有制和苏式"集体所有制"，更不能把国家所有制看作"公有制的最高形式和社会主义追求的目标"。

（2）国有经济要收缩范围，进行战略性重组。国有经济的重组，不宜采取由政府包办的办法，而要推广已有先例的成功做法，依托现已建立和今后还将陆续建立的新型企业，在明晰产权界定和初步建立公司制度的条件下，通过售股变现、股权投资、收购兼并、债务重组、破产清算等资本市场运作，促使国有资本由低效企业向高效企业、从一般的竞争性部门向国家必须掌握的战略部门集中。

（3）除公有制经济外，适应着现代社会生产力的多层次性和个人创造性的重要作用，应当支持和鼓励各种非国有经济成分，包括合作社经济、民营经济以及外资经济的发展。

（4）国家应当对各种经济成分采取一视同仁的政策，消除对非国有经济成分在价格、税收、金融、市场准入等方面的歧视

（因为如果存在歧视，作为经济资源的基础配置者的市场机制就会遭到破坏，整个经济的效率会下降，国有企业由于依赖种种特权也会变得缺乏效率），着力营造平等竞争的环境，实现在市场规则面前人人平等，使各种经济成分都能在国家统一的产业政策的引导下各显其能，共同缔造持续的繁荣。

（5）除了保证财产的初始分配不过分悬殊之外，国家还完全应当而且一定能够在人民生活水平普遍提高的基础上，充分运用自己的多种政策工具，例如社会福利设施和累进税制度，来扶助鳏寡孤独、老弱病残，抑制少数人个人财富的过度积累，防止两极分化，逐步实现共同富裕。

五

最近一个时期，一些长期对改革开放政策持有异议的论者通过他们掌握的舆论阵地，连篇累牍地发表文章，攻击以公有制为主体、多种经济成分共同发展的方针。他们把中共十四届三中全会关于"公有制为主体"的解释被普遍接受，说成是一个"不幸的事实"；断定"国有制是公有制的高级形式和必须追求的目标"；认为国有经济比重的降低表明公有制主体地位的丧失，社会主义因素的减弱，甚至意味着社会主义国家向资本主义的"和平演变"。他们反对国家为国有、集体、个体等不同经济成分提供平等竞争的机会，说是"把社会主义国家置于这样的地位，还要共产党执政干什么？"这种宣传攻势针对中共十一届三中全会以来的基本理论和基本政策，在部分干部和群众中引起思想混乱，因而需要给予回答。

要从根本上廓清这些问题，除了进行前述的理论阐明以外，还要让事实说话。

事实证明，增加国有制的比重，并不能保证社会主义社会的巩固。苏东国家在政权易手时，国有经济的比重都高于我国。以苏东阵营经济最发达的捷克斯洛伐克为例，第二次世界大战以前捷克斯洛伐克经济发展水平仅低于英国、德国，1990年捷克斯洛伐克人均国民生产总值只有3300美元，相当于奥地利的1/5，生活水平明显低于可比较的西方国家。1989年11月政权易手，当时只有1.2%的劳动力、2%的注册资产和可以忽略不计的国民生产总值属于私营部门，国有经济的比重不可谓不高，但政权仍旧丢失了。从根本上说，第一是因为经济发展缓慢；第二是与西方国家生活水平的差距愈拉愈大；第三是因为人民厌倦苏式僵化的经济体制和僵化的思想灌输。罗马尼亚是苏东阵营比较不发达的国家，国有经济的比重也远远高于我国，在政权易手两年之后的1992年，人均GNP 771美元，其中只有25%是私有部门创造的。

这些事实说明，追求国有比重的不断提高，既不是社会主义的目的，也不是社会主义经济健康发展的基石，更不能保证政权的巩固。苏东国家正是由于长期坚持苏式社会主义理论，才造成思想僵化，发展缓慢，社会停滞，最终使共产党丧失了政权。

苏东国家在20世纪七八十年代都进行了改革。我国的改革与之相比，走了完全不同的道路。我们鼓励多种经济成分的共同发展，大胆地采用市场经济的管理办法，保持了近20年的繁荣。如果进一步将国有企业集中于少数战略性部门，加上国有企业制度的改革，使国有经济也发挥出它的优势，即"集中力量办大事"，整个国民经济的腾飞就有了保证。

目前在我国报刊上和学术界的讨论中，有些同志不主张采取进一步明确定义社会主义的办法来论证党的改革开放和多种经济成分共同发展政策的合理性。

一种常见的做法是引用马克思主义经典作家的个别论断（例如马克思关于股份制公司性质的论断），来证明党的上述政策是符合社会主义原则的。我觉得，企图用马克思主义经典作家一百几十年前作出的个别论断来判断党的当前政策的是非，这本身就是一种不符合马克思主义的实事求是的原则的做法。而且这样做很容易陷入经院式注经解经的"引文战",而绝不可能从中得出切合现代社会实际的结论。

另一种做法是以我们还处在社会主义初级阶段为主要论据,论证多种经济共同发展的方针的合理性。中共十三大的重要贡献,是以社会主义初级阶段理论,为多种经济成分的发展提供了空间。但是,以公有制为主体、多种经济成分共同发展显然并不是一种权宜性的政策,只适用于在生产力还不发达的经济条件。从当前科技革命的走势可以预见,由于人力资本和个人创造作用的加强,即使到21世纪初期初步实现四个现代化以后,我们仍将采取多种经济成分共同发展的政策。如果强调只是由于生产力还没有发展到建立发达的社会主义的水平我们才有必要采取这样的政策,那就无异于肯定,提高国有经济的比重、实现"一大二公"仍然是今后发展的方向。人们甚至会问,初级阶段之后是什么,是不是还是国有制的一统天下?现在民营企业和外资企业常常心存"政策会不会变"的疑虑,缺乏投资积累的意愿和长期发展的信心。国有企业的一部分人也因而存在国家应当偏袒国有企业,必定会尽一切力量救助在竞争中失败的国有企业的想法,滋长了不思进取的惰性。如此看来,这种做法也显得相当勉强,弄得不好,反而会给反对多种经济成分共同发展的持不同政见者以口实。

总之,我们建议中共十五大通过明确定义社会主义,确立社会主义的本质一是发展生产力、二是实现共同富裕而不是其他的思想,为我们的基本政策给出逻辑一贯的理论说明,以便营造使所有人和各种经济成分都奋发努力,共同缔造我国的长期繁荣和政治稳定的局面。这将是第三代领导集体对社会主义事业作出的最大历史贡献。

[原载《吴敬琏文集》(上),中央编译出版社2013年版]

实现国有经济的战略性改组[*]

——国有企业改革的一种思路

（1997年5月）

国有经济目前存在的问题，不仅源于国有企业产权界定的缺陷和政企职能不分的状况以及由此导致的经营机制僵化，还源于国有经济战线太长，布局太散。由于后者的制约，单从企业微观层面入手进行企业改革，很难取得突破。国有经济布局不合理的症结是有限的国有资本难以支撑过于庞大的国有经济盘子。为了使改革取得整体性突破，改变国有经济不能令人满意的状况，必须对它进行战略性改组，同时相应地在企业中建立现代企业制度。

国有经济的战略性改组意味着适当收缩国有经济的现有战线，优化国有经济的布局与结构，从而从整体上搞活国有经济和提高整体国民经济的素质。

根据一些优势企业在资本市场（包括证券市场和由企业间协议进行的企业产权交易市场）上进行股份投融资和收购兼并活动的成功经验，国有经济的战略性改组应当通过资本市场进行。这就是说，要依托在改革中已经涌现出来和将要陆续建立的优势企业，在国家的产业政策的引导下，发挥资本市场在资金配置和再配置中的基础性作用，实现国有资本从分散的中小企业向大型和特大型的企业集团、从低效的劣势企业向高效的优势企业、从一般竞争性领

---

[*] 本文系国务院发展研究中心"国有经济的战略性改组"课题组所作，与张军扩、吕薇、隆国强、张春霖合写。

域向需要由国有经济发挥作用的战略性领域集中。

在国有经济战略性改组的基础上，国民经济中多种经济成分平等竞争、共同发展的格局将得以形成。我们应当着力营造一种人人奋发努力，各种社会经济力量共同缔造我国的长期繁荣的局面。只有这样，才能最大限度地发挥我国的经济资源潜力，实现国民经济的持续、稳定、快速发展和国家的长治久安。

改革开放以来，中央和国务院对国有企业的改革十分重视，作了一系列重大决策，经过十多年的探索，取得了一定的进展。但是由于长期以来积累的问题很多，加上国民经济总体在改革发展过程中不断出现新情况、新问题，使国有企业的改革处于复杂的环境之中，这就大大增加了改革的难度。现在国有经济的改革已经成为推动整个改革事业前进的关键和难点。当前在社会主义市场经济的格局日渐形成的形势下，为保证国民经济的持续稳定发展，要求国有经济适应新的形势，发挥应有的作用。国有经济改革的进度不仅将决定中国改革事业的成败，而且将影响中国经济的长期发展和国家是否能够长治久安。

作为国民经济的支柱力量，我国国有经济占用着约70%的社会经济资源。但是，这些资源没有能够得到有效的利用，近年来反而出现大面积的经营亏损和资产流失。这种状况影响了国民经济的持续稳定的发展和它的整体效益的改善。当今的世界，是一个迅速发展变化的世界；我国所处的亚洲地区，是经济最活跃的地区。经过十多年的改革和开放，我国经济已经与世界经济紧密地联系在一起。随着世界经济全球化和亚洲地区经济一体化趋势的发展，世界市场的竞争日趋激烈。在这种情况下，我国相当一部分国有企业面临着严峻挑战。为了迎接这种挑战，我们必须奋发起来，迅速改变国有经济的上述被动状态，增强整个国民经济参与国际竞争的实力，以保证我国具有屹立于世界民族之林的能力而立于不败之地。

国有经济的不景气状态，是由三个层面的问题造成的：一是从国民经济的整体看，随着市场化进程的加快和国民收入结构的改变，国家拥有的资本越来越不足以支撑巨大的国有经济"盘子"。20世纪80年代中期以来，国家通过银行将数以万亿元计的居民储蓄注入国有经济，但这部分资源利用率不高，且有相当数量的流失，从而使得国有银行不良资产不断积累。如果国家用发钞来加以弥补，就会增大货币系统中的泡沫成分，蕴蓄金融系统的潜在危机。二是从国有经济的分布看，由于国有资本分散于过多的行业和企业，国有经济的盘子虽大，单个企业资金却过少，以致不能实现规模经济，难于进行重大技术更新，因而竞争能力很差。与此同时，国家应予保障的领域却因财力分散而无法加以保障。三是从企业层面看，由于国有经济长期采取政企不分、政府直接经营企业的经营方式，使它所掌握的资源不能得到有效的利用；改革开放以后，又片面强调对企业放权让利，这不但没有使资源利用效率得到重大提高，反而使收益与约束不对称的矛盾日益尖锐。所有这些，都使国有企业的亏损增加，效益下降。目前，明亏企业约占国有企业总数的45%，它们拥有2000万名职工；潜亏企业约占30%，后者也拥有另外2000万名职工。近年来，国有企业亏损增加很快，净盈利逐年减少。亏损企业亏损总额占盈利企业盈利总额的比重，1985年为4.2%，1995年上升为43.9%。1996年1—4月和1997年1—3月甚至出现了超过100%，即整个国有工业净亏损的严重情况。国有企业经济不振对社会稳定造成了消极的影响。

  以上三个层面的问题是相互影响的。可以认为，国有经济的问题既源于国有企业体制的产权界定模糊、政企职能不分等缺陷，以及由此导致的经营机制僵化，又源于国有经济战线过长，布局过散。以上两方面原因交织在一起，单独处理哪一个问题都难于收到良好的效果。实践使我们越来越清楚地看到，为了改变国有经济的这种状况，必须对国有经济进行战略性改组，同时相应地在国有企业中真正建立现代企业制度，保证改革取得整体性突破，从而使党的十四届三中全会规定的在二十世纪末初步建立社会主义市场经济体制的任务得以按时完成。

一 有限的国有资本难以支撑过于庞大的国有经济盘子

从现实状况来看，国有经济问题的症结，是它在企业、行业之间的分布过于分散，战线过长，有限的国有资本难以支撑过于庞大的国有经济盘子。据统计，截至1995年年底，我国29.1万户国有工商企业的资产总额为9.6万亿元，其中近2/3是负债（主要是银行贷款）形成的，属于所有者权益的部分占1/3多。扣除个人、外资及其他人的股权，再考虑到国有企业的资产当中约有20%的非生产性（比如住宅、学校、医院等）资产，那么真正用于生产经营活动的国有资本数量实际上不足3万亿元。然而这不足3万亿元的国有资本却遍及从饮食店到远程导弹生产等几乎所有的工商领域，分布于29.1万户工商企业之中。换句话说，平均每家企业能够真正用于生产经营的国有资本数量仅有1000万元左右。

国有资产这种过分分散的状况严重损害了现有国有企业竞争能力和国民经济整体效益的提高。突出表现在：

（1）难以形成有国际竞争力的大型企业。据有关方面分析，1995年我国500家大型国有企业的资产、销售收入和利润总额还不及美国500家大企业的前3家。我国最大的工程机械制造企业徐州工程集团的总资产和销售额只相当于美国同行业企业卡特彼勒（Caterpillar Inc.）的1.97%和1.39%，仅是日本同行小松制作所（KOMATSU）的2.22%和2.15%。我国最大重型设备制造企业中国第一重型机械集团的总资产和销售额仅是德国同行曼内斯曼（Mannesmann）的1.79%和0.45%，相当于日本石川岛播磨（IHI）的2.27%和0.89%。我国为数众多的轿车制造厂，迄今还没有一家达到当代技术所要求的最小经济规模。由于企业规模和实力与国外企业存在巨大的差距，我国企业普遍存在生产成本高、经济效益低的问题。在对外开放和外资进入的情况下，我国许多企业难以应付，面临生存危机。

（2）技术水平低，设备和产品老化。随着世界性的快速技术进步，技术成为最重要的生产要素。国家和企业的竞争优势，已经从过去以资源和成本为主转向以技术和管理为主。谁在技术上领先或占有优势，谁就在竞争中处于优势地位。随着竞争的加剧，一个企业如果不能持续不断地开发新技术，推出新产品，就不可能在激烈的生存竞争中获胜。现代技术研究与开发的一大特点是需要投入的资金数量巨大。而我国国有企业由于资金不足、负担过重，技术研究与开发的投入长期不足，企业只求应付眼前的生产而没有开发新产品、新技术、新工艺的能力。在许多重要的高新技术领域，我们与国外的差距不是在缩小，而是在继续拉大。例如，我国钢铁生产能力已达1.2亿吨，居世界第二位，但从总体上看，钢铁企业技术装备水平低，产品结构单一，质量不高，难以参与国际市场的竞争。目前除宝钢和少数大钢厂够得上国际水准外，大多数均为国际上50—60年代的水平。长此以往，这些企业只能坐以待毙。

（3）企业的行为方式出现扭曲。由于国有资本金不足，大量国有企业实行高负债经营。据统计，1995年年末，我国国有企业的资产负债率为65.9%；其中，半数企业的负债率超过80%。正如现代企业理论所指出的，负债率的高低对企业经营者的行为有明显影响。在债权约束硬度不够的情况下，负债率过高往往促使企业经营者用别人的钱去冒经营风险，从事高风险投资或"营造自己的王国"。对于我国的国有企业，银行似乎有天然的责任加以"支持"，情况就更加严重。由于它们从国家银行取得贷款和从财政取得拨款实际上并无明显的区别，"千年不赖、万年不还"成为理所当然的事情。这使一些国有企业和一些上级主管机关的领导人养成了大手大脚地使用银行贷款的习惯，形成了不计成本、乱铺摊子等不良风气。

（4）孕育着出现金融危机的可能性。目前国家银行资金主要来源于居民储蓄，因此，国有企业高额负债的实质，是通过国家银行吸收居民储蓄，转用于国有企业。在国家银行贷款总额中，

70%—80%贷给了国有企业。而在改革开放以来的大多数年份中，国家银行对国有企业贷款的名义利率低于通货膨胀率，也就是说，实际利率呈负值。在国有企业通过负利率贷款得到大量补贴的情况下，国有企业的盈利率只有3%—5%。这意味着国有企业使用这部分资源，不但不能提供回报，往往还发生资本的净损失。相当一部分银行贷款有去无回，形成了大量不良资产（呆账和烂账）。更有甚者，是通过种种渠道取得银行贷款，用银行贷款进行股市、期货或不动产投机，吹胀经济泡沫。一旦发生崩盘，就会触发银行系统的危机。

（5）建立现代企业制度的改革举步维艰。在把原有的国有企业改组为现代公司的过程中，必须付出必要的改革成本，处理在旧体制下长时期积累起来的负债过大、冗员过多、老职工的社会保障基金来源不足以及分离与企业主业无关的社会福利事业等问题。处理这些问题都需要有资金投入。现有的国有经济摊子铺得如此之大和散，国家就很难有足够的财力解决庞大的历史遗留问题。这不能不使国有企业的改革进度大大放慢。

国有经济战线太长，国有企业分布得太广、太散，政府办了许多并非必须由它办的事情，同时并存的事实是：政府应当办的许多事情却因为没有资金而无力去办。国有经济的现有分布结构与市场经济下国家应有的功能很不适应。

例如，在许多国家，特别是在一些大国，政府通常对需要高额投资的重大高新技术开发给予财政支持，由政府承担部分或全部研制费用。但我国政府却常常力不从心。例如，我国半导体集成电路的研制虽然起步较早，但由于资金短缺，技术开发进展缓慢，现已被远远抛在后面。目前，国际上已经普遍采用亚微米级的生产技术，而我国仅能生产微米级的集成电路，开发试验的差距更大。国家财力、银行可调度资金如果不能集中起来用在关系全局、关系长远发展的"刀刃"上，今后这种差距还会进一步扩大。

又如，一些特大型不可再生资源的开发，在我国当前情况下，也宜于由国家兴办。但由于资金短缺,开发工作进度迟缓。像神府煤田这样可采储量达数千亿吨的特大型煤矿,就由于投入力度不足而使建矿工作步履维艰。

此外,政策性银行本来是市场经济中通行的财政性安排,目的在于用带有某种财政补贴性质的低息或贴息贷款支持社会效益大的项目。然而由于政府无钱,我国政策性银行没有低息融资和足够的贴息来源,结果它们的贷款利息甚至比一般商业贷款利息还高,很难起到政策性融资应有的作用。

尤其值得注意的是,由于一般营利性事业占用了太多的国家资金,使政府在实现它的基本功能时,却不能得到必要的财力保证。例如,一些基本的公共服务,如九年义务教育,早有法律的明文规定,但许多地方因为文教经费不足,却向家长公开地或变相地收取学费;由于政法机关经费不足,甚至有的地方出现了办理刑事案件也要向受害者收费的不正常现象;国家财力的分散和经费不足,致使国家行政机关、事业单位以及军队公安系统参与商业活动、"自行创收"的问题也难以妥善地解决。

二 出路在于对国有经济进行战略性改组

针对上述情况,有些人提出国家应当增加国家财力,向国有企业大量注资,以便达到既扩大国有经济的规模,又增强国有企业竞争能力的目的。然而稍加分析就能发现,这种思路是很难行得通的。

根据国务院发展研究中心在 1997 年的匡算,如果保持国有经济现有的行业和企业分布状况不变,那么,要使国有企业具备在市场上平等竞争的最基本条件,国家至少需要投入 2 万亿—2.5 万亿元。包括(1)基本解除企业的不良债务(主要指国有企业所欠银行贷款中的逾期贷款、呆滞贷款和呆账贷款),大约需要 6 千亿元;(2)在清理不良债务的基础上,补充资本金不足,并使严重老化和过时的生产设备得到起码的改造，大约需要1.8万亿元。除此之外，在今后的发展与改革过程中，为了解决对老职工养老基金欠账和安置富余人员，以及为加强国家亟须办、但因财源无着落无法办的事业，还需数万亿元。

这样巨额的资金需求，依靠国有企业本身的积累或国家现有的财政力量显然是很难得到满足的。改革开放以来，我国的国民储蓄结构发生了很大的变化，已经由过去的政府和国有企业储蓄为主改变为以居民储蓄为主。据世界银行估计，1978年中国国民总储蓄中，居民储蓄占3.4%，政府储蓄占43.4%，企业储蓄占53.2%；也就是说，社会总储蓄的96.6%来自国有部门。而近年来我国的国民储蓄结构已经变为：居民储蓄83%，政府储蓄3%，企业储蓄14%，其中国有企业不会超过7%；换句话说，在社会总储蓄中，大约只有10%来自国家部门。

在这样的大背景下，政府筹资不外两个途径：一是通过增税筹资；二是通过举债，包括向居民、金融机构或国外借债筹资。然而，从增税筹资看，目前我国企业增值税平均税率14%，所得税税率33%，这样的税率从世界范围来说已经不低，加上在预算外征收的大量税费，进一步增加政府收入的余地十分有限。何况大规模增加财政收入很可能事与愿违，在收到增加的税款并向企业注资之前，先已降低了企业的竞争力，因而是一种杀鸡取卵的办法，殊不足取。从政府举债筹资看，虽然目前国家债务余额占国内生产总值的比重不算太高，还有一定的举债空间，但是靠发行国债无论如何也不可能在较短的期限内募集到如此巨额的资金。

根据以上分析，我们认为解决国有经济结构不良的问题应当首先从调整存量结构上做文章，对国有经济进行战略性改组。在国家财力受限，大规模注资又难以办到的情况下，如果继续保持国有经济原有的行业领域和企业数量，那么我们就很难以强有力的措施扭转国有经济的被动境况，国有资产流失的问题也难以制止。这种情况发展下去，我们解决问题的条件将会愈来愈差，回旋余地也会愈来愈小。机不可失，必须早下决心，早做决断。

事实上，从发展社会主义市场经济的要求和邓小平"是否有利于发展社会主义社会的生产力，是否有利于增强社会主义国家的综合国力，是否有利于提高人民的生活水平"的判断标准出发，国有资本完全没有必要进入那么多的行业，也没有必要搞那么多无关大局的企业。国家必须确定在推动国民经济的发展中政府应该和可能做什么。常言道，有所不为然后可以有所为。国有经济应当主要集中于那些影响国民经济发展全局的、掌握国家经济命脉，而且在当前情况下，非国有企业办不了或办不好，因而只能由国家来办的企业。

所谓战略性改组，就是通过国有资产的流动和重组，在适当收缩国有经济战线的前提下，改善国有资产的配置结构和国有企业的组织结构，集中力量加强国家必保的行业和企业，使国有经济在社会主义市场经济中更好地发挥作用。

具体而言，国有经济的战略性改组包括以下两个层面的内容：

一是收缩战线，加强重点，优化国有经济的布局结构。通过国民经济中资本的流动和重组，缩小国有经济的范围，逐步解决国有经济布局过散、战线过长的状况，加强国家必保的领域；也就是说，要使国有资产从分散的中小企业向大型和特大型的企业集团、从低效的劣势企业向高效的优势企业、从一般竞争性领域向需要由国有经济发挥作用的战略性领域集中。总之，通过适当减少国有经济介入的行业和企业，达到集中力量、保障重点、提高效率、增强竞争力的目的。需要指出的是，这种收缩仅仅是国有资本分布领域的收缩，而不是国有资本数量的减少。相反，通过国有资本从较低效益向较高效益领域的流动，国有资产的数量不仅不会减少，而且可以更好地实现保值增值。

二是实现国有企业股权多元化，推进国有企业经营机制的转变。国有企业的现状是政企不分和国有资产所有者代表不明确，国有企业所有者功能缺失，由此影响到国有企业内部迟迟不能建立有效的治理结构，国有企业经营机制没有得到根本的转变。通过国有经济的战略性改组，要在除特殊行业外的多数国有企业中建立多元化的股权结构。一是要将国有独资企业变成国有控股、国有参股企业，大量引入非国有的其他股东，包括非国有法人股东和个人股东，要将大量通过金融中介形成的居民对国有企业的债权转化为居民直接持有或通过金融中介机构间接持有的股权。二是在现属国有独资的企业中，要变单一国有股东为多元国有法人股东。在多元化的股权结构下，将有可能克服企业资产所有者缺位的弊端，有利于在国有企业中建立有效的治理结构，使国有企业成为社会主义市场经济中富有活力的微观主体。

调整国有经济布局的基本原则，是按照优先顺序首先考虑排在前列的行业的需要。优先顺序的确定要以市场经济中的国家的公共职能为准绳，兼顾国有经济的现有基础，然后根据国家财力的可能性，安排国有经济的活动范围。根据当前情况，我们考虑这种优先顺序大体上可以作如下的安排：（1）关系国家安全的行业。包括军事工业、造币工业、航天工业等。（2）大型基础设施以及其他具有较大外部性（社会经济效益）的建设项目，包括大江大河治理，重点防护林工程，重点公益事业等社会效益大，受益面广，而非国有企业目前尚无力承担或不愿承担的建设项目。（3）大型不可再生资源，如油田、大型煤矿等的开发项目。这些项目投资规模大，回收期长，目前民间资本没有力量投资，又不宜于让外资控股，国家资本可能需要在这些行业居于主导地位。（4）对国家长期发展具有战略意义的高新技术的开发。如超大规模集成电路的研制等，国家应当给予这类研究开发以财政支持，并通过投资引导和行业政策等推动这些行业的发展。

当然，以上的战略产业安排只是指出国家投资的大体的方向和范围，并不完全排斥非国有资本的进入。国家可以根据各个行业的具体情况和它们各自的组织特点，酌情规划非国有资本的参与程度，国家则以全资国有、国家控股和国家参股以及政策扶持等方式保证战略产业的健康发展。

在对国有经济的现有范围作出调整以后，国家原则上不再对非战略性领域进行新的投资。这些领域中现有国家持股的企业是否要进行股权关系的变动和经营方向的调整，则要在市场平等竞争的条件下，由企业的直接持股单位和公司自行决定。

还需注意到，战略产业的优先顺序是动态变化的。随着国家经济发展阶段和经济环境的变动，国家战略产业的重点和国有经济的范围也将随之变化。此外，中央政府和地方政府的职能不同，它们所属的企业的经营活动范围也应当有所不同：中央政府主要在国防工业等战略性行业，跨地区的运输干道等；而城镇地方政府则主要从事地区性公益项目，如城市道路、水、煤气、供热等。

三 推进改组的基本方法和配套措施

对于国有经济如何进行改组，存在两种不同的思路。一种思路是通过计划方式完成结构调整，即由各级政府制订计划，确定哪个领域哪个企业应该加强，哪些企业应该合并，然后用国家投资或行政调拨的方式加以执行。几十年的经验反复证明，用这种办法进行调整，不仅不能达到优化结构的目的，还有可能强化行政控制，不利于经济改革的总体进程。前些时候有的地方在当地政府主持下进行"拉郎配"式的国有经济结构调整，结果不但没有改善国有经济的整体效益，相反把原有的好企业拖垮了。这种失败的教训，我们应当吸取。

另一种思路是依托经过初步改革、建立了现代公司制度的企业，通过资本市场上股权转让或收购兼并等活动，实现对国有经济的改组。我们高兴地看到，目前已经涌现出了一批通过这种改组取得了好成绩的事例，例如一些国内绩优企业在海内外证券市场上募股上市，然后将募集到的资金投向国内企业，推动了这些企业的改革；深圳的康佳集团、上海的华源集团在国内进行的成功并购活动等；它们的经验，是很值得深入研究、有领导地加以推广的。

根据上述经验和市场经济国家的通行做法，我们建议，国有经济的战略性改组，最好依托现在已有的或今后陆续建立的优势企业，在国家的产业政策的引导下，依靠市场机制的力量，通过资本市场上的金融活动来实现，以国有资产的优化重组带动行业结构和企业结构的改善。

这类金融运作的具体形式包括：

扩股融资。即选择经营绩效较好的企业在国内外证券市场上募股融资，吸收非国有投资主体参股，从而改善公司的股权结构和增强企业的实力。这种方式也可用于解决国有银行的资本金不足问题。

售股变现。不论在国家的层次上还是在国有控股公司的层次上，都可以采用这种办法扩大非国有资本的参与和取得可供国家机动支配的资金，用于急需的方面。

收购兼并。国有或非国有的优势企业对经营状况不良的企业进行收购兼并，并在新的控股企业的支持下对企业进行重振，能化解劣势企业现有困难，优化国民经济的资源利用效率。

债务重组。对过度负债的企业，应进行股权—债权的置换，或者将银行债权以拍卖方式出售给合格的买主，以便强化业主（持有控制权的股东）对企业经营人员的监督，改善企业治理结构。

破产清算。对生产设备严重老化，基本失去生命力的国有企业，严格依法实行破产清算，促使其存量资产流向优势企业。

在国家的产业政策的指导下，结合运用以上这些手段，可望在未来的若干年中逐步实现国有经济的战略性改组。正如已出现的良好事例告诉我们的，通过这种改组将形成一种既能在战略部门中发挥国有经济的优势，又能使多种经济成分在国民经济的广阔天地中各显其能的生龙活虎的局面。

在肯定这种做法的前提下，需要研究和解决的问题是，克服现行体制中存在的诸多严重阻碍资本市场正常运作的因素。其中，最为突出的问题是产权关系不明确，地方、部门利益的分割和保护，资本市场不健全，融资渠道不畅通等。这些问题不解决，企业的融资和并购活动会遇到很大的障碍，甚至会走歪方向。因此，在依托市场力量实现国有资产优化重组的过程中，政府的主要工作就是通过配套改革，消除这样那样的体制和政策障碍。这主要包括以下两个方面：

第一，通过资本市场进行国有经济的重组，要依托独立企业的自主活动来进行；因此，作为改组的初始条件，是在企业中根据十四届三中全会"产权清晰、权责明确、政企分开、管理科学"的要求，建立现代企业制度，使企业产权能够进入市场进行流通。为了做到这一点，首先需要转变政府职能，实现政企分离，即实现政府的经济管理职能与国有资产所有者职能的分离。为此，必须以专门的代表国家行使国家所有权的机构代替政资不分的行政机构。从这几年的实践看，国有资产流动和重组的最大困难来自条块的分割，而条块分割的主要原因是政企不分。各级行政主管部门不可能真正执行所有者的职能，却握有企业的实际控制权。因此，要使国有资产真正流动起来，必须首先对国有资产的管理体制进行改革。现在，一些行业的主管机关为保持自己的权力，纷纷要求具有国有控股公司的权能。这种建立全行业垄断公司并且多少具有行会职能的做法，不符合市场经济的改革目标，它的建立将会固化条块分割的格局，不利于国有资产的流动和优化重组，显然不宜加以提倡。此外，现行财税、金融体制中不利于资金跨行业、跨地区流动的规定，如企业所得税按隶属关系上缴的规定、贷款额度按地区切块的做法等，也应及早加以改变。

第二，必须加快金融体制改革，积极稳妥地发展资本市场。这主要包括以下几方面的工作：（1）加快银行体制改革，包括多组建一些股份制银行，对国有专业银行进行商业化改造和公司制改造，逐步对外资银行开放人民币业务，以及在加快上述改革的基础上，参照国际经验，逐步放宽对银行直接投资和参与企业管理的限制。(2) 发展机构投资组织。目前居民投资的积极性很高,但发达的市场经济的经验证明,大量的散户直接投资和分散持股既不利于证券市场的稳定和发展,也不利于对上市公司经理人员的监管和公司治理结构的改善。可供选择的途径,一是对现有的信托投资公司进行改造,使其业务集中于中介性投资业务;二是组建多种形式的机构投资者,包括商业性的养老金基金、共同基金、捐赠基金会;三是相机引进外资机构。(3) 发展投资银行,开展为企业并购和融资活动提供规范的咨询策划服务业务。途径同前:一是改造,二是新建,三是引进。(4) 规范证券市场,尽快将现行的上市规模控制和额度审批制改为资格审查制;尽快实现 A、B 股并轨和国有股、法人股上市流通;完善证券市场管理规则,规范信息披露,对资本市场,包括证券市场和企业产权市场的监管必须切实加强;严厉打击公款炒股、内幕交易、操纵市场等违法违规活动;等等。

第三,清理企业的不良债务和隐性负债。目前国有企业债台高筑,这不仅是制约国有企业进入市场的重大障碍,也是影响国有资产流动和重组的最主要因素,必须妥善地加以处理。对于国有企业欠银行的不良债务,可以由国有资产管理局与财政、银行(包括专业银行和中央银行)一起,研究制定并实施企业债务(主要是指在严格界定基础上属于国家应该承担的债务)转换和重组。对于社会保障制度转轨过程中老职工的空账户问题,可以先由财政认下来,用国家债券支付,由此形成的国家债务,则可用出售一部分国有企业股权的收入弥补。

四 统一思想,切实贯彻以公有制为主体、多种经济成分共同发展的方针

经过国有经济的战略性改组,我国的所有制结构将呈现出以公有制为主体、多种所有制经济成分平等竞争,共同发展的基本格

局：除关系国家安全和国民经济长远发展而又不宜由非国有企业控制或民间无力兴办的战略性产业外，在一般竞争性领域，国有企业将不再充当主力经营者的角色，而是以市场竞争中一员的平等身份参与竞争，根据营利性的考虑进入和退出；即使在前一领域中，绝大部分国有独资、国家控股和国家参股企业，和其他所有制经济成分的企业一样，在民法和其他法律规定的范围内，以商品生产者的身份进行经济活动。

实现这种战略性改组，是经济关系的重大变化，它必然引起各种疑虑甚至反对。从今年上半年理论界的事态发展看，目前对于国有经济改组存在的最大政治思想障碍，来自斯大林和苏联《政治经济学教科书》关于社会主义=国有制的支配地位+计划经济的观念的影响。持有这种观点的人们把国有经济看作社会主义国家的主要经济基础，认为国有经济比重的降低意味着社会主义因素的削弱和资本主义因素的增强，因而主张保持甚至提高国有经济在国民经济中所占的比重。其实，邓小平早就批评过苏联传统理论对社会主义基本经济特征所作的解释。他尖锐地指出，他们对于什么是社会主义"没有完全搞清楚"；他们的解释"体现不出社会主义的本质"；"我们过去照搬苏联搞社会主义的模式，带来很多问题。我们很早就发现了，但没有解决好。我们现在要解决好这个问题，我们要建设的是具有中国自己特色的社会主义"。他说，走社会主义道路首先要了解什么叫社会主义，"社会主义最大的优越性就是共同富裕，这是体现社会主义本质的东西"。为了推动国有经济的改组，我们必须根据邓小平关于社会主义本质的学说和我国改革开放已经积累起来的丰富经验，彻底摆脱苏联模式和苏联《政治经济学教科书》的束缚，明确国有经济在社会主义经济中应有的地位和作用。我们要使广大干部和群众认识到，一个国家是否具有社会主义性质，并不是由国有经济所占份额的多寡决定的。在不存在掌握着全部生产资料的少数剥削者和一无所有的劳苦大众之间的阶级分化的条件下，只要党和政府采取了正确的政策有效地防止财富分配的两极分化，无论国有经济成分是多是少，它的社会主义性质都是有充分保证的。

由前述观点还派生出一种看法，认为国有企业是共产党执政的基础，国有经济比重的降低将削弱我党执政的基础。事实上，苏联、东欧国家在共产党失去政权之时甚至之后，国有经济在国民经济中所占的比重都比中国要高。这说明，国有经济比重高并不能保证共产党的执政地位的巩固；相反，如果为了维持国有经济的支配地位而危害了国民经济的健康发展，才真正会使共产党执政地位的合法性受到挑战。

由此可见，国有经济的改组不仅势在必行，而且它的实现，由于能够促进国民经济的整体繁荣和保证政府更好地执行它的职能，将大大地增强我们社会主义国家的实力和巩固共产党的领导地位。

基于国有经济改组后我国所有制结构的这种基本格局，为了保证整个国民经济的健康发展，政府应当实行对各种经济成分一视同仁，帮助和扶植它们共同发展的政策。实际上，实现各种经济成分在市场竞争规则面前人人平等的要求，早已包含在我国建立社会主义市场经济的改革目标以及党中央提出的以公有制为主体、多种经济成分共同发展的基本方针之中。帮助和扶植多种公有制经济的发展自不待言，在党的十四届三中全会的决议中，还明确规定要"大力鼓励与扶持个体与私营经济的发展"。但是由于传统思想的影响，迄今为止，党中央提出的这些重大方针政策还没有真正落到实处。在面临所有制结构重大调整的时候，这种情况必须迅速改变；否则在国有经济进行战略性改组的同时，经济中就会出现某些缺位和真空，这对于我国国民经济的进一步发展是十分不利的。

针对这种情况，需要采取以下的政策措施：

第一，明确宣布和认真执行对各种所有制经济成分一视同仁的政策，消除对不同所有制经济成分的差别待遇和对非国有经济在法律地位和社会身份以及价格、税收、金融、市场准入等方面的歧视，着力营造平等竞争的环境，实现在市场规则面前人人平等，使各种所有制经济成分都能在国家统一的法律框架下各显其能。

第二，在上述经济格局下，除极少数特殊的部门有某些进入限制外，对所有的经济成分实行国民待遇。除特殊行业的国有企业作为特别法人需接受政府的特殊规制外，一般的国家控股公司和国家参股公司，作为企业，实行自主决策，它们的行为受民法的调节而不享有任何特权。

第三，在现代社会化生产的条件下，实现产权社会化即以公有制为主体无疑是应当坚持的方针。但是，公有制具有多种实现形式，而不能将它局限于国家所有制和苏式"集体所有制"，更不能把国家所有制看作"公有制的最高形式和社会主义追求的目标"。因此，国家要大力倡导对公有制的多种实现形式，如各种基金和基金会、合作制组织、社区组织等的探索和开拓。

第四，要适应现代社会生产力的多层次性和个人创造能力日益发挥重要作用的情况，支持和鼓励各种非公有经济成分，包括个体经济、合伙制经济和其他民营经济的发展。目前广泛存在着对民营经济的歧视性待遇，引起经济关系的扭曲，破坏市场机制的形成，而且导致小富即安、缺乏长远投资观念。弄得不好，还会助长抽逃资本、狂热投机、非理性的挥霍浪费以及其他腐朽行为的沉渣泛起，对此必须坚决废止。而且需要强调指出，给民营企业以平等待遇并不是一种生产力不发达条件下的权宜之计，而是社会主义市场经济的长期政策。在社会主义市场经济的条件下，各种经济成分的比重只取决于这种经济成分本身的竞争力和对社会主义国力增强所作的贡献。随着我国生产力水平的提高，这种多元化的所有制结构仍将长期保持，而不应重蹈追求"一大二公"的覆辙。

第五，改革开放初期，在外商对中国缺乏了解，同时国家对外商经营范围还有比较多的限制的情况下，给予外资企业以特殊优惠待遇是必要的，对于我国经济发展和改革开放曾经起过积极作用。然而，随着社会主义市场经济的建立和完善，继续实行对中外企业的差别待遇越来越变得弊大于利。在对内外全面开放的新的形势下，只对外资企业和特区实行优惠政策显然已经不合时宜。因此，要加快对内外普遍实行国民待遇的步伐，逐步建立公正竞争的开放经济体制。

第六，为了确保社会主义目标的实现，国家除了要在所有制结构调整过程中切实防止公共财产向少数人流失，避免出现财产初始占有的两极分化之外，还必须在人民生活水平普遍提高的基础上，充分运用自己掌握的多种政策工具，例如社会福利设施和累进税制度，来扶助鳏寡孤独老弱病残，抑制少数人个人财富的过度积累，防止财产和收入分配的两极分化，逐步实现共同富裕。

第七，为了规范市场中经济主体的行为，形成良好的市场环境，政府需要首先规范自身的行为。经过所有制结构的调整，政府在国民经济中将主要扮演裁判员而非运动员的角色。各级政府不能越俎代庖，处理应当由企业自行处理的人、财、物，产、供、销问题，而应当办好自己应当办的事情，特别是着重于竞技规则的设定和执行。在这个意义上可以说，我国的经济改革正在进入一个全面设定和严格执行市场规则的时期。建立良好的法律框架和实现依法治国治市，将是新的历史阶段中经济改革和政治改革的主题曲。

总之，我们应当通过国有经济的战略性改组，完善以公有制为主体、多种经济成分共同发展的所有制结构，形成各种经济成分平等竞争的市场环境，营造一种人人奋发努力，各种社会经济力量共同缔造我国的长期繁荣的局面。只有这样，才能最大限度地发挥我国的资源潜力，实现国民经济的持续、稳定、快速发展和国家的长治久安。

（原载《管理世界》1997年第5期）

中国会成为寻租社会吗?[*]

(1999年4月)

呈现在读者面前的这本运用"寻租"理论探讨腐败现象根源的小书,在过去10年间印过两版。它的第一版出版于1989年,题目是"腐败:货币与权力的交换";第二版出版于1993年,题目改为"腐败:权力与金钱的交换"。这次是稍许增补后印行的第三版。

回顾这样一本科普性的小书的出版历史,对于它初版10年后重印的需要依然未变,不能不感慨系之。

10年前我国部分经济学者对于"寻租"问题的讨论,是由这样一种情况引起的:面对改革开放以来日益蔓延的"官商""官倒"等腐败现象,社会上出现了两种对立的观点:一些人认为,腐败是由金钱贪欲驱动的,市场取向的改革促使了腐败的流行,为了弘扬社会主义价值观,应当改变改革的市场方向,加强计划管理和行政控制。另一种观点与之针锋相对,认为运用一切手段追求金钱利益,乃是市场经济的天经地义,既然认定只有市场经济才能保证经济繁荣,就不但不应当遏制腐败,还要把它作为能够降低交易成本的"润滑剂",促进改革和发展。一些学过现代经济学的经济学人注意到,这两种对立的观点其实有一个共同的错误理论出发点,就是断定腐败与市场经济共生。于是,他们运用发展经济学和

---

[*] 这是本书作者1999年4月为《腐败:权力与金钱的交换》增订第3版《腐败寻根:中国会成为寻租社会吗?》所写的序言,该书由中国经济出版社于1999年出版。

政治经济学关于"寻租"的理论（这种理论认为，行政权力垄断和所有权垄断与经营权垄断一样，能够由于降低了供给弹性而创造出稳定的超额利润，即租金），指出腐败并不是来自货币交换和市场关系，而是来自"权力搅买卖"，即行政权力对经济生活的干预。这种干预会创造出"租金"或称"非直接生产性利润"（Directly Unproductive Profits，DUP）。在存在租金的环境下，企图"寻租"的人们就会采用贿赂、疏通等手段，勾结掌权者，借用后者的行政权力占有这笔租金。这种"寻租"环境的存在，就是转轨时期除产权不明晰、市场失序等之外产生腐败的最主要的温床。由这种分析得到的结论是：对于腐败既不能听之任之，也不能希图用加强"审批"等行政控制的办法来加以消除（加强行政控制往往造成新的"寻租"环境，增加寻租的机会，为腐败活动的扩大提供条件），用推进市场化改革的办法来最大限度地消除制度基础，才是根除腐败的治本之策。

这样，《经济社会体制比较》在1988年组织了关于寻租行为与腐败现象问题的讨论，分析腐败产生的机理、本质，估量中国寻租活动的范围和租金总量（这一总量的大小通常能够反映一个社会的腐败程度），并探求消除"寻租"环境的途径。《腐败：货币与权力的交换》就是这次讨论的文章汇集。

令人遗憾的是，这种分析并没有能够成为社会的共识，更没有得到那些应以除贪反腐为天职的党政官员们的重视。几年以后，虽然有过许多肃贪反腐的庄严号召和若干惩治贪官污吏的个别案例，但是由于广泛存在的腐败的制度根基未曾动摇，各种腐败行为反而借1992年新的改革发展高潮到来而以金融腐败、倒卖土地等"要素寻租"的形式愈演愈烈。这使本书的作者和编者感到有出版本书第二版的必要性。

本书的第二版得到一些有识之士的赏识。例如，我国著名的学者和思想家王元化先生在读过这本书以后说过："这几年关于市场经济的讨论，在大陆一些有影响的学人（他们大多是我熟识的友人）中间出现了一些想当然的说法，如说市场经济必然要带来不可避免的腐败……市场经济出台后，出现了不少批评道德败坏、理想沦丧的议论，因而怀疑发表这些议论的人是不是都想退回到计划经济的老路上去……我听到这些说法，当时很不以为然，曾提出了不同的看法，但是我只是从我们的市场经济的不健全，经济法规的不完整，以及由于钱权结合所出现的诸如批条子、卖配额等，来说明问题。到最近，看过《腐败：权力与金钱的交换》以后，我才发现一些在文化领域纠缠不清的问题，经济学家已经作出可以令人信服的说明。"① 据此，王元化先生把这本书推荐给文化界的朋友们。

在本书第二版之后，时光又过去了5年，腐败问题变得越发尖锐了。一方面，社会大众对于腐败的愤怒之情日益高涨。一些经济学家和文化界人士的著作强烈地表达出这种义愤。另一方面，残民以逞的贪官污吏们的气焰并未收敛消歇，他们依然在大量存在"寻租"机会的体制下猖獗地活动，有时他们的"设租"敛财活动还以"全面加强管理"之类的冠冕堂皇的名义公然进行。

如今"寻租"的文献已经很多，在互联网的搜索引擎下，只要键入 rent-seeking 这个关键词，就会显示近千个网页的相关信息。但是在最需要加强反腐败的理论武装的中国，许多人却对它不甚了了。甚至有些饱含义愤抨击腐败之风的人士，也没有对它的制度基础例如"寻租"环境作出清楚的说明。这样，就造成了一些认识上的模糊。一本在读书人中享有很高盛誉的杂志曾经载文说："近来的经济政策理论论述里常见到'寻租活动'是《辞海》里找不到的词，而从这些文章的上下文也看不出'寻租'和'租金'之类有什么关系。后来找到解释，原来'寻租……与中国平常的'租'字含义无关。问题看来出在英文 rent 这个字的解释上……如

---

① 王元化：《关于人的素质等问题的答问——与王晓明对话》，《文汇读书周报》1995年7月1日。

果将 rent–seeking 译作'找窍门'或者'钻空子'之类的汉语就更确切。"①

在这种情况下，较之义愤填膺地声讨腐败现象和笼统地抨击"寻租行为"更为重要的，是广泛进行深入的"启蒙"工作，使身受腐败之害的知识界人士和广大民众擦亮眼睛，认清腐败活动的存在条件和活动方式，这样才能动员起各方面的力量来加以连根铲除。本书收集了一批经济学家运用"寻租"理论解释腐败产生的机理、中国的"寻租"活动状况，以及消除的途径的文章。虽然这些文字大多是10年以前写的，但今天读来，依然感到切中时弊。

[原载《腐败寻根：中国会成为寻租社会吗》，
中国经济出版社1999年版]

---

① 《"寻租"与菜单》，《读书》1998年第12期。

制度重于技术[*]

——论发展我国高技术产业

（1999年5月）

发展高技术产业，是长时间以来中国政府反复强调的一项基本方针。早在20世纪50年代中期，中共中央就提出了"赶上和超过世界科学技术的先进水平"的口号，并且制定了《十二年科学规划》，组织力量"向科学进军"。在新技术革命呼之欲出的60年代初期，中国领导又作出《关于工业发展的决定》，要求加快发展电子工业等"新兴工业"。粉碎"四人帮"以后，重提实现工业、农业、科学技术和国防"四个现代化"的口号，把科学技术的现代化看作"四个现代化"的中心环节。可以说，数十年来中国人民为发展现代科学技术作出了巨大牺牲和不懈努力。但是，迄今为止科学技术现代化的进展是不尽如人意的。我国科学技术水平和先进国家的差距不是在缩小，而是在扩大。

在执行"科教兴国"方针的今天，需要总结以往的经验教训，规划今后的道路，以免再走弯路。

把数十年来我国发展高技术产业正反两方面的经验集中到一点，就是必须以适合高技术产业特点的方法去发展高技术产业。高技术产业的最主要的特点在于：在诸种生产要素中，人力资本对高

---

[*] 这是本书作者1999年5月20日在"北京高技术产业国际周资本市场论坛"上的讲话。原题为"充分发挥人力资本的潜力，发展我国的高技术产业"，《中国经济时报》1999年6月18日。

技术产业的发展起决定性的作用。因此要使高技术产业更好更快地发展，必须全力以赴为人力资本创造性的充分发挥建立必要的组织制度和其他社会文化条件。

这篇讲话准备从以下四个方面分析常见的认识误区，以便以人力资本为重点，更有效地发挥各种生产要素的作用，从而更好更快地发展我国的高技术产业。

一 推动技术发展的主要力量是技术自身的演进还是有利于创新的制度安排

回顾中国过去历次发展高技术产业的运动，人们不难发现，它们所采用的方法大同小异，就是以政府为主导，规划科学和技术发展的重点，动员物质资源和指挥科研力量进行"攻关"，并组织从新技术到产品的转化。在过去数十年间，制定了许多发展高技术、新兴产业等的规划，发动过多次科学和技术"攻关"的运动。政府的注意力集中于确定"攻关"的重点和为进行"攻关"分钱、分物、分人上。流行的观点是：把科学发明和技术本身的演进，看作推动高技术产业发展的主要力量，以为只要投入足够多的资金和人力，去开发和引进预定需要开发的各项高新技术，就能保证高技术产业的快速发展。而对于习惯于计划经济思维方式的人们来说，发挥计划经济用行政命令动员资源和按国家意志分配资源方面的优势，由政府直接组织科学技术研究和新技术的商品化转化，就是再顺理成章不过的了。

把科学发明和技术本身的演进看作推动高技术产业发展的主要力量的看法，来自一种想当然的肤浅推理：既然高技术产业是建立在高技术的基础之上的，当谈到推动高技术产业发展的动力问题时，人们自然会首先想到技术自身的发展。然而，这种想当然的推理由于得到一种虚假的"唯物主义历史观"的支持而在政策决定上具有强大的影响力。中国人熟知生产力决定生产关系、经济基础决定上层建筑的历史唯物主义原理。一种常见的误解以为，只有技术进步和生产力发展才是本原性的东西，技术进步和生产力发展决定了生产关系和上层建筑的发展变化。所以，从历史上看，技术自身的演进导致了产业革命，而产业革命导致了市场经济制度的确立。从当前发展高技术产业的要求说，最重要的当然莫过于用政府的力量去组织和指挥高新技术开发了。

其实，现代关于技术和制度变迁历史的研究、关于技术进步与制度安排之间关系的理论，早就否定了上述对生产力与生产关系、经济基础与上层建筑之间关系的机械理解。例如诺贝尔奖得主诺斯曾经指出，18世纪以后西欧之所以首先出现经济迅速发展、人均收入迅速增长的局面，是由于这些国家具有更有效率的经济组织和保障个人财产安全的法律体系，而这种比较完善的经济组织又是中世纪以来将近1000年间长期演变的结果。其中，英国表现尤其优异，其原因是这里的居民具有比欧洲其他地方更能抗拒当地政治、宗教或城市行会势力的压迫、垄断和横征暴敛的能力，因而身家财产比较有保障，也能比较自由地经营企业。[①]

以研究技术发展史闻名的美国经济学家罗森堡用确切的历史事实表明：就技术本身而论，直到15世纪，中国和阿拉伯国家显然高于西欧，但西方国家很快后来居上，大大超过东方国家，原因是西欧在中世纪中后期建立了一套有利于不断创新的社会机制。19世纪初产业革命的发生，有一个增长体制作为基础。这种增长体制是在中世纪中后期的商业革命中逐渐形成起来的，例如复式簿记是13世纪发明的，公司制度是在17世纪初出现的，等等。没有这种制度上的变迁，产业革命是不可能发生的。因此，完全可以说，产业革命其实是商业革命的直接后果。[②]

---

① D. 诺斯、R. 托马斯：《西方世界的兴起》，厉以平、蔡磊译，华夏出版社1999年版。
② N. 罗森堡、L. 小伯泽尔：《西方致富之路——工业化国家的经济演变》，刘赛力等译，生活·读书·新知三联书店1989年版。

由此得出的结论是：如果我们热心于发展我国的高技术产业，就首先应当热心于落实各项改革措施，建立起有利于高技术以及相关产业发展的经济和社会制度。只有这样的制度安排，才是推进技术进步和高技术产业发展的最强大的动力。

二 保证高技术产业健康发展的关键是充分发挥人力资本的潜能

高技术产业和传统产业的最大区别，在于它是建立在知识的基础上，换句话说，在生产诸要素中，人力资本要素扮演着最为关键的角色。因此，检验一种制度安排是否适当的最终标准，在于它是否有利于发挥掌握人力资本的专业人员的积极性和创造力。

在这个问题上，常见的一个认识误区是，以为只要有高额的研发（R&D）投资和建设起足够多的大型企业，就足以推进高技术产业迅速发展。这是一种在集中计划经济下形成的错误观念。一说发展高技术产业，首先想到的就是铺摊子，建项目，扩研究机构和生产企业。事实上，这并没有抓住事物的根本，结果是投入多，效益低，浪费了大量宝贵的资源，却看不到多大的效果。

近年来西方一些对高技术产业发展的研究表明，决定一个国家、一个地区乃至一个企业高技术发展状况的最主要的因素，不是物质资本的数量和质量，而是与人力资本潜力发挥相关的经济组织结构和文化传统等社会因素。

美国学者萨克森尼安（AnnaLee Saxenian）的《地区优势：硅谷和128公路地区的文化与竞争》[1]对造成美国这两个主要高技术产业基地发展差异的社会经济文化因素作了深刻的比较分析。这本书在1994年一出版，就引起了各地区发展政策制定者和业内人士

---

[1] A. 萨克森尼安：《地区优势：硅谷和128公路地区的文化与竞争》，曹蓬等译，上海远东出版社1999年版。

的极大关注，原因是尽管128公路地区与硅谷开发相近的技术，在同一市场上活动，美国高技术产业发源于128公路地区，但在20世纪80年代以后，它走向衰落，而硅谷却蒸蒸日上，需要对这种现象作出解释。作者令人信服地证明，发生这种差异的根本原因在于，它们存在的制度环境和文化背景完全不同。这本书的作者写道：人们，包括硅谷人，往往都没有意识到硅谷那种合作与竞争的不寻常组合连同其他要素共同构成的制度环境给他们带来的成就。其实，硅谷的这种地区优势是使硅谷企业迅猛发展的重要因素。

（一）开端条件

128公路地区的新技术产业诞生在美国最老的工业基地新英格兰地区。作为128公路地区新技术产业主要依托的麻省理工学院（MIT），教授和毕业生们战争年代在华盛顿的显赫地位显然对128公路地区技术产业的兴起起了重要作用。硅谷地区的工业虽然也受到战时国家科研基金和军事订货的恩惠，但是它所在的加利福尼亚州毕竟远离首都，这就形成了作为硅谷中心的斯坦福大学有别于128公路地区由政府和成熟的大公司导向的传统，着重为小企业提供重要机会。

（二）企业模式

128公路地区的大公司具有分散封闭、自成体系的组织结构，使它们偏重于在企业内部孤立地进行技术改进，而对市场信息的重要性往往熟视无睹，并且在实验和学习中缺乏自由全面的讨论。硅谷的企业家们摒弃传统的企业模式，它们力图把企业建成不存在社会差别的共同体，使每一个成员都把共同的目标转化为自己的个人追求。大多数公司实行灵活的工作制度，让职员拥有一定数量的公司股票和股票期权。以上种种机制使人力资源从128公路地区流向了硅谷，尽管后者的房地产售价远高于前者，但却丝毫没有影响硅谷强大的吸引力。

（三）文化传统

128公路地区的新英格兰传统使这里等级森严、僵硬、保守，硅谷则不理睬繁文缛节，它造就一批勇于进取和敢于冒险的人。任何等级制度在这里都毫无意义；企业也采用灵活的工作制，人们倾向于不拘小节，这种随意使他们得以共享理念并迅速行动。硅谷的信息传递速度比美国其他任何地方都快得多。变化是它的最重要的文化特征之一。许多工程师的求职信条是：富有创造性的小公司胜过大公司。

由此得出的结论是：我们如果希望本地区的高技术产业蓬勃地发展起来，就不能只盯着物质资本或技术本身，而要把主要的注意力放到创建有利于发挥人力资本作用的经济体制、社会文化环境方面去。（1）支持一切有创业能力和愿望的人创立自己的事业；放手发展中小企业；把目前大量存在的产权边界模糊、政企职责不分、内部管理混乱、不注意增强自己的核心能力的经济单位改造成为真正的企业。（2）建立游戏规则，确立能够保证公平竞争和优胜劣汰的市场环境。（3）摒弃中国传统文化中某些不利于人才潜能发挥的评价标准和落后习俗，努力营造宽松、自由、兼收并蓄、鼓励个性发展和创造的文化氛围，从而焕发人们的聪明才智，为高技术产业的发展作出创造性的贡献。

三　怎样建立有利于创新的融资机制

我们强调人力资本在高技术产业的发展中居于关键地位，并不等于说其他生产要素的作用可以忽略不计。事实上，当一种高技术从研究阶段步入开发阶段以后，对物质资本的需要就与日俱增了。这时，如果没有适宜的融资机制，新技术创意就很难通过开发、示范、推广等阶段实现产业化。

按照计划经济下的传统做法，发展高技术产业基本上靠国家投资，即使高风险的投资项目，也由国有风险投资基金（或公司）进行。经验证明，这种做法多半是不成功的。1986年建立的国家科委直属的中国创业投资公司就是一个例子。在近年来的风险投资热中，一些人提出用"民投国营"的方式进行风险投资，即由政府机构运用居民在国家银行的储蓄存款来进行风险投资。目前许多人对设立风险投资的难点有误解，以为问题的症结是政府没有拿出足够的钱来。其实问题的关键并不在于有一笔投资，而在于依托什么样的制度搞投资。这里的主要问题不是钱，也不是人，而是现有的投融资机制存在根本性的缺陷。风险投资的特点是高风险（失败的比例很高）和高回报（少数成功项目能够取得很高的回报），如果风险投资的制度安排不能保证具体运作者的个人责任和收益，就很难获得成功。

各国在高新技术融资方面的成功经验是：

处于种子期，进行初始研究的高新技术企业，多半实行内源融资的办法，采取独资、合伙等法律形式将个人风险与收益紧密联系起来。

处于创业期和扩展期的高新技术企业资本需求增大，经营管理的难度提高，非常需要风险投资家的参与。风险投资采用的一种基本形式是有限合伙制（在旧中国又叫两合公司）。这种企业形式从公司制的角度看是有限公司和无限公司的混合，从合伙制的角度看是含有有限责任公司成分的合伙制，其经理人员是负无限责任的合伙人，其他投资者，如银行、大公司、投资基金等只是负有限责任的股东。

高新技术企业进入推广成熟阶段以后，就需要在证券市场上首发公募（IPO）和扩股融资。这时，风险投资通过上市等退出机制获利退出，再去孵化下一批高新技术企业。

在设计我国的高技术产业融资机制时，要充分考虑其他国家的经验。为了给风险投资留出退出的通道和给上市公司准备融资场所，应当在努力规范我国主板市场的同时，努力为开放二板市场准备条件。在内地二板市场尚未开放前，可以积极利用香港创业板市场。

四　在发展高技术产业上政府能够做些什么

在这方面经常出现的认识误区是，高估政府在开发高新技术和建立高技术产业上所起的作用，不懂得政府的主要职能在于为企业和专业人员创造良好的制度和其他社会环境，以为依靠政府动员资源的能力，按照政府制定的规划将大量人力、物力投入有关领域，就能保证科研工作迅速取得成果。由处于垄断地位的国有企业按照规划的重点将新技术运用于生产，就能保证高技术产业的高速发展。当出现了科研成果向生产转移的速度过慢、企业缺乏技术创新的积极性等老大难问题时，不从克服企业制度、激励机制存在的缺陷着眼去解决问题，而希图通过"提高创新意识""加强技术进步指标考核"去加快技术进步和技术改造的进程。即使对民间企业是否属于高技术产业的问题，也要由行政机关加以"认定"，它们的科研和经营活动被纳入国家计划之中，由政府严加管束。

以为政府有充分的信息和足够的激励对经济资源作最有效的配置，是一种在计划经济下形成的错误思想。这种思想与现代经济的发展不相吻合，已经是一个为社会主义各国的计划经济实践反复证明了的事实。由于高技术产业的创新特质，政府的过度干预对它的发展尤其有害。

从各国的历史经验看，在后进国家赶超先进国家、实现工业化的过程中，一些国家运用政府的力量加快资本的原始积累，促进市场体制的形成，同时保护自己的幼稚工业，保证潜在比较优势的发挥，的确显示了很大的能量。在第二次世界大战后的亚洲，这种市场经济＋强有力的政府干预的模式（韩国称为"政府主导型的市场经济"）被有些经济学家叫作"亚太模式"。国际经济界普遍认为，采取这种模式是战后亚太地区一系列国家和地区高速成长的关键因素，对中国也有很大的吸引力。日本政府通商产业省（MITI）在战后的机械工业振兴运动、电子工业振兴运动、大规模集成电路攻关等过程中起了重要的促进作用，被看成"亚太模式"的范例。通商产业省对产业发展这种强有力的领导和干预，曾经极大地促进了日本电子工业的发展，但是"成也萧何，败也萧何"，这也使日本产业界后来在数字技术的发展上吃了大败仗。我们不妨将这两个突出的事例加以对比：

1976—1979年，为了在超大规模集成电路（VLSI）方面赶超美国，日本政府出面协调5家最大的半导体制造商，组成超大规模集成电路技术研究组合，研制超大规模集成电路，政府预算也投入大量补助。由于集中投入资金和人力，1980年日本比美国早半年研制出64K存储器，比美国早两年研制成功256K存储器。这些新开发出来的半导体产品，由政府支持的大财团生产和销售。1981年日本生产的64K动态随机存储器（DRAM）已经占领了70%的世界市场，到1986年，日本半导体产品已经占世界市场份额的45.5%，高于美国的44.0%；DRAM的世界市场占有份额高达90%。日本成为世界最大的半导体生产国。

在取得半导体产业霸主地位以后，日本继续沿用政府"行政指导"的一套做法，按照通产省和日本广播协会（NHK）规定的技术路线在模拟式基础上开发高清晰度电视（HDTV）。继1986年开发出新型HDTV系统以后，日本在1991年正式开始了HDTV节目的播放。在这段时间里，美国人仍以千军万马各显神通、谁家取得了成功就以它的技术标准作为行业标准的方式进行视听技术的研究。1988年，美国有不同公司开发的、互不兼容的24个HDTV制式方案。1991年日本人正在欢庆播送模拟式HDTV的胜利的时候，一家美国公司向美国联邦通信委员会提交了开发数字式HDTV的计划。接着，另一家美国公司又在1993年开发出数据压缩和解压缩技术，使得在单个频道中传输多达10套电视节目。这样一来，美国一举超越了日本的领先地位，使日本在模拟式HDTV方面整整20年的投资毁于一旦。1996年美国联邦通信委员会最终批准了数字式HDTV标准，并且制定了到2006年全部电视实现数字化的时间表。数字技术的重大意义不止于视听领域，实际上，随着数字化的发展，电视即将与计算机网络和通信网络结合在一起，形成集成化的宽带网络体系。由此形成了美国对包罗万象的多媒体产业不容挑战的霸主地位，而且把人类带进了数码时代。

那么，为什么通产省在前后两个时期中对产业发展进行的"行政指导"形成了如此不同的结果呢？据我看，原因是在过去的"赶超"时期，先进国家走过的道路是清楚的，政府拥有相对充分的信息。在这样的条件下，政府发挥了民间力量所不及的调动资源的能力，故而成功的把握大。然而当面对创新的课题、需要探索未知的时候，政府并不具有信息优势，它的反应能力、运作效率则肯定不如民间机构，而且政府直接组织、管理高技术开发和生产，又必然压制个人创造力的发挥，这就导致了20世纪90年代日本与美国争夺信息产业霸权的竞争的失败。

在这方面，我们应当从日本政府作用的正反两方面经验中引出有益的教训：

1. 政府的性质和结构决定了它在直接的生产和商业活动中不具有民间企业所具有的市场适应性和竞争力，因此，它应当尽量从市场活动中退出，更不应直接经营企业和干预企业的人财物、产供销决策。

2. 真正适合政府起作用的是市场失灵的领域，政府应当在弥补市场失灵的领域，如建立市场秩序，提供公共物品，组织重大共用技术的开发等方面发挥自己的作用。

3. 政府必须依据上述原则明确自己职能的定位，在自己的职能范围内扬长避短，做好分内工作，推动我国高技术产业的发展。

（原载《中国经济时报》1999年6月18日）

股市七题[*]

（2001年3月）

2000年10月《财经》杂志发表《基金黑幕》一文后，公众表达了极大的关切和义愤，但揭开还是捂住黑幕的交锋还处于对峙之中，人们便期待着经济学家的声音。在这种情况下，我在10月29日接受了中央电视台《经济半小时》的采访，就围绕《基金黑幕》发生的争执发表了自己的看法。[①]12月30日，作为中央电视台《对话》节目的嘉宾，在回答主持人和观众的提问时，我又重复了历年对于股市的一些看法。[②]这个节目于2001年1月13日播出。与此同时，1月12日我赴上海参加一个会议，在旅馆里接受了追踪而至的中央电视台《经济半小时》记者的采访，就记者提出的有关庄家操纵股市的问题作了回答。这一次访问的录像在1月14日播出。[③]

也就在这个时候，证券监察机构于2000年年初开始的加强监管力度的举措逐步加紧。它先对基金派出了审查小组，又在2001年1月9日和10日宣布查处涉嫌操纵亿安科技和中科创业股价的案件。到了1月14—15日的中央金融工作会议开幕前，政府领导人关于必须对触犯刑律者绳之以法的讲话的消息也在首都传开。于

---

[*] 这是本书作者为自著《十年纷纭话股市》（上海远东出版社2001年版）写的前言。

[①] 吴敬琏：《谈"基金黑幕"》，载《十年纷纭话股市》，上海远东出版社2001年版，第186—191页。

[②] 吴敬琏：《感受吴敬琏》，载《十年纷纭话股市》，上海远东出版社2001年版，第202—222页。

[③] 吴敬琏：《评说"庄家"》，载《十年纷纭话股市》，上海远东出版社2001年版，第223—225页。

是，"庄家"们望风而逃，而股价则从 1 月 15 日起大幅连跌 4 天。① 这时，"吴敬琏一言毁市"的流言也在股市上传开。② 一时间，引来了无数评论和诘难。接着，颇有影响的《证券市场周刊》把我的观点概括为三条：（1）"中国的股市是个大赌场"；（2）"全民炒股不是正常的现象"；（3）"市盈率过高"③，并针对这三个问题刊出了《九问吴敬琏》的提纲④。2 月 11 日争论进一步升级，厉以宁、董辅礽、萧灼基、吴晓求、韩志国五位先生举行与记者的"恳谈会"。据会议的组织者说，"现在股市已经到了很危急的关头"⑤，"如果这场论战的赢家最后是吴敬琏，那将是中国资本市场的一场灾难"，所以他们必须约见记者，"全面反击吴敬琏关于资本市场的种种言论"⑥。此后，各种媒体纷至沓来，要求采访、写稿、会谈等。由于我的日程上安排有大量教学以及有关国有企业改革、民营企业发展和高新技术产业成长的调查研究工作，分身乏术，无法一一作答，深感歉疚。考虑到对于有关股市的许多问题和诘难，非三言两语能说得清楚，而其中大部分我已谈过多年，所以接受友人的建议，将近 10 年关于股市的言论汇编成册，借以对读者和我的批评者作一个交代。

趁这些文章汇集出版的机会，我就近来提出的一些重点诘难作

---

① 对于这次股价下挫的原因，吴晓求先生倒是说得比较客观的："这次下跌的直接导火索是中科创业及亿安科技事件，它导致了众多股民的恐惧心理；其次是获利回吐，2000 年中国股市整体涨幅达到 50%，居世界之首，适当的下跌也应视为正常；同时证监会近期一系列规范措施的出台，亦被不少人视为利空。"参见《吴晓求访谈："赌场论"是情绪化的说法》，《21 世纪经济报道》2001 年 2 月 12 日。

② 对于"吴敬琏一言毁市"的说法，有些人说是不明底细的中小投资者的一种自发反应，也有人说是"想象力丰富的人的联想"加"某些人不留痕迹的导引"的结果。参见林海《是吴敬琏跟股民过不去，还是庄家跟吴敬琏过不去？》，载《中国青年报》2001 年 2 月 23 日。

③ 《股市的花样年华还有多远？》，载《证券市场周刊》2001 年 1 月 20 日。

④ 《九问吴敬琏》，载《证券市场周刊》2001 年 2 月 8 日。

⑤ 载《北京青年报》2001 年 2 月 14 日。

⑥ 《韩志国访谈：如果吴老赢得论战　将是股市一场灾难》，载《21 世纪经济报道》2001 年 2 月 12 日。

一概括的说明。

一　关于"全民炒股"

诘难：

《证券市场周刊》："在发达国家，尤其是美国，家庭资产证券化达到了57%，而且近年来散户化的趋势很明显，与美国相比，中国人炒股只能是刚刚上路。"①

韩志国："截至2000年12月31日，我国沪深两市的投资者（包括机构投资者和个人投资者）……即使以5801万户计算，也仅占我国总人口的4.6%，与美国投资者人数占总人口的25%左右相比还相去甚远。第二，'全民炒股'是形成社会化投资体系的一个有机组成部分。在我国目前的投资体系中，社会投资仍然偏低，因此，投资者人数不是多了，而是远远不够。第三，'全民炒股'是培养人民群众金融意识的一个有效途径。人民群众的金融意识——投资意识、投机意识、利率意识、风险意识和信用意识的培育是改革深化与进步的一个突出表现。第四，'全民炒股'是引导社会资源流向并且优化资源配置的重要条件。第五，'全民炒股'是中国迎接经济全球化的必要实践。'全民炒股'也是改革深化与社会进步的突出表现。"②"可以试想一下，没有全民参与，国企解困的钱从哪里来？"③

董辅礽： "关于全民炒股，不知大家怎么看？我认为是好事。中国证券市场要发展，谁来投资？在机构投资者不多的情况下，就需要许多老百姓参与股市投资。我觉得现在还全民得不够，不算重复开户的才5800多万，而且真正的投资者还仅局限于大城市，中

---

① 《股市的花样年华还有多远？》，载《证券市场周刊》2001年1月20日。
② 《"全民炒股"正常不正常？》，载《中国青年报》2001年2月4日。
③ 《韩志国访谈：如果吴老赢得论战　将是股市一场灾难》，载《21世纪经济报道》2001年2月12日。

小城市很少，农民就更不炒股了。将来如果中小城市的人都有钱了，而且炒股容易了，更多地参与到证券市场，我们的证券市场肯定会有大的发展。"①

萧灼基："如果肯定资本市场的作用，除法律和政策规定的不能参加股市活动的人之外，我们就要为越来越多的人'炒股'叫好。"②

吴晓求："全民炒股是正常行为，但我从不用'炒'这个字，应当称作买卖。"③"全民炒股容易引起决策层的反感，因为，如果证券市场不创造财富，全民都在里面干什么呀。决策层显然要出台措施限制它。这是具有煽动性、干扰性的用词。"④

"全民炒股"的问题是这样提出的：2000年12月30日，在中央电视台《对话》节目录制现场，一位观众问："咱们国家现在全民炒股这种情况对国民生活将会带来什么影响？"我当时并没有掂量他所用的"全民"一词在数量上是否准确，因为"全民经商""全民打麻将""全民炒股"一类说法早已成为街谈巷议甚至报刊书籍中的常用语，无非是用以形容参加人数之多。我只是针对在中国把买卖股票一概称为"炒股"这种现象说出了自己的感想。我的回答是："资本市场要扩大，应该吸引越来越多的人进行直接投资，应该说是好的现象。但是全民'炒股'讲的就不是投资了，我看是不正常的。"

我们都知道，入市者有"做长线"和"做短线"之分。所谓

---

① 《五位经济学家质疑吴敬琏股市"托"声骤起》，载《财经时报》2001年2月13日。

② 萧灼基：《对我国资本市场若干重要问题的看法》，载《中国证券报》2001年2月12日。

③ 《吴晓求访谈："赌场论"是情绪化的说法》，载《21世纪经济报道》2001年2月12日。

④ 《五位经济学家质疑吴敬琏股市"托"声骤起》，载《财经时报》2001年2月13日。

"炒股",是指在短时期(一般是指6个月以内)反复买卖股票,以便赚取差价。由此派生出另外一个词,叫作"炒作",就是通过频繁地买卖,达到拉升股价的目的。① 对于把一切投资于股票的活动都归于"炒股",我历来是有不同意见的。例如,我在2000年3月全国政协会议期间与记者谈话时就讲过,"买卖股票是一种投资行为,不应笼统称作'炒股'。中国凡是买股票都叫作炒股票,外国没有这种说法。什么叫'炒'股票?'炒'是'抢帽子'——抢价格的帽子。这意味着整个股票市场基本上成了一个投机场所,是搞炒作的"②。当然,一件事情怎么叫并不是最重要的。我之所以不赞成把一切股票买卖都化为"炒作",是因为如果没有投资活动与之并行,单纯地炒作并不能使物质财富增加,如果大家都只是搞炒买炒卖,即使把股票价格"炒"上去了,入市者赢得的也只是纸上钱财;当热炒出来的"气泡"破灭时,多数人又会落得一场空,只有少数能够在崩盘前逃脱的炒家,才能靠套住别人发一笔横财。当然,炒家可以炒作变化无穷的"概念",诸如炒作"利好政策",炒作"高科技板块",炒作"网络股",炒作"重组题材"等,促成股价飙升,用以吸引大众跟风入市,实现"圈钱"的目标。但是,这于投资者的兴业发家和民族的富强康乐并无帮助。③

用美国投资于股票的人数众多来证明中国炒股的人数并不多,

---

① 董辅礽先生原先也是在这个意义上使用"炒股"一词的。他在为韩志国先生的《中国资本市场的制度缺陷》一书所作的序言中写道:"在我国证券市场中进行着激烈的短期投机,也即通常说的炒买炒卖。"(见董辅礽《像对待新生婴儿那样爱护证券市场——序〈中国资本市场的制度缺陷〉》,载《中国证券报》,2001年2月12日)此前,他还在《培育证券市场》一文中指出:"由于证券市场投资者主要是个人投资者,他们参与股票买卖的目的是……想迅速赚点钱,他们不想也无力作长期投资,这就决定了中国证券市场具有很强的投机性,而投资性则很弱";"股市的稍微大一点儿的波动部会引起他们过分的反应,或者急于购入或者急于抛售,从而引起市场较大的震荡。"载《人民日报》(海外版)1999年7月3日。

② 吴敬琏:《质疑"炒"股票》,载《十年纷纭话股市》,上海远东出版社2001年版,第168页。

③ 吴敬琏:《互联网:要发展还是要泡沫》,载《十年纷纭话股市》,上海远东出版社2001年版,第172—176页。

有一个把买股票与炒股票混为一谈的偷换概念问题。谁都知道，美国股票持有者在总人口中的比重比中国大得多。可是，十分清楚的是，在美国，股票持有者大多数是所谓"做长线"的长期投资者（沃伦·巴菲特就是这种投资理念的代表），而只有少数是"做短线"的"炒股者"。一个股市上"炒股者"所占比例的多少可以从股票的换手率（turnover rate）折射出来。20世纪90年代美国纽约交易所的年平均换手率在50%—20%，即股票2—5年转手一次。① 这就是说，绝大部分人是持有两年以上的投资者。即使到了格林斯潘所谓出现了"非理性狂躁"的1999年，也只有78%，即1.28年换手一次，也还是做一年以上"长线"的人占多数。② 而2000年我国沪深股市流通股的年平均换手率分别是499.10%和503.85%，即上市流通的每一张股票平均每年要转手5次以上，停留在每位购股人手中的平均时间不超过两个半月。

如果说有些先生用购股人数的多少来对我进行批评带有偷换概念的性质，另一些先生对"全民炒股"的维护，倒是具有实质含义的。早在1993—1994年关于股市是否"低迷"和政府应不应当托市的争论中，作为"正方"主要代表的萧灼基先生就曾明白无误地以"短期炒作"和"投机炒作"的保护者自居，坚定地反对管理当局"引导短期炒作转化为长期投资"的努力。③ 由此来理解萧先生为什么"为越来越多的人'炒股'叫好"，就更为清楚了。

二 关于"投机""零和博弈"和"赌场"

诘难：

董辅礽："在正常运行的证券市场中，投资与投机都是必不可

---

① 陆向谦、李夏：《不要用行政手段干预股票市场》，载《改革》1994年第4期。
② R. J. Shiller：*Irrational Exuberance*（《非理性的狂躁》），Princeton University Press.
③ 《中国股市：困境与出路——著名经济学家萧灼基教授访谈录》，载《首都经济》1994年第3期。

少的。没有对证券的投资固然不会有证券市场，而没有投机也不会有证券市场，因为没有频繁的投机，就不会形成股票的合理价格，也不会有证券市场上价格引导资金的频繁流动，从而实现资源配置的优化。"①"不能看到投机就反对证券市场，如果这样反对，中国的证券市场怎么发展？功能怎么发挥？""把股票市场比喻成投机者的天堂，天堂有什么不好呢？如果很多人投机赚了钱是好事情。当然，投机不是没有问题，在中国投机更盛，原因要历史地看待。""证券市场与赌场不同，不是零和博弈。赌场如果不考虑抽头，你赢的钱就是我输的钱，你输的钱就是我赢的钱。另外，从长远发展来看，证券市场的股票指数是往上走的，只要做长线投资，多数人是可以赚钱的。"②

韩志国："没有投机就没有市场，没有泡沫就没有市场，没有庄家也没有市场。我是国内第一个为投机叫好的人。萧灼基教授站出来支持我，他有句话，'投资是失败的投机，投机是成功的投资'，非常精彩。巴菲特是公认的投资专家，但他错过了 NASDAQ 市场中 500% 利润的机会。当大的机会来临时，你没有抓住，能说你是成功的投资家吗？""持零和游戏的观点，要么是不懂股市，要么就是别有用心。"③

萧灼基："股市不是赌场，不是零和游戏，是创造财富的重要途径。如果一般老百姓那样说说还可理解，但严肃的经济学家那样说不够严肃，有损形象，令人遗憾。如果把股市当成赌市，难道赌市能创造财富吗？能给股民带来回报吗？如果股市就是赌市，那 5800 万股民就是赌徒，政府就是赌场老板，1200 多家上市公司发

---

① 董辅礽：《像对待新生婴儿那样爱护证券市场——序〈中国资本市场的制度缺陷〉》，载《中国证券报》2001 年 2 月 12 日。
② 《五位经济学家质疑吴敬琏股市"托"声骤起》，载《财经时报》2001 年 2 月 13 日。
③ 《韩志国访谈：如果吴老赢得论战　将是股市一场灾难》，载《21 世纪经济报道》2001 年 2 月 12 日。

行的股票就是筹码,这怎么也说不过去。"①

2001年1月14日中央电视台的《经济半小时》围绕证监会查处庄家操纵股价案播出了一期名为"评说'庄家'"的专题节目。我在采访中讲道:"中国的股市从一开始就很不规范,如果这样发展下去,它就不可能成为投资者的一个良好的投资场所……股价畸形的高,所以,相当一部分股票没有了投资价值。从深层次看,股市上盛行的违规、违法活动,使投资者得不到回报,变成了一个投机的天堂。有的外国人说,中国的股市很像一个赌场,而且很不规范。赌场里面也有规矩,比如你不能看别人的牌。而我们这里呢,有些人可以看别人的牌,可以作弊,可以搞诈骗。坐庄、炒作、操纵股价这种活动可以说是登峰造极。""股市有这个特点,如果光靠炒作,不是靠回报的话,它是一种零和博弈,就是说钞票在不同人的口袋里搬家,并没有创造出新的财富。"

上述言论表明,我并没有把股市一般地定位为"赌场"和把整个股市活动说成是"零和博弈"的意思,更绝对推演不出我要关掉股市的意图。我抨击的重点在于中国股市上违规违法盛行,就像一个有人可以看到别人的牌的赌场,这一点在我过去的文字中有更加系统的说明。

关于投机,我的观点和前面所引董辅礽教授关于投机在市场经济中的积极作用的观点惊人地相似。早在1993年7月的《谈谈"投机"》一文中,我就指出过:"投机活动在市场经济中有它不可或缺的功能,就是有助于实现市场均衡,从而达到资源的优化配置,因此,对于投机活动绝不能一概加以否定。投机活动的积极功能在两种市场即证券市场和期货市场上表现得十分明显。"② 在这

---

① 《五位经济学家质疑吴敬琏股市"托"声骤起》,载《财经时报》2001年2月13日。

② 吴敬琏:《谈谈"投机"》,见《十年纷纭话股市》,上海远东出版社2001年版,第3—4页。

种情况下，股市活动当然就是正和博弈，而不是零和博弈了。不过和董教授有些不同，我是把股市中的投机活动（"做短线"）和投资活动（"做长线"）区别开来的，所以我针对我国股市上弥漫着投机气氛、某些人利用这种情况而大发横财还作过这样的分析："问题在于，投机活动……的有利的结果只有在一定的条件下才会发生，离开了这些条件，它就有可能成为弊大于利甚至绝对有害的东西。也就是说，只有当投机活动与投资等活动结合在一起，实现良性互动时，它对经济的作用才是积极的。单纯投机则不能起到这样的作用。它的实质只不过和赌博一样，是钞票搬家、货币财富在不同主体之间再分配的一种'零和博弈'。从总体上说，它并不能使社会福利增加，也就是说，赢家所得只会小于（因为有各种损耗）而绝不会大于输家所失。所以，想要依靠投机使一个国家或全体参与者富起来，那纯粹是一种幻想。"[1]

看来我对股市功能定位的设想的确与一些证券专家有原则的分歧。例如厉以宁教授曾经有一个"击鼓传'花'"的传神比喻，为他心目中的股市定性。他说："股市是可能全赢可能全输，就像击鼓传花游戏，鼓声停了'花'在谁手里谁就被套了，但是下一轮鼓声再起的时候你还有机会把'花'传出去。"[2]

近来的一些建立在数据基础上的研究成果显示了中国股市这种投机性强的特质：（1）纽约证券交易所系统风险（不可分散化风险）占1/4左右，而非系统风险（可分散化风险）占3/4左右；上海交易所的投资风险结构与此"倒置"，系统风险占2/3，非系统风险占1/3左右。这表明，中国的证券市场较之美国证券市场而言，具有更强的投机性，而投资性较弱[3]；（2）通过对1885—1993

---

[1] 吴敬琏：《我国证券市场的建设大计》，载《十年纷纭话股市》，上海远东出版社2001年版，第61—62页。
[2] 《"厉股份"侃"牛市"：股市如击鼓传花》，载《科技日报》2000年8月14日。
[3] 波涛：《证券投资理论与证券投资战略适用性分析》，经济管理出版社1999年版，第64页。

年道琼斯工业平均指数（Dow Jones Industrial Average，DJIA）和 1992—1998 年 7 月上证指数单日跌幅超过 7% 的次数统计比较看到，在超过 100 年的时间里，道琼斯工业指数单日跌幅超过 7% 的日期只有 15 次，而上证指数 6 年之内就有 23 次；从分布上看，道琼斯工业指数单日跌幅最大的日期集中分布在美国历史上两次最大的熊市期间，即 1929—1931 年间和 1987 年间。而上证指数单日跌幅最大的日期则分布于 1992—1998 年的各个年度之内；中国股市还有比美国股市更剧烈的单日振荡幅度。从股票市场价格强烈振荡性的特点得出的结论是：中国股票市场的市场风险明显高于美国股票市场，却不能为投资人提供高于美国股票市场的投资回报。[1]

当然，我们这里对于一个市场上投机和投资孰重孰轻的评论只是就整个市场活动的结构而言的。对于各个个人来说，每个人都有不同的风险偏好和投资选择，风险自负，投机与投资好比"萝卜青菜，各有所爱"，本无高下之分。我们知道，索罗斯（George Soros）偏好投机，不过他对于在市场经济中个人从事投机活动所必须承受的巨大风险倒是有清醒认识的，而且懂得如果整个世界沉湎于无节制的投机会招致什么后果，所以才在春秋鼎盛之时金盆洗手，并写下了他畅销一时的著作《全球资本主义的危机——岌岌可危的开放社会》[2]。所以，我不得不对韩志国先生只崇尚短线炒作而对以拒绝投机著称的巴菲特嗤之以鼻的态度表示质疑。的确，2000 年年初，当高科技股成了众人追捧的对象时，巴菲特仍然保持他一贯的长线投资策略，以致被某些人讥笑为"网络时代的弃儿"；可是，当美国的网络股泡沫破灭以后，纳斯达克指数缩水一半，巴菲特的伯克希尔·哈萨维公司（Berkshire Hathaway）的股价却节节上升。这使巴菲特老到的长线投资战略再次得到美国人的

---

[1] 波涛：《证券投资理论与证券投资战略适用性分析》，经济管理出版社 1999 年版，第 343—345 页。

[2] 乔治·索罗斯：《全球资本主义的危机——岌岌可危的开放社会》，联经出版事业股份有限公司 1998 年中文版。

肯定。

三 关于"市盈率"和"泡沫"

诘难：

萧灼基："对市盈率要客观辩证地看待。看待市盈率要考虑我们是一个资金缺乏的国家，供给不足，而供给不足的商品价格自然会高。还要考虑相关因素，只考虑市盈率不考虑利率是不对的。所以市盈率很难作国际比较。"①

韩志国："我国的股市是一个新兴的市场，而市盈率偏高恰恰是新兴股市的共同特点。我国的经济正处于高成长期，判断市盈率的高低，既要看市场自身，也要看国民经济的总体发展水平。"②

吴晓求："50倍市盈率绝对不算高，是合理区域，不能简单地用国与国比较。"③

董辅礽："如果比市盈率的话，我们比日本的市盈率还要低很多，日本的市盈率要到80倍甚至100倍。"④

2000年7—8月，上证综合指数越过2000点，市盈率达到60倍左右。不少经济学家和业内人士都为过高的市盈率担心。例如，新华社《上市公司研究》周刊在上证指数越过2000点以后，组织系列文章讨论市盈率居高不下的危险性。这些文章指出："60倍市盈率在国际经验中鲜有前例。A股高入云霄的股价显然是不正常

---

① 《五位经济学家质疑吴敬琏股市"托"声骤起》，载《财经时报》2001年2月13日。
② 《韩志国：走出市盈率的陷阱——与吴敬琏教授商榷》，载《新证券》2001年2月10日。
③ 《吴晓求访谈："赌场论"是情绪化的说法》，载《21世纪经济报道》2001年2月12日。
④ 此语引自2001年2月7日的中央电视台《经济半小时》节目。

的。"① 正是出于同样的担忧，我在 2001 年年初指出，在当前多数上市公司成长性不良的情况下，这么高的市盈率将难以为继。由于股价是由供求关系决定的，1998 年以来大量入市的资金把股价顶了起来。我更为担忧的还在于，有人提出 2001 年要进一步引入资金，让股价继续上涨。由于气泡不可能不断地吹胀而不爆破，一旦出现崩盘，对一般投资者造成的后果就会十分严重。②

所谓市盈率（P/E，中国港台地区译为本益比），是指股票市价与每股盈利之比，其经济含义是：按照公司当前的经营状况，投资者通过盈利要用多少年才能收回自己的投资；50 倍的市盈率意味着要用 50 年才能从回报中收回投资。因此，市盈率常常被看作一个公司的股价是否虚升的标志。不过，因为市盈率依据的是过去的盈利率，而判断股价是否过高，要看它是否反映公司的基本面，即未来的盈利能力。所以，市盈率要和公司的成长性亦即未来的营业表现结合在一起，才能反映和考评股票的投资价值。如果上市公司的成长性很好，市盈率高一些并不足为虑。但平均而言，我国上市公司的成长性不良，甚至回报每况愈下，因此很难支撑这么高的市盈率。

在发达的市场经济国家，平均市盈率一般保持在不高于 20 倍的水平上。以美国为例，除互联网泡沫时代市盈率畸高外，传统产业从未超过 20 倍。"韩国 70 年代经济增长率在 14% 以上，市盈率一般为 20 倍，仅有两次达到 30 倍，且持续时间很短，只有 1—2 个月的时间。东南亚国家一般为 10—20 倍。香港十几年股市平均市盈率在 20 倍以内。"③ 日本是高市盈率的特例，但是它的股灾给经济带来的破坏之深之久恰好是市盈率过高导致灾难的明证。日本

---

① 齐春宇：《指数 2000 点股市投资价值还有多少？》，载新华社《上市公司研究》，2000 年第 8 期。
② 《杨录：吴敬琏担忧股市》，载《财经时报》2001 年 1 月 12 日。
③ 齐春宇：《指数 2000 点股市投资价值还有多少？》，载新华社《上市公司研究》2000 年第 8 期。

在泡沫经济年代曾经保持60倍的市盈率，但是由此导致了1990年的大崩盘，从此一蹶不振，至今10年过去，仍然未见复苏的迹象。听说董辅礽教授以日本为例论证目前我国的市盈率还不算高，我只有祈祷上苍，不要让中国也走上这条道路！

从1992年起，我就一再呼吁，不要让"泡沫经济"在我国出现，因为当时我国股票市场和房地产市场已经出现了明显的泡沫化迹象。① 1992年6月，上海股市的平均市盈率为200倍，深圳股市为60倍。1993年2月以后股价稍有下降，"股市低迷"、政府应当"救市"之声便不绝于耳。② 香港科技大学金融系的陆向谦博士对此不以为然，他认为中国股市既不"低"也不"迷"。③ 记得一日留美经济学会的朋友们在茅于轼教授家相聚，陆向谦举杯祝酒说：国人对股市的风险意识太少，应加培养；目前股市在规模尚小时崩盘，损失较小，却能使人们得到教训，因而可喜可贺。其实在国际经济界，对于证券市场泡沫预伏的危机与痛苦一直有很高的警惕。20世纪90年代初期在国际讨论会上也经常讨论与金融狂潮及其必然崩溃有关的理论和政策问题。有些外国朋友往往恳切陈词，希望我们注意发达国家证券市场发展历史中的有关经验教训，不要因为陷入靠狂热炒作致富的幻梦而不能自拔，最后招致社会灾难。1992年，一位韩国教授在和我讨论各国发展证券市场的历史经验时，诧异地发现我这个中国同行居然从来没有听说过各国经济学界和金融界无人不晓的书：《非同寻常的大众幻想与群众性癫狂》④。从那以后，我开始注意研究金融市场的发展史，得知由于金融市场本身的特点和早期市场的不成熟性，狂热投机时有发生。像1720年，英

---

① 吴敬琏：《平稳地放掉泡沫中的空气》，载《十年纷纭话股市》，上海远东出版社2001年版，第10页。
② 吴敬琏：《如何看待1994年初的股票市场》，载《十年纷纭话股市》，上海远东出版社2001年版，第15页。
③ 陆向谦、李夏：《不要用行政手段干预股票市场》，载《改革》1994年第4期。
④ ［美］查尔斯·麦基：《非同寻常的大众幻想与群众性癫狂》，中国金融出版社2000年版。

国的南海公司和法国的密西西比公司这两个政府特许的公司利用证券市场的这种特性哄抬股价，进行金融诈骗，导致后来股市暴跌，造成千百万人的破产，其情景就如同气泡的吹胀和破灭，史称"南海泡沫事件"和"密西西比泡沫事件"。"经济泡沫"（economic bubbles）和"泡沫经济"（bubble economy）就是由此得名的。①

如果从经济学上分析，金融市场是一个不完全市场，那里"不存在一个具有帕累托效率的均衡点，而是在某一区域内的任何一点都能达到供求均衡。在这种市场上，价格的高低在很大程度上取决于买者和卖者对于未来价格的预期。而且，这种预期有一种'自我维持'或'自我实现'的性质。这就是说，当一种商品（不论是实物商品还是金融商品）价格发生波动时，价格越是上涨，就有越多的人由于价格上涨的预期而入市抢购，而抢购又会使价格进一步上涨和预期增强。因此，只要有足够的人入市购买，在源源不断的货币流入的支撑之下，很快就会出现市价飙升的'大牛市'。但是，经济气泡是不可能一直膨胀下去的。在过高的价位上，一旦市价止升回跌，很快又会出现下行的正反馈振荡，导致市场崩溃（'崩盘'）。"②

当我对这些问题有了比较清楚的认识之后，从1993年起，便在自己担任主编的《改革》杂志上，陆续发表了一批提醒人们注意股灾的文章，其中有陆向谦博士、朱绍文教授等的论说，也摘发了美国经济学家加尔布雷思所著《金融狂热简史》。多年来，我不断地重提历史上那些惨痛的教训，目的是希望人们能够以史为鉴。

我还指出，在我国目前从计划经济到市场经济转轨的历史阶段上"特别容易出现过度投机和'经济泡沫'，一个重要原因是国有企业产权不明晰和'所有者缺位'。这种情况使企业领导人和证券业务的操作人员行为失当。证券业务的一线操作人员往往倾向于从

---

① 吴敬琏：《如何看待过度投机和泡沫经济》，载《十年纷纭话股市》，上海远东出版社2001年版，第137页。
② 同上书，第140页。

事高风险的投机活动,原因在于他们不是所有者,在盈余时能够得到提成的奖励,却不承担亏损的赔偿责任。因此,对他们来说,风险和收益是不对称的。这种不对称性促使他们倾向于用政府或企业的公款进行豪赌。联手炒作、'造势''做局'坑害投资者,也就成为一些人惯用的手法"①。

我们必须提高警惕,防止泡沫的发生。而一旦发生泡沫以后,我主张"平稳地放掉泡沫中的空气"②,"加大'泡沫'里的物质浓度"③;而不赞成像有些人建议的那样,继续向股市注入货币,因为那样只会把气泡吹得愈来愈大,最终导致崩盘。可惜,1994年和1999年两次沪深两市平均市盈率降到合适的水平,相当一部分股票已经具有投资价值时④,却因当局采取措施托市而功亏一篑⑤。

在"气泡"已经被吹起以后,最好的办法当然是在市盈率算式的分母上做文章,即强化上市公司内部改革,增强其盈利能力,使股票市盈率回到一个相对较低的水平⑥,以免误入圈套的中小投资者蒙受太大的损失。然而这是一件十分艰难的事情,而且很难在短期内见效。不过无论如何,不能采取饮鸩止渴的办法,吹起"气泡",因为"气泡"吹得愈大,爆破时投资者的损失就愈惨重。

---

① 吴敬琏:《如何看待过度投机和泡沫经济》,载《十年纷纭话股市》,上海远东出版社2001年版,第143—144页。

② 吴敬琏:《平稳地放掉泡沫中的空气》,载《十年纷纭话股市》,上海远东出版社2001年版,第10—11页。

③ 吴敬琏:《股市出路在于加大"泡沫"里的物质浓度》,载《十年纷纭话股市》,上海远东出版社2001年版,第17—19页。

④ 在1994年7月沪市盈率下降到25倍左右时,本书作者曾经明确指出一部分股票已经具有投资价值,投资者可以从购买中得到丰厚的回报(吴敬琏:《抓住股价下降的时机,把股市引入健康发展的轨道》,载《十年纷纭话股市》,上海远东出版社2001年版,第38页)。可惜的是当局没有抓住这样的时机,把股市引入健康发展的轨道。

⑤ 在1994年本书作者写作的《现代公司与企业改革》一书中,对管理当局在当年7月30日采取的"三项'托市'措施"提出了批评(吴敬琏:《端正政府行为,健全股票市场》,载《十年纷纭话股市》,上海远东出版社2001年版,第40—42页)。

⑥ 《吴敬琏坦言要消灭股市泡沫是件很困难的事》,载《上海证券报》(网络版)2001年1月12日。

四 关于"庄家"

诘难：

《证券市场周刊》："的确，长期以来，中国证券市场可以说是庄家的天下。但是，10 年辛苦就培育了一个连规矩都不健全的大赌场吗？"[1]

厉以宁："因为出了几个庄家就说中国股市一团漆黑了，不符合事实。""我是全国人大财经委员会《投资基金法》起草小组的组长。我们充分注意到'基金黑幕'这篇文章以及社会上的有关讨论。在《投资基金法》的讨论会上我讲过，首先必须肯定这几年投资基金业取得了很大的发展，主流是好的，不像某些人所说的一团漆黑。可以想象，从无到有，证券市场是初生的婴儿，投资基金业也是初生的婴儿，出现问题是正常的。但是必须看到几年来基金发展成绩很大，它所出现的问题也就是体制上的问题，造成了很多不得已而发生的问题。否认这几年投资基金业的成就，不符合事实。"[2]

吴晓求："何为庄家？按我的理解，庄家就是主力，就是大户，不能说钱多就有问题。如果几千万股民每人拿着 10 万元开户，这个市场肯定不是一个健康的市场。美国市场也有主力，各种基金动辄千亿，不是庄家是什么？主力的作用是保证市场的正常流动性，没有主力，没有庄家，证券市场只会是一潭死水。"[3]

韩志国："没有投机就没有市场，没有泡沫就没有市场，没有

---

[1] 《股市的花样年华还有多远？》，载《证券市场周刊》2001 年 1 月 20 日。
[2] 《五位经济学家质疑吴敬琏股市"托"声骤起》，载《财经时报》2001 年 2 月 13 日。
[3] 《吴晓求访谈："赌场论"是情绪化的说法》，载《21 世纪经济报道》2001 年 2 月 12 日。

庄家也没有市场。"①

《财经》杂志《基金黑幕》的文章提出了一个关系我国证券市场大局、需要郑重对待的问题，这就是"庄家"操纵市场、"对敲拉升""造势做局"等违规违法活动。我认为这类活动严重损害公民的基本权利，有损我国法律的尊严，应由司法机关介入，对违法者绳之以法。② 接着我在 2001 年 1 月 14 日中央电视台《经济半小时》节目播出的"评说'庄家'"中讲道，我国目前在股市上坐庄炒作，进行内幕交易和操纵股价的活动已经达到了登峰造极的程度，必须严肃对待。

所谓"庄家"，是指通过操纵股价来获取暴利的炒股家。其中，一类是中介机构；一类是上市公司的某些掌握内幕信息的人；还有一类就是资金的供给者。他们共同密谋以后就低价吸纳、建仓，手里掌握了大量股票，然后就开始炒作。炒作的办法大概有两种：一种是关联机构互相炒作、互相买卖，买卖非常频繁，把价格炒上去。另一种就是由有关的上市公司放出利好消息，然后把股价拉升上去。只要有大量资金包括从银行筹措的资金入市，就可以把价格炒上去，吸引中小投资者或其他局外投资人跟进。当庄家发现有大批人跟进的时候，就会偷偷地出货，自己逃之夭夭，而把跟庄的人们套住。③

在任何国家的法律上，证券交易所内的股票交易都是严禁"坐庄"操纵的。机构操纵股价一旦被发现，就将受到严厉制裁。《中华人民共和国刑法》和《中华人民共和国证券法》也都明文规定禁止股市上的操纵股市价格和幕后交易行为。幕后交易、操纵价

---

① 《韩志国访谈：如果吴老赢得论战 将是股市一场灾难》，载《21世纪经济报道》2001 年 2 月 12 日。

② 吴敬琏：《证券市场不能黑》，载《十年纭纭话股市》，上海远东出版社 2001 年版，第 192—201 页。

③ 吴敬琏：《评说"庄家"》，载《十年纭纭话股市》，上海远东出版社 2001 年版，第 224—225 页。

格等行为的行为人应当承担的法律责任有三种：一是行政责任；二是民事赔偿责任；三是刑事责任。在这三种法律责任中，行政责任的处罚主体是证券管理机构，民事赔偿责任和刑事责任的处罚主体则是法院。在关于操纵股市价格与幕后交易方面，《证券法》与《刑法》分别有不同的法条与之对应，于1997年10月1日开始实行的《刑法》修订案中已经有关于证券犯罪的相关法条（第181条、第182条），1999年7月1日起实行的《证券法》在很多方面是与其相互配合的（第71条、第72条）。其中幕后交易、操纵股价的行为，既触犯了《证券法》的有关规定，也触犯了《刑法》的有关规定。[1]

可是由于基础不健全、执法不严格以及其他方面的原因，中国的证券市场上，一些懂得证券市场交易特性又有某种权力背景的人，却把股市看作一个可以进行违法违规活动而不会受到惩罚，从而从中小投资者（他们往往被某些人轻蔑地看作可以任意宰割的小民）口袋里大把掏钱的绝好场所。问题的严重性更在于，这些公然触犯刑章的人长期没有受到司法处理。

显然，中国股票市场的情形，并不像我的诘难者说的那么轻巧。从书店中、报摊上令人目不暇接的图书，诸如《跟庄追击》《跟庄走天下》《跟庄赚钱指要》《散户跟庄技巧》等，可以看到在当今的中国股市上庄家的势力有多大。中小投资者除了"跟庄"外，几乎没有别的路好走。所以，民间才有"无庄不成市""庄股市场""庄股天下"之类的说法。一般中小投资者也只好安于"随庄获利""与庄共舞"的处境。事情就这样奇怪，"坐庄"明明是违法行为，哪只股是"庄股"、谁在"坐庄"等却明目张胆、无所顾忌、堂而皇之地在我们的官方报纸杂志上讨论，全然不把法律放在眼里。在这种情况下，谁能相信"股市的主流是好的"这种

---

[1] 《北京正仁律师事务所高级律师、法学教授李伟民，刑法学博士祝二军和司法部预防犯罪研究所教授武延平访谈录》，载《中国经营报》2001年2月20日。

说辞？

也有人把"庄家"比作外国非连续交易市场上的"做市商",说是:"中国股市不是应不应该有所谓庄家的问题";"资本市场离不开机构操盘。即使在国外的股市也都存在着类似我们现在所说的庄家的角色,只不过他们称为'做市商'。"① 其实,所谓做市商(market maker)制度是一种完全不同于我国主板市场上的竞价交易方式的证券交易制度,一般为柜台交易市场所采用。做市商是指在证券市场上由具备一定实力和信誉的证券经营法人作为特许交易商,不断地向公众投资者报出某些特定证券的买卖价格(双向报价),并在该价位上接受公众投资者的买卖要求,以其自有资金和证券与投资者进行证券交易。做市商通过这种不断买卖来维持市场的流动性,满足公众投资者的投资需求。做市商制度一方面是为了在非集中竞价("一对一"谈判)的条件下保障股票交易的连续性,另一方面各国的法律也严禁做市商单方面操纵股价,误导其他投资者。② 总之,合法的做市商制度与中国时下违法违规的"庄家"完全不是一个概念。

人们不禁要问,为什么中国证券市场上庄家横行和"跟庄炒股"的现象能长期存在?看来这有多方面的原因。其中一个十分重要的原因是,庄家可以直接或间接地把投机的风险转嫁给政府。投机成功自己赚钱,投机失败国家赔钱。这样一种机制实质上是用全国人民的财产给违法违规、操纵市场的庄家以"资助"。于是,有些中小投资者也想分一杯羹,跟庄赚钱。消除这种机制,涉及一些与现行国有经济体制改造有关的深层问题。

从以上分析可以看到,铲除庄家操纵市场所赖以存在的土壤,必须从两个方面同时着手,一方面要加紧改造国有经济,加快企业和金融机构建立现代企业制度的步伐;另一方面政府监管部门应当

---

① 《著名经济学家刘纪鹏:股市不是赌场》,载《中国青年报》2001年2月12日。
② 王国刚:《别拿庄家当做市商》,载《财经时报》2001年2月20日;同见张文魁《黑庄横行损害投资者信心谁还会在股市上投资》,载《中国经济时报》2001年2月14日。

建立起严明的规则和秩序,做到"有法可依,违法必究"。与此同时,"广大中小投资者对于自己利益的自觉性,保卫自己利益的决心和能力,是促使政府采取有效措施遏制证券市场违法违规活动的最重要的力量。有关的法律应当赋予投资者发起集团诉讼、起诉施行舞弊诈骗的公司经理人、交易商的权利,并保证这种权利能够实现。我们的大众传媒应当为广大中小投资者鼓与呼,发挥社会舆论的批评监督作用。为了促进证券市场的健康发展,经济学家也有自己的一份责任。我们应当本着自己的良知,传播正确的经济学知识,抵制各种误导投资者和为违法违规活动张目的错谬言论,帮助中小投资者更好地维护自己的权利和利益"①。

五 关于"打压股市"与"规范股市"

诘难:

厉以宁:"有人说《证券法》出来股市就应规范,没那回事。"②

萧灼基:"有人说中国股市不规范,其实一开始不规范是正常的,一开始规范是不正常的。比如一个小孩子,一生下来就很规范,走路也很规范,吃饭也很规范,说话也很规范,这是人吗? 是机器人。"③ "那种以不规范为理由,把资本市场打入冷宫,遏制资本市场发展的看法,是不可取的。"④ "如果把市场看作赌场,打压、摧垮市场,首先遭受损失的是广大投资者,尤其是中小投资者……如果人们认同我国资本市场是赌场,没有存在的权利,不能

---

① 吴敬琏:《证券市场的一个公开秘密和规范之正道》,载《十年纷纭话股市》,上海远东出版社2001年版,第208页。

② 《五位经济学家质疑吴敬琏股市"托"声骤起》,载《财经时报》2001年2月13日。

③ 同上。

④ 萧灼基:《对我国资本市场若干问题的看法》,载《中国证券报》2001年2月12日。

存在，股价必然狂跌，股民手中的股票必将成为废纸一张。"① "有的同志说揭露股市的弊端是要保护广大股民，尤其是要保护中小投资者的利益。如果把股市当成赌场，而赌场是非法的，应该关闭，如果关闭股市取缔股市，受到最大损害的是谁？还是广大股民。如果广大股民有意见，谁来赔偿？我要是股民就会提出，股市是政府开的，上市公司是政府推荐的，股票发行价格是政府决定的，监管是由政府负责的，你现在说要关掉，我的损失找谁赔？应该找政府赔。政府赔得起吗？不说全部股票，流通股票相当于一年的财政收入，赔不起的。把股市搞垮，对谁有利？对中小股东肯定没利。把股市搞垮，使得中国市场经济建设往后推，只能对少数坚持传统计划经济观点的人有利。"②

董辅礽："我把中国股市当作一个初生的婴儿，会有很多毛病……即使有病了也不能用猛药。"③

韩志国："吴讲中国股市从一开始就是不规范的，这是对的，但为什么不规范？中国股市是在新旧体制夹缝中成长起来的，正因为它不规范才取得了生存权。如果中国股市当时就规范，市场不可能发展。股市的规范与发展是一个永恒的主题，没有一个国家的股市一开始就是规范的，股市发展的历史就是投资者钻空子、政府和立法单位堵空子这样一个双方博弈的过程。有了这样的博弈，才有了今天的发展。整个市场发展的过程就是管理者与投资者共同学习的过程，这种学习过程本身就带来不规范，又有什么可以大惊小怪的？""我们把股票市场当作一个只有10岁的孩子，而且还是一个得了病的孩子。在孩子得了病的时候，是把他掐死、扔掉，还是诊断病因后对症下药，使他健康地成长？在吴敬琏教授发表的言论

---

① 萧灼基：《对我国资本市场若干问题的看法》，载《中国证券报》2001年2月12日。

② 《五位经济学家质疑吴敬琏股市"托"声骤起》，载《财经时报》2001年2月13日。

③ 同上。

中，有一句是最要害的：全民炒股赚的钱不是在生产发展中创造财富得来的，而是将别人口袋的钱转到他的口袋里，如果是这样，要想让一个民族发展起来，就像是拔着自己的头发想要离开地球一样。吴教授的这句话，实际上是要不要股票市场的问题。"①

规范和发展是股市的一个永恒主题。在我看来，规范的目的是发展，而不规范则无从发展。所以，从股市初创时期起，我和我的同事们就用了不少力量来研究我国年轻的股市如何在规范的基础上发展。但是，另外一种声音，即在发展初期不应规范的说法似乎也甚嚣尘上。例如在 1993—1994 年，就有一些自称代表证券业发展利益的人士提出，1993 年以后的股价下降，是由于社会舆论对股市批评多鼓励少，特别是政府对市场规范化操之过急造成的。他们说，"股市低迷"使在高价位上购入股票的人们受到损失。因此，如果政府不放松对规范的要求和采取诸如限制扩容、组织资金入市等政策措施托市、救市，就是"没有尽到保护广大股民的利益的责任"。当时，我们针对这种主张提出了不同的意见。我们认为，用行政审批制度限制扩容和动用国家掌握的财力来为"气泡"充气，以便补偿那些在股票价值回归时被"套牢"的人们的损失是不可取的。因为，且不说这种用公共财力去弥补部分人的营业损失的做法是否合理，就以它能否长期维持高股价从而使持股者得益而论，也不是一种可行的办法。这里的问题在于，世界上不可能有长久维持不破的泡沫经济；也没有哪一个政府具有让股价只升不降、"气泡"只胀不缩的本领。②

在这种争论中，我们一方面明确反对哪个市场出了问题就把哪个关掉这种无异于回到计划经济去的做法；另一方面积极主张采取

---

① 《五位经济学家质疑吴敬琏股市"托"声骤起》，载《财经时报》2001 年 2 月 13 日。

② 吴敬琏：《如何看待 1994 年初的股票市场》《我国证券市场的建设大计》，载《十年纷纭话股市》，上海远东出版社 2001 年版，第 16、71 页。

改革的办法去处理股市存在的问题。我们建议的政策措施包括：（1）采取谨慎稳定的货币政策和其他宏观经济政策来保持宏观环境的稳定，以避免证券市场的巨大波动；（2）加快各方面的改革，其中最重要的是国有企业改革，以便给证券市场的发展提供基础性的体制前提；（3）力促金融改革早日到位，加快实现专业银行商业化、商业银行多元化和利率市场化，发展多种多样的银行和非银行金融组织，信托、代理居民从事投资活动，把大量存在的游资引向对实体经济的投资；（4）加快证券交易立法，改善对证券交易机构和证券经营单位的规制和管理，证交所应当在证监会和全体会员的监督下恪守"公平、公开、公正"的原则，而不应有"自己的"牟利动机，对证券商也不可以有亲疏之别；（5）股票上市应当改变行政性规模控制和行政审批制的做法，而是根据股份公司的资产和组织状况、近几年的绩效，由证交所核准上市。我们还提出，对于股市，各级政府和有关机构的方针要明确，行为要端正："所谓方针要明确，就是我们建立证券市场的目的，只在于为市场制度的有效运作提供一个重要的架构。发展证券市场只能服从于这个目的。所谓行为要端正，是说要恪守市场经济中的政府行为准则，既要防止用计划经济的办法来对待证券市场，动辄进行行政干预，又不能放松对证券机构和交易活动的监管，更不能助长过度投机，庇护违规人员。"[①]

1999年党的十五届四中全会前夕，国务院发展研究中心副主任陈清泰和我共同主持了国务院发展研究中心的"国企改革攻坚15题"[②]的研究。其中第十三题系统地提出了我们在规范的基础上发展证券市场的主张，包括：第一，为了促进资本市场的健康发展，一切举措都要以有利于证券市场发现价格和发挥优化资本资源

[①] 吴敬琏：《我国证券市场的建设大计》，载《十年纷纭话股市》，上海远东出版社2001年版，第78页。

[②] 陈清泰、吴敬琏、谢伏瞻主编：《国企改革攻坚15题》，中国经济出版社1999年版。

配置的功能为依归,而不能让一些短期考虑或局部利益的考虑歪曲证券市场发展的正确方向;第二,改变"向国有大中型企业倾斜"的做法,为各类企业提供平等的融资环境;第三,改善证券监督机构的监管方式,以执行强制性披露制度为主要手段,而不能以行政审批为主,更不应由监管机关对交易活动进行直接干预;第四,培育更多的投资主体,吸引更多的入市资金,使股市在规范的基础上得到更大的发展。①

在过去 10 年中,各方人士就如何在规范的基础上发展我国股票市场也曾提出过不少好的建议。例如,陆向谦博士 1994 年曾经提出过利用当时股价下降的时机"既治标又治本"的办法。他建议针对当时的熊市,"提高标准,使得上市公司及市场运作向国际标准看齐。一方面,门槛提高了,短期内上市的新股数目会下降,这就治了标;长期来说,门槛提高了,中国股市的素质将趋进国际标准,这就治了本"②。可惜,这类在规范的基础上发展股市的声音往往被那种放松规范化要求、减少股票供给、增加入市资金来使中国股市"重现辉煌"的呼声所淹没。③ 自 1993 年以来,我国股市管理当局曾多次"救市""托市",其结果都是不好的。这类行动不仅没有把股市真正地托起来,相反却导致股价的巨幅波动,错过了一次又一次引导股市健康发展的时机。

以上历史经验告诉我们,借口我国股市还是"婴儿"、还很"年轻",借口它是改革的产物,袒护各种侵害股市肌体、戕害股市生命的错误行为绝不符合广大人民的利益,也不符合股市投资者的利益。我们应当从股市刚刚起步的时候起就订下规范化的目标,稳步地促其实现。如果不是这样,而是姑息养奸,养痈遗患,那只

---

① 陈清泰、吴敬琏、谢伏瞻主编:《国企改革攻坚 15 题》,中国经济出版社 1999 年版,第 95—102 页;吴敬琏:《加快证券市场的规范和发展》,载《十年纷纭话股市》,上海远东出版社 2001 年版,第 161 页。

② 陆向谦、李夏:《不要用行政手段干预股票市场》,载《改革》1994 年第 4 期。

③ 吴敬琏:《如何看待 1994 年初的股票市场》,载《十年纷纭话股市》,上海远东出版社 2001 年版,第 15 页,记述了萧灼基先生此前的这类呼声。

会使黑幕愈演愈烈，积重难返。最近揭露出来的"血洗"数万名中小投资者的兰州证券黑市，就是触目惊心的一例。

国外的经验也证明了这一点。英国和法国由于 18 世纪 70 年代气泡的发生和崩溃，曾经导致在将近一个世纪的时间内人们把购买股票视为畏途，大大延缓了公司制度和证券市场的发展进程。[①]

美国在 1929 年大危机爆发前的 7 年大牛市中，美国股市也曾经是金融寡头横行、金融诈骗猖獗。美国国会 1933 年通过了《证券法》；1934 年又通过了《证券交易法》。同时，建立起一个具有广泛权力，包括立案侦查权力的新的联邦政府机构——证券交易委员会（SEC），负责监督证券市场，调查违法事件，管理证券发行人和交易商。这些措施的落实曾经遭遇过有组织的强烈抵抗，在罗斯福行政当局的大力支持下经过三届 SEC 的不懈努力，才大体实现了美国证券市场的规范化。

规范证券市场绝非易事。不但会有认识上的障碍，还会有来自既得利益的阻力。在泡沫经济形成的过程中，那些在泡沫经济中已经获得利益的人们，会成为阻碍泡沫消失的主要障碍；而那些尚未在泡沫经济中获得利益的人们，又往往将自己很高的发财期望值寄托在泡沫的膨胀中，而这两部分人则成为泡沫不断膨胀、发育的"打气者"。[②]

清醒地认识健全我国证券市场必然遇到的阻力和障碍，并不意味着我们应当知难而退，把健全和发展我国证券市场的目标的实现推向遥远的未来。恰恰相反，现在形势逼人，时不我待。唯其任务艰巨，就更加要求一切关心我国市场经济制度建设的人们携起手来，加紧努力，克服阻力和障碍，使我国的证券市场尽快健全起来。

[①] 吴敬琏：《我国证券市场的建设大计》，载《十年纷纭话股市》，上海远东出版社 2001 年版，第 68—69 页。

[②] 吴敬琏：《要一个有规矩的市场》，载《十年纷纭话股市》，上海远东出版社 2001 年版，第 24 页。

六　关于"两种市场经济"

诘难：

韩志国："他有一个重大缺陷，即仅仅推崇实体经济，站在实体经济的立场评价虚拟经济，当然越看越不舒服……他内心是反感股票市场的。"①

厉以宁："在'十五'计划起步之时进行这场讨论，关系到要建立一个什么样的市场经济——是传统的市场经济，还是新经济时代的现代市场经济的重要问题"②，"自己不懂的事就不要乱讲，应该先学习，因为有很多情况是我们不了解的，只有通过学习才能知道。说网络是'泡沫'，这样未免太主观了"③。

吴晓求："这涉及我们建立一个什么样的市场经济体制的问题。我们所建立的不是一个没有发达的金融体系、没有发达的资本市场，只是小商品批发市场很多的市场经济。"④

要什么样的市场经济，是传统的市场经济，还是现代的市场经济，这确实是一个关乎中国前途命运的问题。但是我认为，所谓传统的市场经济和现代的市场经济之间的主要区别，并不在于"实体经济"或"虚拟经济"，"小商品批发市场"或"发达的金融体系"。市场经济确实有传统与现代之分，但是把它归结为是实体经济还是虚拟经济一类区别，大半是一个"伪问题"。因为并没有人只推崇实体经济，而排斥虚拟经济，也没有人主张建立没有发达的

---

① 《韩志国访谈：如果吴老赢得论战　将是股市一场灾难》，载《21世纪经济报道》2001年2月12日。
② 《厉以宁等五位经济学家提出爱护新生的中国证券市场》，载《中国证券报》2001年2月12日。
③ 摘自"搜狐财经"，2000年3月27日。
④ 《五位经济学家质疑吴敬琏股市"托"声骤起》，载《财经时报》2001年2月13日。

金融体系、"小商品批发市场很多"的市场经济。我赞成美国马里兰大学和清华大学中国经济研究中心钱颖一教授的意见："在人类发展的相当长的时间内，经济体制是传统市场经济，而迈向现代市场经济体制是人类近代史上的重大突破。即使是现在被炒得红火的所谓'新经济'，就其体制而言，仍是现代市场经济的延续。"现代市场经济有两个特点：第一，虽然现货交易和人格化交易仍然在相当的范围内进行，但"非人格化交易"成为重要的交易方式，这就需要第三方（通常是政府）通过法治来保证合同的公平地执行；第二，政府与经济间保持"距离型关系"（arm's length relationship）。所以，"现代市场经济体制不同于传统市场经济体制的制度基础，根本的一条是法治。"[1] 我所憧憬并愿为之奋斗的，正是这种以法治为基础的现代市场经济。

看来，我们有必要对于当前转轨时期的许多人和事作一个分析，才能正确地判断当前讨论中所涉及的问题性质和各种利益的代表者意欲何为。我在研究中国向市场经济转轨过程中的关系时发现，在当前的社会中存在着利益取向很不相同的人群：在转轨过程中产生出来的某些新既得利益者和留恋计划经济"好时光"的旧既得利益者不同，他们并不愿意回到计划经济的体制去，然而他们也不愿意看到规范化的、平等竞争的市场的建立，而是希望维持甚至扩大目前的市场混乱和行政权力广泛干预市场的状态，以便继续利用自己的特殊地位自由自在地弄权"寻租"、发财致富。在过去20多年中，"要求进行规范的改革往往被有些人说成是'理想化'乃至'保守思想'，而花样百出的'寻租'活动，例如，圈地运动式的'土地批租'、掠夺广大中小投资者的金融魔术、鲸吞公共财富的'产权改革'等却被这些人以'改革'的名义歌颂备至"[2]。

---

[1] 钱颖一：《市场与法治》，载《站在市场化改革前沿——吴敬琏教授从事经济研究50周年研讨会论文集》，上海远东出版社2001年版，第32—56页。
[2] 吴敬琏：《对转型期各种社会力量分析》，载《十年纷纭话股市》，上海远东出版社2001年版，第146—156页。

腐败之所以蔓延，一是因为行政权力干预市场交换，就是所谓的寻租；二是因为产权不明晰，公共财产缺乏明晰的产权界定，某些有权力在手的官员就可以利用职务来盗窃公共财产。①

这样，中国的市场取向改革就面临着来自两个方面的危险：一个是开倒车，不同程度地回到计划经济；另一个是借改革之名掠夺大众以肥私。这两种力量互相以对方作为自己存在的依据，公众看不明白时，就容易由于受到蒙蔽蛊惑而发生错觉。② 从目前来看，后者的危险更大，因为它有导致"权贵资本主义"（crony capitalism），即官僚资本主义的危险。长期以来，中国证券市场是各种权势力量盘踞之地，凭借权势大发其财者众多，因此得到"寻租场"③ 的称呼。建设一个规范的证券市场是走向现代市场经济的一个重要环节。因此，我强调要建立一个规范的、健康的证券市场，正是基于对于现代市场经济制度的诉求。

当前，我们正经历着两个过渡：一是从计划经济到市场经济的过渡；二是从传统市场经济到现代市场经济，亦即从原始市场经济到现代市场经济即法治市场经济的过渡。钱颖一教授顺着"两种市场经济"的思路，指出我们的迫切任务，是要争取成为"好的市场经济"即法治的市场经济，而不要落入"坏的市场经济"即腐败的市场经济的陷阱。④ 政府不改革，民众不能充分行使民主权利，公权不彰，法治不行，就会导致行政系统腐败公行和有组织犯罪的猖獗，就有落入"坏的市场经济"的危险。

为了建设法治的市场经济，我觉得，从与经济体制改革进展相

---

① 吴敬琏、张维迎：《权力为什么能够被交易？从胡长清案件谈起》，中央电视台《经济半小时》节目，2000年3月10日，见吴敬琏《转轨中国》，四川人民出版社2002年版，第294—301页。

② 吴敬琏、汪丁丁：《关于中国改革前途的对话》，载《财经》1998年第11期；同见吴敬琏《改革：我们正在过大关》，生活·读书·新知三联书店2001年版。

③ 张维迎：《是谁黑了中国股市》，载《财经时报》2001年2月28日。

④ 钱颖一：《市场与法治》，载《站在市场化改革前沿——吴敬琏教授从事经济研究50周年研讨会文集》，上海远东出版社2001年版，第32—56页。

适应的角度看，目前在政府体制改革方面有以下几个迫切需要解决的问题。第一，政府要跟微观经济活动保持一定的距离。目前国有经济在国民经济中所占比重只有 1/3 左右。在这种情况下，如果政府还像过去国有经济占统治地位时那样管理国民经济，搅在分钱、分人、分物的日常经济活动里面，是无论如何也不行的。第二，除极少数需要由国家垄断经营的企业外，从国有企业改制而来的公司都要实行股权多元化。而且如果不实现政府作为国有资本的所有者的职能和作为政府本身的职能这两种职能的分离，是很难做到政企分离的。对于这个问题，需要作认真的研究，提出妥善的解决办法。第三，建立法治。"法治"的行为主体是法律本身。法律"治"谁呢？它当然要规范一般人的行为，但它首先是"治"政府，即界定政府作为公仆与它的主人即人民之间的关系，约束政府和政府工作人员的权力。我们的立法和执法工作都要在法治思想的指导下进行。[①]

七 关于"专业精神"与"平民意识"

诘难：

吴晓求："作为现象化的东西是存在的，从专业角度看，不能得出这个结论，应该不能被这种表象化的概括所迷惑，否则经济学家与普通人就没差别了。作为经济学家，应该透过这些表面的现象，把握未来的规律、方向、现象背后的深层次原因是什么。不能用表象化的东西来否定一些事实，更不能用表象化的东西作为一种理论的概括。这是非常糟糕的。""不能因为一些表象化的东西否定具有国家战略意义的步骤，不能倒退。这涉及专家精神和平民意识的问题。当然，为老百姓说话是正确的，我不排斥为中小投资者

[①] 吴敬琏：《新形势下政府体制改革的总体目标》，载《改革：我们正在过大关》，生活·读书·新知三联书店 2001 年版，第 56—66 页。

说话,但要把握一个界限。""说股市是赌场,这是一个非常感情化的宣泄。这种概括不是专业化的理性精神,这是一种比较平民化的、感情的宣泄,能博得一般被套的中小投资人的认同。"①

老实说,我把诘难者指责我过多地为中小投资者讲话,有太多的"平民意识",看作一种表扬,只怕自己的工作当不起这样的赞誉。我理解所谓平民意识,就是经常想到普通百姓的疾苦,尽力为多数人谋利益;而专业精神则除了专业知识、能力、责任心之外,也包含着特定的信念和道德。依我看,这种信念和道德恰恰和我所学习的经济学理论和秉持的科学精神是统一的。正如我在1991年《中国经济的振兴有赖于市场取向的改革》一文中所表达的:"我对经济学的执着沉迷,说到底,是为了解答一个困扰了好几代求索真理的中国知识分子的问题:怎样才能振兴百年积弱的中国。学以致用,古有明训。既然我从自己的曲折探索中得到了中国荣辱兴衰系于改革的结论,自然就应当身体力行,把自己的知识和能力贡献给经济改革这一伟大的事业。"②

当然,经济学是一门实证科学,经济学家首先要弄清楚的是"是什么"的问题。然而,经济学涉及人们的物质利益,因而往往是现实性很强的一门学问,除了揭示事情的真相外,在大多数场合还要作进一步应用性的研究,提出规范性的意见。依我看,这便是最起码的专业精神,而关注社会公正和社会中人的命运也是经济学家的本分。1998年度诺贝尔经济学奖得主阿马蒂亚·森(Amartya Sen)在《伦理学与经济学》中说,经济学所关注的应该是真实的人。并且他从经济学之父亚当·斯密是道德哲学教授而经济学科曾经作为伦理学的一个分支的本质和传统出发,指出:"随着现代经

---

① 《五位经济学家质疑吴敬琏股市"托"声骤起》,载《财经时报》2001年2月13日。

② 吴敬琏:《中国经济的振兴有赖于市场取向的改革》,见江苏人民出版社编《我的经济观》第3卷,江苏人民出版社1992年版。

济学与伦理学之间隔阂的不断加深，现代经济学已经出现了严重的贫困化现象。"① 专业精神和平民意识应当集于经济学家的一身。

正是基于这样的理念，我注意到转型期出现的一些特殊的丑恶社会现象，包括证券市场上某些官商勾结，操纵市场，坑害中小投资者的行为，并对这类活动的制度和政策根源作出了经济学的分析。②

改革不是一个全然自发的经济演进过程，而是一种制度的重新安排。这就意味着经济利益关系的自觉调整。这种调整必然会遇到那些不愿意放弃既得利益的人们的阻碍和抵抗。只有政府依靠大众并运用行政、法律、教育、经济政策诱导等各种手段，才能消除这种阻碍和抵抗。③ 政府在这个过程中除了要保证在转轨时期的产权再配置中初始分配不过分悬殊之外，还完全应当而且能够在人民生活水平普遍提高的基础上抑制少数人个人财富的过度积累，防止两极分化，逐步实现共同富裕。④

前面提到的那些诘难，有些来自我的老同事和老朋友，他们在过去为实现市场经济改革的共同目标时对我提供的帮助和支持至今记忆犹新，回想起来仍然十分感动。不过我总是觉得，争取建立市场经济，并不只是为了我们自己，甚至不只是为了我们这一代人。当我们作为时代的幸运儿得以享受改革的第一批成果的时候，不应忘了还有许多平民大众，他们甚至没有得到应有的平等机会去谋求体面的生活。当看到一些生活无着的下岗职工拿着自己的微薄积蓄无奈地投身于极不规范的股市而没有别的出路的时候，我们不觉得

---

① 阿马蒂亚·森：《伦理学与经济学》，王宇、王文玉译，商务印书馆2000年版，第7—8、13页。
② 包括对"寻租活动"的分析。吴敬琏：《"寻租"理论与我国经济中的某些消极现象》，载《何处寻求大智慧》，生活·读书·新知三联书店1997年版，第253—258页。
③ 吴敬琏：《转轨时期的社会关系和政府职能》，载《高新技术产业报》1999年4月17日。
④ 吴敬琏：《社会主义基本特征是社会公正＋市场经济》，载《中国经济时报》1997年8月5日。

自己有责任为他们做些什么吗？

在中国的改革开放事业进行了 20 年之后的世纪之交，围绕中国的证券市场存在的问题和发展的前景作一次深刻的反思和讨论，有着十分重要的意义。它将有助于民众、企业界、经济学家以及政府官员加深对于中国如何走好市场经济之路从而建设一个"好的市场经济"并避免滑入"坏的市场经济"的思考。这关系着全体中国人乃至全世界人民的福祉。

（原载《十年纷纭话股市》，上海远东出版社 2001 年版）

增长模式与技术进步[*]

（2005年8月）

问题的提出

- 最近城市建设和重化工业投资拉动的过热表明，我们仍未脱离传统的增长模式，走出一条新型工业化道路
- 中外历史都证明，沿着旧型工业化道路无法平稳地实现工业化和现代化
- 在此编制"十一五"之际，我们必须认真思考怎样才能真正实现增长方式转变

最近几年，由大量耗用土地、资本和其他资源"经营城市"和兴建重点企业以便"迎接重化工业时代"的投资热潮引致的宏观经济波动，表明我们还是没有脱离传统的增长模式，走出一条自己的工业化道路。中国经济社会发展中碰到很多的问题，都与这个基本问题有关，只是人们往往不太注意基本问题，而是就事论事地去讨论一些具体问题，因而不能透彻地认识问题和解决矛盾。比如

---

[*] 根据作者2005年8月27日在中国科技金融促进会、北京市科技金融促进会和中国科技金融促进会风险投资专业委员会联合主办的"2005年会暨科技金融创新发展高层论坛"上的讲话整理，录音整理稿全文载《科技日报》2005年9月14日和《高科技与产业化》2005年第9期。又见吴敬琏《呼唤法治的市场经济》，生活·读书·新知三联书店2007年版，第234—261页。

说，现在煤矿矿难频发，许多报道和评论只说经营思想有问题、缺乏科学发展观，有法不依、执法不严，等等。但是有一个问题没有说到，就是增长模式的问题。在主要依靠大量投资和资源消耗来维持经济高增长的增长模式和工业化道路的条件下，要是严格执法，把安全没有达标的煤矿停下来，结果会是什么样？现在煤炭供应高度紧张，煤价居高不下，于是煤矿带病运转，完全不顾生产安全。有些分析说，如果严格执法，中国的基本能源——煤炭要减产一半左右，那会是个什么局面呢？当然，不是说不要严格执法，但是如果光强调严格执法而不改变增长模式，增长率会大大下降。还有，现在有一个很大的问题是消费增长太慢，投资增长太快，于是引发了好多问题。实际上在传统的增长模式下，这个问题只会变得越来越严重。对于社会经济生活中的一些具体问题，一定要回到最基本的问题上去讨论，否则只会使我们越来越被动，天天都忙于救火，按下了葫芦浮起了瓢。今天讨论防止通货膨胀，过两天又要对付通货紧缩了。增长模式就是这样一个基本问题。我们应当总结全世界在这个问题上的经验，包括我们自己的经验，认真地研究和解决中国的增长模式和工业化道路问题。

先讲第一个问题：与不同经济增长阶段相应的理论模型。

先行工业化国家的不同增长阶段和增长模式

- "早期经济增长"（18世纪后期—19世纪后期）：投资驱动——哈罗德-多马增长模型
- "现代经济增长"（19世纪后期—20世纪后期）：创新驱动——索洛的新古典增长模型
- "后工业化时期的经济增长"（20世纪后期至今）：信息化驱动——新增长理论或称内生增长理论

对于经济增长模式，除了理论经济学，发展经济学、增长经济学也都研究过这个问题,我们在此做一个概略的叙述,作为我们分析问题的框架。

根据现代经济学分析,先行工业化国家的经济增长,是从 18 世纪中期开始的。在 18 世纪第一次产业革命开始以前,经济增长非常缓慢。产业革命以后经济增长加速了,从 18 世纪后期到 19 世纪后期是现代经济增长的第一个阶段。这个时期,先行工业化国家中英国、美国、法国、德国的经济增长主要是靠投资驱动的。这种增长模式的理论概括叫哈罗德－多马（Harrod – Domar）增长模型。第二个阶段大致上是在 19 世纪后期到 20 世纪后期。从第二次产业革命开始,内燃机、铁路、电力、电动机等通用技术革命性地推动了产业发展和经济增长。这个阶段的理论概括是美国经济学家索洛（Robert Solow）提出的"新古典增长模型"。第三个阶段发端于 20 世纪后期,先行工业化国家进入了后工业化时期的经济增长,这个时期可称为"信息化驱动"阶段。与此相对应的,是发展经济学理论上的一个新理论概括,叫"新增长理论"或称"内生增长理论"。

这是一个粗略的框架,下面我们就来进行具体的分析。

在产业革命起飞以前的经济增长很慢。为什么很慢呢？因为受到了自然资源的制约。当时经济增长主要是靠土地的投入,而土地是有限的,所以它的增长速度上不去。第一次产业革命的好处就是打破了自然资源的约束,开辟了经济增长的广阔前景。第一次产业革命以后经济增长靠的是用机器代替手工劳动：为了要用机器代替手工,就要发展大机器工业,就要生产机器；为了生产机器,又要生产生产机器的机器,就是工作母机；为了生产机器和工作母机,就要发展重工业。而重工业是资本密集的,所以这个时期的经济增长就要靠投资去驱动,经济增长主要是靠资本积累、资本对劳动的比例不断提高作为支撑。这种比例提高在现代经济学里叫"资本深化",马克思主义经济学则把它叫做"资本有机构成提高"。这种增长方式所带来的各种负面的社会效果是人所共知的,比如说工人阶级状况恶化、污染极其严重。那时候，英国的工业中心曼彻斯特连基本的生存环境都不具备了，以及后来伦敦因污染而成"雾都"，等等。

从理论上最早对这种模式下的经济增长的社会经济后果作出透彻分析的是马克思。马克思在《资本论》里指出，随着资本有机构成的不断提高，总资本中不变资本，就是用来买机器设备、原材料的那部分资本比重越来越高；而可变资本，就是付给工人工资的那部分资本比重越来越低。在这种情况下，一定会出现两种符合规律的现象。一条规律叫做"平均利润率下降"。因为资本总量里面不变资本的部分越来越大，而能够创造利润的可变资本的部分越来越小，平均利润率就会降低。这就引起了竞争的加剧，出现资本积聚和集中，最后造成大资本的垄断。另外一条规律叫做"相对过剩人口（即失业人口）不断增加"。由于总资本中可变资本所占的比重越来越低，能够创造的工作岗位就相对减少，失业增加，工人的工资也提高不了，这就导致了劳动阶级的贫困化。

我们知道，马克思正是根据这两条规律宣称资本主义的丧钟就要敲响，可是我们这里有些自称是坚定的马克思主义者的人在谈到经济增长方式和工业化道路的时候却把马克思的这些分析丢到一边，声称那种增长方式好得很，我们还应当走那条道路。

当然，并不是所有的社会主义者都是从马克思的那个角度去研究早期经济增长的，列宁就从另外一个角度研究了先行工业化国家的早期经济增长。列宁在1893年写了一篇讨论资本主义能否在贫穷的俄罗斯取得发展的文章《论所谓市场问题》，其中提出，在资本有机构成提高的前提下，用于制造生产资料的生产资料增长得最快，用于制造消费品的生产资料增长得稍慢，消费资料的生产增长得最慢。这是列宁从西方国家早期经济增长的经验中总结出来的产业结构变化规律，即所谓"生产资料优先增长"。

斯大林从这个理论来论证他的"社会主义工业化路线"，即"优先发展重工业"。其实这条路线并不是从这个理论推演出来的，而是在20世纪20年代苏共党内路线斗争中产生的。当时由于处在资本主义国家包围之中，苏联要赶快增强国防力量，所以斯大林等领导人认为应当结束新经济政策，建立计划经济，以便凭借这种由政府集中配置资源的体制加紧发展重工业和军事工业。另一位领导人布哈林和斯大林不同，主张继续执行新经济政策，发展市场经济。斯大林在反布哈林的斗争中提出，社会主义工业化的特点和优点是优先发展重工业。为了政治斗争的需要，斯大林引用列宁的话作为自己的理论根据。过去放过一部苏联电影《列宁在1918》。那里面有许多情节是杜撰的，例如其中有一句台词是："按照布哈林的右倾机会主义路线走，俄罗斯只能是一个印花布王国，俄罗斯人将来刮胡子都要用外国刀片"。在布哈林派受到清算以后，这条"优先发展重工业的社会主义工业化路线"被苏共确立为党的路线。后来的一些社会主义国家包括中国都是沿着这条路线走的，实际上就是资本主义早期采用过的那种增长模式。

由于集中力量优先发展重工业的做法造成了严重后果，我们在改革开放以后不再像20世纪50年代到70年代那样，言必称"斯大林同志的正确路线"了。这两年比较走红的是德国经济学家霍夫曼（Walter G. Hoffmann）在20世纪30年代提出的产业结构理论。其实霍夫曼的理论完全没有超出列宁，只不过他把列宁称为生产资料生产的部门叫做资本品部门；把列宁称为消费品生产的部门叫做消费品部门。霍夫曼根据资本主义国家工业化早期和中期的现象把工业化划分成四个阶段。第一阶段资本品工业的规模是很小的，但是它比消费品工业发展得快。第二阶段资本品工业发展较快，消费品工业虽也有发展，但速度减缓。到了工业化的第三阶段，资本品和消费品两个部门在经济中所占比重就大致相当。霍夫曼根据这种趋势预言，到了工业化的后期阶段、也就是第四阶段，资本品部门将要超过消费品部门，成为国民经济中占优势的部门。

在经济学理论中，在更高更抽象的层次上概括先行工业化国家早期增长模式的是哈罗德—多马增长模型。这个模型的表达式是：

$$g = i/v$$

其中，g 代表增长率，i 代表投资率，v 代表资本—产出比率。

哈罗德—多马在模型中的一个基本假定是资本—产出比率 v 不变，所以，产出总量的大小取决于资本存量的多少，产出增长的快慢取决于投资率的高低，投资越多增长就越快。这个模型曾经在经济学界和经济界有重要影响。不过到 20 世纪 50 年代中期已经在理论上被否定了。但是在许多发展中国家和国际组织如世界银行，还是长期用这个理论作制定政策的基础。最近，世界银行的一位经济学家写了一本书叫《在增长的迷雾中求索》[1]，对世界银行仅依靠投资推动发展中国家经济增长的指导思想和政策导向进行了尖锐的批评。

后来进入工业化的后期了，情况怎么样呢？实际情况是，马克思关于两条规律和霍夫曼资本品生产变成主导产业部门的预言都没有实现。马克思是 1883 年去世的，在他去世后的 100 年，西方国家的平均利润率并没有明显下降，失业率也没有明显增加。现在有人说马克思的预言未能实现，是因为这套理论从政治出发，扭曲了事物的本来面目。我认为这种批评是不对的。马克思的分析完全是根据当时的事实做出的，他的论述中也没有逻辑推导的错误，或者受到意识形态的扭曲。那么，怎么解释他的预言为什么没有实现呢？照我看，原因是西方国家的经济增长模式发生了根本变化。对于霍夫曼而言，服务业异军突起，越来越成为主要的产业部门，也是他在 20 世纪 20 年代末 30 年代初所没

---

[1] 威廉·伊斯特利（William Easterly, 2002）：《在增长的迷雾中求索》，中信出版社 2004 年版。

有看到的。

最先在理论上对哈罗德—多马增长模型提出质疑的人是诺贝尔经济学奖获得者索洛。索洛在1956—1957年间写了好几篇文章，对哈罗德—多马增长模型提出质疑。他的理论推导是这样的：如果说增长取决于资本要素的话，一定会跟土地要素一样出现报酬递减的现象，即开始的时候资本增加的效果很大，即产出会有很大的增加；但资本加多了以后，效果会递减。为了保持一定的增长率，就要不断增加投资，但投资率不可能不断提高，所以就必然出现增长率下降。去验证一下先行工业化国家的实际发展情况，就发现这几条结论都不成立。事实上，增长率没有下降，投资占GDP的比重也没有提高，那么原因何在呢？索洛作出了自己的解释。这就是增长（Y）的源泉除了资本（K）和劳动（L）之外，还有一个余量A。索洛把这个余量A定义为技术进步。他所说的技术进步不完全是工艺上的进步，而是更为广泛意义上的技术进步，也就是效率提高。根据索洛的生产函数计算出来的技术进步系数还有一个名字，叫做全要素生产率（TFP）。索洛和另一位美国经济学家斯旺（Trevor W. Swan）提出的新增长模型又叫做新古典增长模型：

$$Y = A \cdot K^{\beta} \cdot L^{1-\beta}$$

还有一位诺贝尔经济学奖获得者库兹涅茨（Simon Kuznets）从经验数据分析的角度研究了先行工业化国家经济增长模式的演变情况。根据对主要工业化国家数据的分析，他认为这些国家在18世纪末19世纪初就开始向一个新的增长模式过渡。这个新时期的经济增长模式被他称为现代经济增长。现代经济增长和早期经济增长不同的地方在于，增长不再主要靠投资驱动，而是靠效率的提高。效率提高主要靠什么呢？他说，主要靠"基于科学的技术的广泛运用"。他说，产业革命以前的技术进步基本上是靠经验积累。第一次产业革命的时候，已经有某些技术是从科学，也就是从人类对自然界一般规律的认识导出的。比如大家都知道的故事：瓦特就很喜欢跟科学家们交往，也爱听热力学的课，所以他改良蒸汽机的时候用了一些热力学的原理。但是，第一次产业革命的技术大多数还是从工匠们的经验积累中得来的。第二次产业革命就不一样了。没有物理学的理论，电是无法应用于生产和生活的。所以从那个时候开始，技术就越来越依赖于科学了。以科学为基础，技术进步就大大加快，技术应用的广度和深度大大地提高。

这样，西方国家的经济增长就进入了第二阶段。库兹涅茨把它命名为现代经济增长。

顺便说一下，库兹涅茨把先行工业化国家开始向现代经济增长模式转换的时间定在1760年前后。后来经济史家麦迪逊（Angus Maddison）作了进一步的研究，把它定在1820年左右。不过现代经济增长什么时候才全面展开，无论他们两位还是整个学术界都没有太大分歧，都把它定在第二次产业革命发生以后，也就是19世纪末期。

诺贝尔经济学奖的获得者，也就是提出"穷人的经济学"的舒尔茨（Theodore W. Schultz）对技术进步的推动力量作了很深入的分析，他指出，技术进步主要是靠人力资本积累。这里所谓的人力资本不是指劳动者的体力，而是指他们的知识和技能。他认为人力资本和物质资本不一样，物质资本是报酬递减的，而人力资本是报酬递增的。物质资本投入，你用了别人就不能用，而知识不存在这个问题，你用了别人照样可以用。所以根据舒尔茨的理论，现代发展经济学认为，一个国家要提高效率，必须大力增加人力资本投资，发展教育，因为它是报酬递增的。

当然，经济学也发现这里存在另外一个问题，就是知识、技能这些东西一方面是收益递增的，会给社会带来很大的好处；但是另一方面如果要求科学家、发明家都能无私奉献，他们的积极性就不会高。所以必须有一定的激励制度作保障。

建立对科学家和技术发明人的有效激励制度，首先要区分科学和技术。由于二者之间存在本质的区别，因此激励的方式也就有所不同。科学是对于自然的一般认识，它的外部性极强，具有公共产品的性质，就是说，只要一项科学发现公开发表，就很难不许别人无偿地使用。所以对科学发现的激励主要是对首创者的表彰和奖励。技术发明则不同。第一，技术的作用在于可以在生产中应用并获得经济收益；第二，发明人可以垄断这种技术，排除别人的使用。所以，对于技术进步的激励主要来自商业上获益。

这种区别当然是抽象的理论分析，但是，只要我们仔细观察我们身边的实际，就会发现其实对于科学和技术不同激励方式的误解和误用天天都在发生。

浙江绍兴的纺织业，最近遇到了一些困难。一个很大的问题是，这个地区采取纺织企业集中经营，或者叫做产业集群（cluster）的经营组织形式。我们一直都在说块状经济有很大好处，地区集群里的企业互相知根知底，一家企业搞了什么新产品，第二天大家都学着干，而且都是乡亲，也不好意思说什么。我们的一些报刊一直在宣传这种经营组织形式的好处，说是可以实现企业之间的互助和地区的共同繁荣，但是没有注意到它也有一个毛病，过了一段时间，谁都不去创新了。这叫做"你创新，我仿冒"。在这种情况下，地区经济的发展就只能靠人民币汇价低估和廉价劳动力。这不能永远吃下去啊！吃到一定程度以后，只好靠数量扩张，于是供过于求，产品价格下来了，原材料涨上去了，大家都感到困难。

我们还是回到索洛。应当说，索洛的理论有一点毛病，就是他把技术进步看作是外生的，即可以从外面引进的。如果真是这样的话，先进国家的先进技术扩散到后进的国家，世界各国经济发展水平就会逐渐地趋于同一。但事实上，这种趋同并没有发生。这些年来，有些后进国家赶上去了，但也有些发展中国家与先进国家的差距越拉越大。20世纪80年代以后产生并在当代发展经济学上占优势的新经济增长理论提出，技术进步不是一个外生变量，而是一个内生变量，它是和一个国家的制度、政策环境和文化传统等有直接关系的。不是说人家有先进技术你只要拿过来就能保证经济增长上去。如果你自己本身的制度和环境不利于采用先进的技术，不利于发展先进的技术，即使能引进技术也不见得能够赶上先进国家。这对我们来说有非常重要的意义。在座各位是科学和技术领域的专家，我们一定要注意，科学和技术的进步这个变量不是外生的，是内生的，取决于我们自己的制度和环境，如果没有一个好的制度和环境的话，我们是赶不上先进国家的。搞得不好，差距还会越拉越大。

下面我们来分析现代增长模式在现实生活中是怎么表现的，然后再说我们从中可以引出什么样的结论。

现代经济增长中效率提高的主要源泉

- "基于科学的技术"的广泛应用
- 服务业的迅速发展
- 现代信息通信技术（ICT）促进信息成本的降低和整个国民经济效率的提高

刚才我们说到，现代经济增长的特点，是靠提高效率支撑经济增长。提高效率这个问题我们已经讲了几十年了，特别是"文化大革命"结束以后，党中央确定20世纪最后20年GDP要翻两番的目标时，特别提到了它的前提是"效率不断提高"，叫做"在效率不断提高的前提下到本世纪末翻两翻"。后来"翻两番"是做到了，但是"效率不断提高"却没有做到。我们应该怎么办？关在屋里想当然也是一种办法；但更讨巧的办法，是看一看人家为什么能够做到。在19世纪末20世纪初风雨飘摇的一些西方国家，为什么转到实行现代经济增长模式后，恢复了一定的生机与活力。社科院经济研究所老所长许涤新说，它们"腐而不朽、垂而不死"，在某些方面还表现出一定的活力。它们能做到的，在我们的条件下应该更能做到。

研究经济增长的文献分析现代经济增长中效率提高的源泉大致上有三条。

第一，与科学相联系的技术的广泛应用。

先进技术在生产中的广泛运用依赖于科学和技术本身的进展。而这种进展的基础，则是有利于学术繁荣和技术创新的激励机制的制度化。大致在19世纪中期，西方国家的科学制度化过程就已经完成了。

对于科学来说，最重要的是科学共同体的建立。科学和技术不一样，对于科学的激励是基于首创权的激励。科学有很强的外部性，所以对它的激励不能靠商业利益，也不能以经济上有没有效益做标准。我记得20世纪80年代中期我去中科院调研的时候，数学所杨乐所长就问过我一个问题：都说什么科研要为经济建设服务，但说不清楚数论研究怎么直接为经济建设服务。还有一位为中国的卫星和导弹研制做出过很大贡献的系统科学研究所关肇直所长提出一个问题：哥德巴赫猜想在经济上有什么用处，有谁能说得清楚吗？按照这个标准能行吗？所以说对于科学家来说，他的动力是求知的欲望，对他们最重要的是看谁最先发现了规律，提出了定理，在首创权方面竞争。科学界的竞技规则叫做学术规范。学术规范的建立、学术规范的执行和对于首创权的奖励靠谁来做呢？要由科学家的共同体来做，而不能由政府越俎代庖。科学家共同体建立得最早的是法国法兰西学院、英国皇家学会，还有各个学科的学会。科学家在这里交流信息，建立和执行学术规范，评选先进人物并授予奖励。

对于技术创新的推动力量和科学发现不同，是商业上的利益，所以技术创新要通过市场去进行激励。当然，市场制度的有效运转也要靠其他一系列制度支撑，包括法律制度，比如说知识产权保护制度。前年（2003年）我去浙江调查，一些技术创新的积极分子感到很苦恼，因为现在知识产权保护太差，使大家都不愿意投入时间、精力和资金去搞技术创新。

还有教育制度。学校在中世纪后期只是传播知识和技能的机构，后来由于学校中学者自治、学术权威的建立，它就不仅是传授知识的场所，也成了创造知识的场所。

总之，到了19世纪中期，这一套有利于科学、教育和技术发展的制度在一些先行工业化国家已经比较完备了，因此科学和技术创新就能够得到各方面的支持，得到很强的激励。日本是个在赶超先进国家方面做得很成功的第三梯队国家，它的专利法是1885年建立的，并于1985年庆祝了专利法颁布100周年。对发明权的保护有力地促进了技术进步。

这样，在现代经济增长中，基于科学的技术得到广泛应用，使新工艺、新材料、新产品大量涌现，使得生产力大大提高。

第二，服务业，就是所谓第三产业的发展。

在西方国家工业化后期，发展最快的产业，并不像人们所预料的那样，是重工业，甚至是工业，而是服务业。服务业在19到20世纪之交异军突起、迅速发展，而且很快就超过了整个工业，成为国民经济中最大的产业。

服务业的发展有两种基本的形态：一种是独立的服务业的发展；另一种是制造业内部服务活动的发展。19世纪后期，开始是德国，后来是美国，在大工业大企业里面建立了研发机构（R&D）。同时，工业企业中的营销、售后服务等服务部门也发展起来。这样，制造业里面就有许多服务业的含量，这叫做服务业和制造业的融合或一体化。所谓现代制造业或者先进制造业这个概念最重要的就是里面包含了大量服务的内容，甚至变成了主要内容。比如，索尼现在的主要收入和主要利润来自哪里呢？来自服务，不是来自制造。主要靠它的娱乐公司赚钱，即使制造产品比如电脑的部门，也主要靠研发和设计。当一个企业的服务部门占了优势，就会干脆把这个企业归到服务业里。例如，台湾服务业 100 强前几位都是先前的制造业企业。

最能说明现代制造业中服务比重增长情况的是宏碁的创始人施振荣 1992 年提出的"微笑曲线",如图 1 所示。

现在制造业的价值链是一条两头高中间低的弧线:两头中上面一头是研发、材料采购、设计,下面一头是品牌营销、渠道管理、综合物流、金融。这两头的附加值都很高。中间一块,像加工、组装、制造则附加值比较低。施振荣还指出这条曲线的曲率越到后来弯得越厉害;20 世纪 60—70 年代还比较平坦,到了 90 年代的时候就很凸了,附加值高、盈利率高的那两头,从原来的观念来说,都是服务业,而不是制造业。

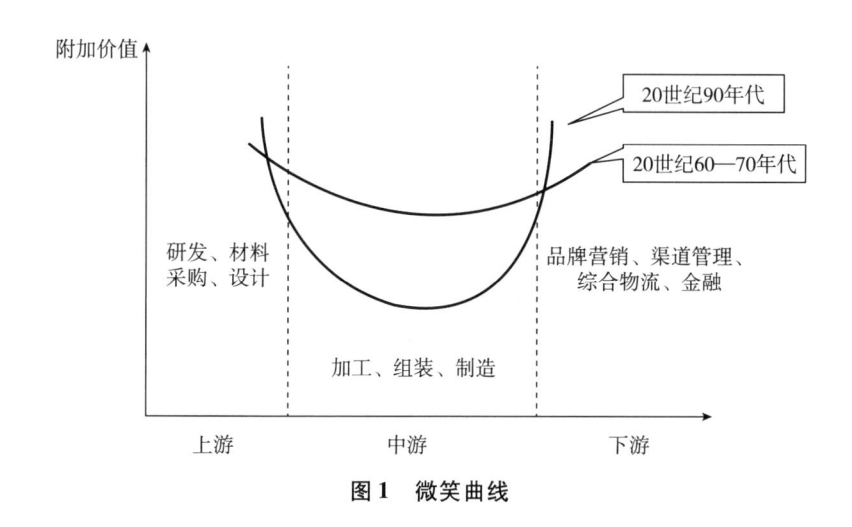

图 1　微笑曲线

总之,在现代市场经济中,服务业的发展支持了整个经济的增长和效率的提高。所以有人说,后期的工业化应该叫做服务业—工业化。现在的工业化概念已经不是原来那样的概念,它本身已经得到了扩展。不过现在许多人还是保留原来的观念,以为只有物质生产才能叫生产,而一讲起服务业就以为是餐饮、理发什么的。其实 20 世纪发展最快的是生产性服务业。所谓生产性服务业就是它的服务不是卖给消费者的,而是卖给生产者的。比如说刚才讲的研发机构就是从事生产性服务的，还有为企业提供融资服务的金融机构也是生产性服务业，做的不是消费信贷，而是生产性服务。

历史数据表明，不论在英美这样的第一梯队国家、法德这样的第二梯队国家、日俄这样的第三梯队国家，还是韩国这样的第四梯队国家，服务业都在工业化的中后期成为国民经济中最大的产业。

服务业的发展意义非常重大。在20世纪的大部分时间里，人们对发展服务业的意义的估计是不足的。只是20世纪最后30年经济学有了重大突破，普遍认识到交易成本的存在以后，人们对服务业的意义才有了充分的认识。交易成本的发现，意味着在总成本里面有一部分耗费是跟产品制造中的物理、化学变化一点关系都没有的。而是因为要实现人与人之间的活动交换，即交易而发生的。比如说，为了治理公司有董事会。你看，董事会发布一次财务报告，搞一次关联交易审查要花多少钱？要印那么多的材料，又是律师又是会计师，那些人都是高工资的。这些耗费跟产品的物理化学变化没有什么关系，它纯粹是为交易付出的。对于交易成本，经济学有一套解释：我们知道，分工深化是加工成本降低的主要推动力量；而分工越深化，处于社会分工体系不同地位的人们之间的协作就越广泛和频繁，交易就增加；交易增加了，需要付出的交易成本就越多。所以，随着经济的发展，交易成本在总成本中的比重就越来越高。诺斯（Douglass C. North）估计，在20世纪80年代的时候，美国国民收入中有47%是用于交易的。① 服务业是处理交易的，它的发展有一个重要作用，就是降低交易成本。举个例子，据香港从事供应链管理的大企业利丰集团的董事长冯国经讲，在他们这个行业里面，从原料进来到把产品送到消费者手上，全部的价值链里面用于制造的只占1/4，用于流通的占3/4。他把3块钱流通费用叫

---

① D·诺斯（1990）：《制度、制度变迁与经济绩效》，上海三联书店，1994年版，第38页。

做"软3元"。他说，现在制造成本已经压得很低，要从制造成本的1块钱里抠出几分钱都非常困难；但是降低流通的成本，从这3块钱里抠出个1—2角就比较容易。[①] 现在中国存在一个问题，就是生产成本很低，交易成本却非常高。当然原因不光是流通业，金融服务、政府的公共服务差也是重要的原因。

第三，信息化。

信息成本是交易成本最重要的组成部分。信息化，即用现代信息技术改造整个社会，其最重要的作用也是降低交易成本。对于先行工业化国家说来，信息化是在完成工业化以后的事。中国到现在还没有完全实现工业化，但是我们完全可以在适当的地方采用现代的信息化手段来降低交易成本，加快我们的工业化步伐。这也就是党中央、国务院文件里说的"用信息化带动工业化"。

中国增长模式和工业化道路的演变和存在的问题

- 从第一个五年计划开始，中国沿用斯大林的"社会主义工业化路线"，使重工业畸形发展、农业受到严重损害、服务业十分落后，高投入和低效率的状况一直没有改变
- 经过1979年和1981年的调整，经济结构有所改善，农业、轻工业和服务业获得一定进展

中国从第一个五年计划开始就沿用了斯大林优先发展重工业的"社会主义工业化路线"，集中主要力量发展重工业，结果产生了许多问题。毛泽东主席在1956年就感觉到出了毛病，但是当时并没有认识到是经济增长模式的问题，以致在提出加强农业、轻工业的同时，还是强调要在优先发展重工业的前提下这样做，不但没有

[①] 利丰研究中心编（2003）：《供应链管理：香港利丰集团的实践》，北京：中国人民大学出版社，2003年版。

强化农业，反而到 1958 年搞了个大炼钢铁，后果非常严重。一直到"文化大革命"结束，还是按照先行工业化国家的早期增长模式，也就是传统的工业化道路走的，带来了很严重的经济社会政治问题，这是大家都知道的。

"文化大革命"结束以后，开始了经济结构的调整，调整结构其实就是纠正旧型增长模式和传统工业化道路导致的消极后果，首先是结构恶化的问题。

1979 年和 1981 年政府两次调整了国民经济结构，它的要点是加强农业、轻工业和商业，取得了一定的效果。正式提出要转变增长方式是 1996—2000 年的"九五"计划。"十五"计划沿着"九五"的路线，强调要优化产业结构，实现结构升级。但是，由于与旧增长模式相适应的体制和政策在相当大的程度上还存在，情况改变很慢或很少，甚至要回到旧的增长模式上去。

那么，有哪些旧的体制和政策遗产仍在起作用呢？我把它归结为四个方面。

第一个问题是政府还保持着对重要资源的配置权力。1992 年中国共产党第十四次全国代表大会在确定市场经济的改革目标的时候已经明确，所谓市场经济就是市场机制在资源配置中起基础性作用的经济。但是这一点一直没有到位。例如，企业融资的主要来源是银行，而由于银行改革没有到位，银行信贷仍然在很大程度上是受当地党政领导的影响的，甚至直接由党政领导决定。除此之外，有一种新的重要资源——土地也是由政府配置。从农民那里把属于集体的低价土地收来，然后由各级政府"批租"给企业。

第二个问题是把 GDP 增长速度作为干部业绩主要的标准。不光是组织部考核干部时把它作为主要标准，而且形成了一种社会风气，看一个官员的政绩主要看其在任时的 GDP 增长率高低。

第三个问题是现行的财政制度促使各级政府把 GDP 的数量扩张放在首位。从财政收入来说，现在税收的一半来自生产型增值税。中央政府和地方政府按七五、二五的比例分成。而生产型增值税是跟物质生产部门的产值挂在一起的。从财政支出来说，由于提供义务教育等公共服务的支出责任过分下移，也使各级政府都要努力增加 GDP，以增加本级政府的收入。

第四个问题也很重要，这就是非经济学家大概不太注意的生产要素定价问题。在计划经济的条件下，用行政命令配置资源，价格不是由市场竞争形成，而是由行政决定的；行政定价有一个倾向，就是尽量压低生产要素和上游产品的价格。这种做法现在还在很大程度上保留着。比如说劳动力工资尽量规定得很低，美其名曰因为好吸引投资；贷款保持过去的低利率状态，一碰到通货膨胀实际利率（即银行挂牌利率减通货膨胀率）就变成了负的；去年这一年，商业银行贷款的实际利率是零。土地过去不要钱，后来批租的时候，也是有很多优惠的，对大企业、对外来的企业甚至半卖半送。有些地方搞得更厉害：你进来，征地、拆迁和"七通一平"由我负责，低价给你，实际上是倒贴。还有，电价也普遍偏低。还有石油制成品的价格，美国因为燃油税很低，所以就爱开大车，浪费了世界的资源，受到全世界的谴责。中国是个贫油的国家，可是我们的燃油税水平比美国还低。有识之士、包括汽车工业界的有识之士提出了多少年，为了鼓励省油的、低排量的轿车和限制高排量的车，要给成品油加税。但是据说是为了支持汽车工业，燃油税迟不出台。还有汇价问题。低估本国货币，降低了以本币计算的商品成本，短期来看对我们出口企业很有利，但是降低了进行技术改造和产品升级的压力，中长期看并不那么有利。

所有这些决定了各级官员有一种自发的倾向，回到旧增长模式，用大量的投资、大量的资源和支持生产那些价格高、产值大、税收多的产品。加上"十五"计划提出要调整结构，在这样一个制度环境和政策环境下，人们就把结构调整理解为由政府来发展那些产值高、税收多的产业。于是就在 20 世纪 90 年代后期到 21 世纪初期自然而然地形成了"产业结构重型化"的全国性风潮。有些经济学理论家又做了一些论证，说中国进入了一个"重化工业化的时代"，就使之更有根据了。于是各地大量投资办重化工业。许多地方也都说本地经济结构太低级了、太轻了，要重型化，都安上汽车生产线。在宁波调查时，发现当时全国销量最大的手机生产商也要做汽车。我回到北京以后不放心，还专门去了一趟宁波了解这家企业为什么不把积累起来的几十亿资金投入手机的研发，开发具有自主知识产权的技术填补自己的弱项，而去投入将来一定会有一场竞争恶战的汽车生产。全国各地像这种情况可能差不多，都在用大量投资"经营城市"和搞"重型化"。我不是说中国不要发展重化工业，而是说不能所有的地方都不顾资源禀赋条件把投资重点放在重化工业上。

我认为，一窝蜂地投资搞重型化有六点坏处。

第一，最基本的，是降低了资源配置的效率。

根据经济学的原理，一个地方要提高经济效率，最重要的是根据资源禀赋状况扬长避短，发挥优势。那么，中国的资源禀赋状况是怎样的呢？中国资源禀赋的基本状况是：人力资源丰富、自然资源短缺、资本资源紧俏、生态环境脆弱。在这种情况下，我们发展经济之道、提高效率之道，就是要扬长避短，尽量开发利用人力资源，节约使用自然资源和资本资源，尽力维护生态环境。用投资重化工业去带动中国经济的增长，恰好是一种扬短避长的选择。

比如说，这几年中国高耗能、高污染的行业像电解铝、焦炭、铁合金等的超常发展，就是扬短避长的一个突出的例子。这些产品的出口，看起来是赚钱了，但如果按均衡价格（影子价格）来计算，其实是亏的。一些企业家热衷于上马电解铝，是因为能够享受优惠电价，表面上赚了钱，实际上由国家补贴，造成国民财富的净损失，而且环境污染的成本没有算进去。

第二，放松了技术创新和提高效率的努力。

目前用了一些政策倾斜的办法来支持那些高投入、高产值、低附加值、低盈利的企业的发展，使得这些企业可以依靠廉价的劳动力和政策优惠来生产和销售，从而放松了技术创新和产品升级的努力。2003年政府有关部门请一些经济学家讨论人民币是不是应当浮动起来。当时许多人都认为，不应该浮动，因为我们的出口企业本来利润就很薄，一浮动，人民币势必升值，升值以后我们的出口商会有困难。但是会上反映了浙江有一位做出口的企业家提出的不同意见。他说，从短期看，保持人民币低估是有利于出口的，但是这样搞下去，因为没有技术升级、产品升级的压力，两三年后浙江的出口企业就会出大问题。结果还没到两年，真应了他的话。我们沿海地带的出口企业发生了困难。有些看着很强大的企业集团，说垮就垮了。所以说还是要让企业有压力，不断提高产品的技术含量，提高产品的附加值。

第三，使服务业发展滞后。

1985年世界银行的第一个中国研究报告就指出，中国产业结构失常的首要表现是服务业所占的比重太低。这种情况至今没有明显的改进。2001年中国服务业占GDP的比重比印度还低，比韩国低得更多。到了21世纪的头三年，许多地方搞"重型化"，服务业的比重不但没有上升，反而连年下降。这就形成一种状况，就是在施振荣微笑曲线里，我们干的是附加值最低、盈利率最低的那个部分。按照耶鲁大学的金融学教授陈志武的说法，我们在国际分工中是"卖硬苦力"的。

《华尔街日报》在2004年年初发表过一篇文章，题目叫做《中国的崛起有利于巩固美国的霸权》，意思是美国在世界经济中的霸权得益于中国的工业生产的高速增长。文章举了一个例子，讲的是世界上最大的鼠标制造商罗技（Logitech）的故事。罗技是一个美国和瑞士合资的公司，制造厂设在中国的苏州。2004年卖到美国两千万个鼠标，每个鼠标的售价是40美元，其中这家公司自己分得20%，即8美元；分销商零售商分得37.5%，15美元；还有得克萨斯仪器公司（TI）等元器件供应商分得35%，14美元；苏州的工厂得到多少呢？7.5%，3美元。几百个工人的工资、水电费等生产费用，全在这3美元里。文章说，罗技公司的苏州货仓可以说是当前全世界经济的缩影。

我们现在的经济情况当然要比改革开放以前要好得多，但是也不能永远停在这个水平上只干"卖硬苦力"的活儿。还是要尽力提高我们的产品的附加值和赢利性。

第四，造成资源的大量浪费和生态环境的破坏。

本来中国的人均资源占有量就比世界平均水平低得多，可是我们还要着重发展高资源耗费的产业，这就使资源瓶颈迅速收紧，如表1所示。

表1　　　　　　中国人均资源与世界平均水平的比较

资源种类	我国人均占有水平	占世界人均水平比重（%）
耕地	0.1公顷	42
淡水	2257立方米	27
森林	0.12公顷	20
矿产保有储量潜在总值	0.93万美元	58
其中：煤炭（探明可采储量）	98.94吨	53
石油（剩余储量）	2.7吨	11
天然气（探明可采储量）	769立方米	3
铁矿石	36吨	71

资料来源：中国科学院资源环境科学信息中心：《我国能源发展战略研究》，2004年。

国家发改委马凯主任在2004年指出，2003年中国的GDP占世界4%，可是资源消耗情况是：石油消耗了世界总消耗量的7.4%、原煤31%、铁矿30%、钢材21%、氧化铝25%、水泥40%。资源有些是可贸易的，就是说可以到外国去买，但是因为我们没有扬长避短，过度消耗了资源。现在世界市场上流行一句话：中国卖什么什么降价，买什么什么涨价。所以，这绝非长久之计。更何况有些资源并不是完全可贸易的，过度消耗就会危害我们国家的资源安全。

生态环境的破坏也是一个严重问题。例如华北平原是中国最缺水的一个地区，但是这个地区近几年发展起上亿吨的钢铁生产能力，而钢铁生产是高耗水的。有报告说华北平原浅层地下水已经抽光了，现在正在开采深层地下水，而深层地下水是不能够采的，因为它不能回补。再开采下去的话就会形成漏斗，地表跟下层水接不上了，而这个地区又是我们小麦的主要产区，所以问题是非常严重的。

正如胡锦涛总书记在2004年9月的一次讲话所指出："如果不从根本上转变经济增长方式，能源将无以为继，生态环境将不堪重负。那样，我们不仅无法向人民交代，也无法向历史、向子孙后代交代。"

第五，增加了解决就业问题的难度。

中国有大量农村富余劳动力和城市新增劳动力需要在城市工商业中就业，所以增加就业是一个极端重要的问题。主张要用大量投资去发展重化工业的人们有一个论据，就是提高增长速度有利于解决就业问题。其实这在逻辑上是讲不通的。因为就业的多少不只取决于GDP的增长速度，还取决于GDP的结构。我们知道，重化工业创造就业岗位的能力是很差的。就业能力主要靠服务业和小企业。世界各国都是这样。重工业每亿元投资提供0.5万个就业机会，只及轻工业的1/3，一些力主中国实现"重化工业化"的论者也说，"在轻工业为主的阶段"，GDP每增长1个百分点能安置300万人就业，而在"重化工业阶段"，这一数字为70万人，20世纪90年代后期以来，就业对于国民经济增长的弹性系数降低得非常快。这表现了传统工业化道路的就业负效应。

第六，这些问题的持续积累，还有可能造成严重的金融问题。

前面我已经讲到，在早期增长模式下，投资占GDP的比重不断地提高。投资效率低下，会使我们的金融体系变得脆弱，这就蕴藏着金融风险。

我看到一些企业家写的文章，说现在跟过去不一样了。过去是国家投资，投资增长太多会有风险，现在都是我们企业自己投资，由企业家自己承担责任,投资再多也没有风险。据我了解,现在许多投资主要靠的是银行贷款,所以风险责任最终并不在企业而在银行。而且正像我刚才讲的,国有商业银行的存贷款利率通常都是低于市场均衡利率的,能够拿到这样的贷款也就意味着享受了一定的补贴。我也主张投资不要经过行政领导机关的审批。企业家自己负责,审批它干什么?问题是现在银行贷款的时候受到多方面的影响,包括党政领导意图的影响。通常的办法是:党政领导的办公会决定了要发展什么产业,要搞几个大项目,然后来拼资金"盘子":财政拿多少、银行拿多少、股市"圈"多少,等等。如果回报没有保证,将来出了问题就是银行的烂账。据我所知,不但是企业,还有一些地方政府也在累积这种金融风险。有些地方政府在搞"城市改造""形象工程"的时候,是以土地作后盾的,用土地作抵押,取得银行贷款。他们指望着房地产涨价,房地产涨了,才能还银行的钱。如果房地产价格下降,银行就会出现大面积的不良资产,最后就是逼使国家买单。不管是从财政出、外汇管理局出、中央银行再贷款出,归根到底还是纳税人负担。所以金融系统的问题是一个很大的问题,绝不可掉以轻心。我们知道美国经济学家克鲁格曼1994年就预言东亚会发生金融危机。他后来讲,他之所以预言东亚会出现危机,就是从投资效率低下分析出来的。关于这个问题,我就不在这里详细地讲了。

怎样实现增长模式的转变,走好新型的工业化道路

- 加快科学和技术进步,力促自主创新
- 加快服务业,特别是生产性服务业的发展
- 充分发挥现代信息技术的作用,用信息化带动工业化

从上面这一切可以看到,粗放增长的状况绝不能再继续下去了。那么,我们应当做些什么,切实地转变我们的增长方式呢?

首先，必须要转变思想，认真理解和坚决贯彻科学发展观，走新型工业化道路，把建设资源节约和环境友好型的社会作为民族的目标。从经济方面说，贯彻科学发展观的核心问题是转变经济增长方式。

根据世界各国和我们自己的经验，为了实现从早期经济增长模式到现代经济增长模式的转变，有三个方面的工作是必须做的：第一是认真执行科教兴国的方针，促进基于科学的技术在经济各领域中的运用，鼓励技术创新和产品升级；第二是加快服务业的发展；第三是以信息化带动工业化。

有人说中国底子薄，总体的文化水平又不高，提倡自主创新还不到时候。我认为这种看法是片面的。在这方面，中国有它弱的方面，但是也有它强的方面。我们全民的文化水平不高，科技水平不高，但是我们人口众多，因此人才的绝对量并不少。现在中国不论是高等教育在校人数还是每年毕业生的人数，都是世界第一。也许我们的教学质量比西方国家差一点，但是数量超过所有西方国家。现在的问题是怎样把他们的潜力发挥出来。我每次去深圳，总要安排到华为和中兴去看一看。每次看了都感到很振奋。我们中国人绝不是注定不行，是可以行的，只要我们努力做好工作，把潜力发挥出来。

其次，发展服务业可以从两方面着手。一方面是制造业要向施振荣的微笑曲线的两端延伸，能够延伸到什么程度就延伸到什么程度。另一方面是大力发展服务产业。

香港回归对内地来说带来了两个最重要的东西：一个是它的法律体系、法治环境，另一个就是它的服务业。应该说，香港的服务业，不管是供应链管理还是金融和整套支持体系在世界上都走在前列。如果我们能够把它的作用发挥出来，将会对全国的产业升级有很大的帮助。

再次，关于用信息化带动工业化，我认为现在的一个重要课题是避免用早期工业化阶段只看重物质产品的眼光看待信息产业。我们这里有一个认识误区,就是用老眼光看待信息化,一讲信息产业,就是电脑、外围设备等硬件生产。其实信息通信产业,本质上是一个服务业,它的主要作用是给各个产业提供信息服务,帮助它们降低信息成本,而不是光要它本身的那点产值。所以,从信息产业的构成看,世界上大多数国家的信息产业主要是软件和服务构成的。

从表2可看出,中国的信息产业结构是倒过来的,是硬件为主,结果就是信息化降低国民经济的信息成本和提高整个社会的效率的作用发挥不出来。

表2　　　　　2004年中国和美国信息产业结构比较　　　　单位:%

	硬件	软件	服务
美国	32.1	25.2	42.7
中国	79.5	8.5	12.0

资料来源:IDC。

最后,我要强调,要真正做到上面这三条,最重要的是要为它们的实现排除制度性障碍,建立制度性基础。没有有利于学术繁荣和技术进步的机制、体制和制度,无论你多么想赶超科学和技术的世界先进水平,也很难做到。这里我想讲讲自己的经历。我大学毕业以后不久就进了中关村的中国科学院经济研究所。从1955年起,中央提出向科学进军,搞"12年科学规划",科学院都是活动中心。政府主导的科技攻关形成了一套路数,这就是由政府来决定科研重点,组织人力物力攻关,然后要求企业把这些攻关成果变成产品。一直以来这套政府主导的老路子好像没有太大的变化。效果也好像不大。

根据别人的和我们自己的经验,我看最重要的是要改掉行政化、官本位的科研、教育和技术开发体制,实现有利于学术繁荣和技术进步的激励机制的制度化。对于科学研究而言,最重要的是形成独立和自律的科学共同体，以便树立严格的学术规范和建立以科学发现优先权为核心的激励制度；对于技术而言，最重要的是营造良好的市场竞争环境和知识产权保护体系，使技术创新者得到实实在在的利益。美国科技史学家罗森堡（N. Rosnberg）曾经说过，18世纪以前的等级制和人身从属关系不利于科学研究这种创造性的活动。最近我看到周光召院士的一篇讲话①，说要当官就不要搞科研，搞科研就不要当官。这个观点我很赞成，但是我想我们还应当进一步追问，为什么许多人都想当官呢？显然这里是有制度基础的，我想我们还是应当建立一套制度，就是邓小平在1978年全国科学大会上讲的"三百六十行，行行出状元"的制度。现在科研和教育机构搞得越来越行政化，当官就是华山路一条。这就抑制了科学家和其他专业人员的积极性和创造性。

对于服务业的发展，机制、体制和制度也极其重要。我愿意推荐大家去看看陈志武教授的一篇文章②。他在那篇文章里分析了中国人为什么只能干低附加值的加工装配，"卖硬苦力"的道理。他说，谁都知道服务业附加值和盈利性高，加工装配附加值和盈利性低，但是中国人为什么长于搞加工装配而不长于搞服务业呢？他对这个问题的回答是，因为这两个行业对于制度环境的要求不同。装配是跟物打交道的，对制度的要求不太高。而服务业是跟人打交道，没有一个好的体制就干不了。比如对于实物产品来说，产权保护比较容易，因为看得见、摸得着；但是金融产品看不见、摸不着，所以要有一套很严格的法律体系才行。我跟一位香港企业家讨论过，说你能来我们这里介绍介绍经验，把我们的供应链管理搞起来吗？他说我那一套要在内地不大好做。比如说他给一些生产服装的企业做供应链管理，就是在全世界性价比最好的地方买纽扣、买布，然后把布送到性价比最高的地方做后整理，然后在某一个时点

---

① 李润文、李健：《中国科协主席周光召痛斥官本位：做官就不要搞科研》，《中国青年报》2005年8月22日。
② 陈志武：《为什么中国人出卖的是"硬苦力"》，《新财富》杂志2004年9月号。

上正好加工服装的这个企业要用布的时候布到了，用纽扣的时候钮扣到了。他说在内地的环境，一扯起皮来整个就不行了。供应链管理全靠软环境，计划衔接丝丝入扣，零仓储，但是在内地在现在的市场环境下怎么做得了呢？

总之，转变增长方式，要强调靠推进改革带动，现在我们的一些党政领导机关的分利化倾向相当严重，不是首先考虑全同利益，而是考虑自己的工作方便和权力、利益。有时一个行业的行政管理机关就变成那个行业的利益代表，而不是代表全社会去管理、规制这个行业，这就使推进改革攻坚有很大的艰巨性。我希望各级党政领导对这种情况要有非常清醒的认识，下定决心，动员全社会的力量把这个"坚"攻下来。

（原载《科技日报》2005 年 9 月 14 日）

中国经济的未来方向

(2012 年 12 月)

未来中国的方向，是当前许多经济学家甚至全国人民都在思考的一个问题。1978 年中共十一届三中全会以来，确立了市场化的正确方向，并取得了推动经济高速成长的巨大成就。但是 21 世纪初以来，出现了不同的意见和选择，改革似乎走到了一个新的十字路口，面临选择。未来十年，在继续完成市场经济改革任务的同时，积极而慎重地推进政治改革，既是未来中国改革的主题，也关系到中华民族的兴亡和每个公民的根本利益。在这样的问题上，容不得有半点犹疑。只有打破阻力，奋力过关，才能实现几代中国人的梦想，把中国建设成为一个富裕、民主、文明、和谐的现代化国家。

一 改革尚在半途

根据 1992 年中共十四大作出的社会主义市场经济的顶层设计和 1993 年中共十四届三中全会作出的改革总体规划，中国在 20 世纪末期把一个对世界市场开放的市场经济制度框架初步建立起来了。但这个体制与以"充分发挥市场在资源配置中起基础性作用"为基本特征的社会主义市场经济制度还有相当大的差距。

两者之间差距的主要表现是，政府继续在资源配置中居于主导地位，限制和压制了市场发挥基础性作用。

第一，政府仍然支配着主要的经济资源。矿山、海洋、城市土地和大部分资本都掌握在政府手里。

第二，虽然国有经济在国民生产总值中并不占有优势，但是，它仍然控制着一切"制高点"（列宁语，中文译为"命脉"）。国有企业在一系列重要行业中的垄断地位不但没有减弱，反而有所加强；国有经济的规模仍然很大，而且相当一部分国有企业保持着政府赋予的行政垄断权力。

第三，现代市场经济不可或缺的法治基础尚未建立，各级政府官员享有过大的自由裁量权，他们通过直接审批投资项目、对市场准入广泛设立行政许可、对价格进行管制等手段，直接对企业和个人的微观经济活动进行频繁的干预。

中国形成这样的体制，是有其来由的。在开始研究经济改革的目标模式的20世纪80年代中期，对这个目标有过不同的设想，其中最重要的是两种：一种属意于"政府主导的市场经济"（"东亚模式"），另一种属意于"自由市场经济"（"欧美模式"）。大致说来，官员钟爱"东亚模式"，具有现代经济学知识的学者向往"欧美模式"。不过，在改革初期命令经济还占统治地位的情况下，两者之间的差异并不显得十分突出，因为即使认为改革的最终目标应是欧美模式的市场经济的人们也承认，在竞争性市场体系还没有建立起来的情况下，政府不能不承担更大的协调经济的职能。而在命令经济已被全面突破，市场的规则又还有待建立的情况下，它们之间的分歧就日益突出了。对于持后一种观点的人们来说，改革的目标还远未达到。他们要求坚持改革，进一步完善市场经济体制，建设符合社会上绝大多数人，而不是极少数寻租者利益的法治的市场经济。对于持前一种观点的人们来说，改革的目的已经达到。特别是对于其中一些要求维护其从寻租活动获得的特殊既得利益的人们来说，最合意的做法乃是进一步增强各级政府官员不受约束的权力，以便扩大权力寻租的可能性。

还有一点值得注意，就是中国改革的出发点，乃是由全能政府包办一切经济社会事务的"国家辛迪加"（列宁）或者"党国大公司"（东欧经济学家）。因此，政府对经济和社会生活的控制和干预，较之东亚实行"政府主导的市场经济"国家要强得多。

所以在20世纪末建立起来的，是一种既包含新的市场经济因素，又包含旧的统制经济因素的过渡性经济体制。

正是针对这种市场体制很不完善、市场还不能在资源配置中起主导作用的情况，2003年中共十六届三中全会作出了《中共中央关于完善社会主义市场经济体制若干问题的决定》，要求在若干方面进一步推进市场化改革，以便充分发挥市场在资源配置中的基础性作用，到2020年建成完善的社会主义市场经济体制。

但是回过头来看，这个中央决定执行得并不好。这种情况是由多种原因造成的。其中一个很明显的原因，是改革进入深水区，触及了政府和政府官员自身的权力和利益，因而对进一步改革产生了来自党政机关内部的阻力和障碍。另一方面，中国改革历来都是由危机促成的。可是，由于20世纪的改革十分成功，经济有了很大的发展，官员们觉得日子很好过，于是失去了推进改革的压力和动力。既存在阻力，又缺乏动力，就使得改革的步伐放慢了下来，甚至在某些部门出现了倒退的趋势。

所以说，中国还走在改革的半途：一方面，20世纪末期建立起市场经济的初步框架；另一方面，一些领域改革的大关还没有过。于是这种半市场经济、半统制经济的双重体制从建立之日起，就出现了"既是最好的时代，又是最坏的时代"的"两头冒尖"状况。

这种过渡性体制建立后，出现了两种可能的发展方向：或者是政府逐渐淡出对微观经济活动的干预，加强自己在市场失灵的领域诸如市场监管和提供公共产品和服务等方面的职能，使过渡性的体制逐渐成长为在规则基础上运转的现代市场经济，即"法治的市场经济"；或者不断强化政府对市场的控制和干预，不断扩大国有部门的垄断力量，蜕变为政府全面控制经济社会发展的国家资本主义，甚至权贵资本主义的畸形体制。

二 社会矛盾几乎到了临界点

中国社会再一次面临向何处去的问题。最近几年，过去高速增长时期所积累起来的，但是被短期的业绩掩盖的各种矛盾也都暴露出来，近几年变得越来越尖锐了，这导致了两个严重的问题。

第一，粗放的经济增长已经难以为继。前面讲了粗放经济增长的弊端。但是20世纪90年代初期通过外汇改革全面实施出口导向政策，用净出口（即出超）需求弥补国内消费需求的不足，用以拉动经济增长，在这种条件下，由于农村还有大量廉价劳动力需要就业，其他资源的短缺程度还不是那样严重，粗放经济增长方式就还能表现出一定的生命力。21世纪初，城市化加速，各级政府获得了大量土地资源的支配权，就出现了粗放经济增长方式的进一步回归，用大规模向资本密集型项目投入资源的办法实现GDP的高速增长，实际上已是强弩之末。即使在2008年国际金融危机爆发之后用几万亿元的投资和海量的贷款打了一剂"强心针"，这种靠透支资源、寅吃卯粮支撑短期增长的办法也风光不再、难以为继了。所以在制定"十二五"规划的过程中，就把发展方式转型的议题提到更重要的地位上来。用胡锦涛总书记在2010年2月举办的省部级主要领导干部深入贯彻科学发展观加快经济发展方式转变研讨班上的重要报告中的话来说，就是"转变经济发展方式已刻不容缓"。

为什么"刻不容缓"？据我理解，是因为再不转变经济发展方式，已经无法维持经济的平稳持续发展了。

第二，出口导向政策的积极效应逐渐减弱。在粗放的经济发展方式下，虽然在一段时间内能够依靠政府强制动员和大量投入社会资源，加上从国外引进先进设备和技术来维持高速增长，但这只能发挥短期的效应。近年来，这种增长方式造成的资源枯竭、环境破坏、内需不足、居民生活水平提高缓慢等问题愈演愈烈。改革开放以后，中国曾成功运用日本等东亚国家的经验，采取本币汇率低估等出口导向政策，用净出口需求弥补国内消费需求的不足，拉动沿海地区加工工业的发展。它们靠大量投入土地等资源、大规模引进国外的先进装备和技术以及大量雇用低工资农民工，实现了经济的高速度增长。现在，这些积极效应也已经逐渐减退。中国经济在经历了十来年出口拉动的繁荣后，21世纪初期在微观经济领域出现技术进步缓慢、劳动者的收入提高缓慢、大众消费不足等弊病。在宏观经济领域，则出现了货币超发、资产泡沫生成和通货膨胀压力增大等病象。

所有这些都警示人们：如果不能尽快打破体制性的障碍，实现经济增长方式的转变，将不可避免地导致经济和社会灾难。与此同时，行政权力对市场的干预和对价格的管控，造成了庞大寻租活动的基础，导致腐败行为的蔓延和贫富差别的扩大，引发了诸多矛盾的激化。官民矛盾的加剧和政府管治能力下降，加剧了社会的不稳定情况，使经济和社会矛盾几乎到了一个临界点。

三　强势政府不是中国经济取得成功的原因

一部分人认为，中国能够创造如此优异成绩的根本原因，是中国拥有自己特有的发展模式，即所谓"中国模式"，其最大特点和优点是拥有一个强势政府，因而可以充分利用自己强大的动员资源能力，依靠强政府、大国企，用海量投资来支持高速增长，集中力量办大事。这种政府主导的发展道路，在国际金融危机发生后从西方各国政府的短期救市政策中得到鼓舞，其"优越性"似乎也得到了某些短期业绩的支持。实践中还出现了一些"样板工程"，例如被"中国模式"的支持者所盛赞的"高铁奇迹"，还有某些地方依靠政府的强力动员和大量注入资源实现的超高速发展，等等。

我们应当明确，强势政府不是中国成功的根源。从历史来看，改革开放以前的30年，中国政府也许比现在更加强势，可是结果有目共睹。而改革开放30年高速增长的奇迹来源于新生的市场经济制度解放了人们的创业精神。现在，强政府、大国企和海量投资营造高速增长等亮丽政绩付出的高额成本和产生的消极后果正在显现。

各级政府日益强化的资源配置的权力和对经济活动的管制造成的最严重的后果，是强化了寻租活动的制度基础，导致腐败迅速蔓延和贫富差别日益扩大，官民矛盾激化。

在20世纪末期，中国经济学家曾对转型期间日益抬头的腐败现象进行深入的讨论，提出通过市场化改革铲除寻租活动的制度基础，防止中国上演腐败猖獗的所谓"亚洲的戏剧"或"拉美病症"。90年代初期商品价格自由化，曾经阻断了通过商品价格双轨制寻租的"官倒"们的财路。然而，行政权力不肯退出市场，使寻租的基础在许多领域继续保持甚至扩大，使权力腐败愈演愈烈。由于体制的演进会有路径依赖，一旦进入政府主导的路径，从寻租活动中得利的特殊既得利益者，必然会力求推动"半统制、半市场"的经济体制向国家资本主义乃至权贵资本主义蜕变。如果没有步伐较大的改革阻断这一路径，使之回归市场化、法治化和民主化的正途，就会锁定在这一路径中。而一旦路径被锁定，就会像诺斯（Douglass North）所说，除非经过大的社会震荡，就很难退出了。

两种可能的前途严峻地摆在前面：一条是沿着完善市场经济的改革道路前行，限制行政权力，走向法治的市场经济；另一条是沿着强化政府作用的国家资本主义的道路前行，走向权贵资本主义的穷途。这样，中国发展的过程就成为一场两种趋势谁跑得更快的竞赛。

两条路径泾渭分明，前景更是完全不同。何去何从，正是我们需要回答的问题。

四 要重视改革的顶层设计和总体规划

"十二五"(2011—2015 年)规划重新提出"顶层设计"的问题,其实质是明确未来改革的正确方向,是建立在法治基础上的市场经济、还是国家资本主义两种不同的"顶层设计"之间的选择问题。

"十二五"规划要求"更加重视改革的顶层设计和总体规划",所说的"改革",是指"经济、政治、文化、社会等领域的改革",因此,我们的顶层设计和总体规划,也应当不是某个单项改革的顶层设计和总体规划,而是全面改革的顶层设计和总体规划。

我觉得有必要澄清一种误解,那就是认为中国的改革直到现在还是"摸着石头过河"。"摸着石头过河"是 20 世纪 80 年代初期的做法,因为那时我们与世界学术界已经隔绝了很多年,原来以为社会主义国家就一定是苏联式的体制,当事实证明这一体制是行不通的时候,对于到底怎样才行得通,心中是完全没数的。所以当时陈云和邓小平都提出"我们现在只能摸着石头过河","走一步看一步"。这种情况到 80 年代中期已经发生了改变。

在 20 世纪 80 年代中期,从决策层到经济学家和社会大众,都认识到改革总是"摸下去"是不行的。所以,就提出了一个"顶层设计"的问题。不过当时不叫"顶层设计",而叫作"目标模式"。

1985 年的"巴山轮会议"上,匈牙利科学院经济研究所研究部主任科尔奈(Janos Kornai)有一个关于改革目标模式的重要发言,提出现代经济的体制模式分为行政协调和市场协调两大类,两大类又分为直接行政控制(ⅠA)、间接行政控制(ⅠB)、没有宏观经济管理的市场协调(ⅡA)、有宏观经济管理的市场协调(ⅡB)四个子类,科尔奈倾向于选择有宏观经济管理的市场协调作为改革的目标。对此大家都很认同。后来,由于 1988 年经济波动和

1989年春夏之交的政治风波，对于中国应当建立什么样的经济体制，发生了分歧。1989年以后，坚持计划经济成为主流。

1990年12月和1991年2月邓小平提出"社会主义也可以搞市场经济"以后，从1991年年中到1992年年中，中国的党政领导人和经济学家用了整整一年的时间进行了理论和实践结合的认真探索，最后在1992年10月的中共十四大上确立了中国改革的目标，这就是以市场在资源配置中起基础性作用的市场经济体系。这可以说就是当时确定的中国经济改革的"顶层设计"。在这个"顶层设计"确定以后，就开始了经济改革的"总体规划"，即各个领域改革方案和它们之间配合关系的研究。然后，1993年11月的中共十四届三中全会通过了《中共中央关于建立社会主义市场经济体制若干问题的决定》（"50条"），形成了市场经济的总体规划和各个方面的具体方案。这一决定非常具体，受到国内外的普遍好评。1994年开始就按照这个总体规划进行改革。此后，1997年中共中央十五大又提出"调整和完善所有制结构"，对国有经济进行有进有退的"战略性布局调整"，以便确立"公有制为主体、多种所有制经济共同发展的基本经济制度"。不断改善的改革顶层设计和总体规划有力地促进了中国的经济体制改革，为中国经济的崛起奠定了体制基础。

不过我们必须认识到，中国在20世纪末建立起来的市场经济初步框架还存在很大缺陷。这一方面表现为它还保留着原有计划经济体制的若干重要因素，其中集中表现为，政府对经济生活的干预和国有经济对市场的控制；另一方面则表现为现代市场经济所必需的法治没有建立起来。

正因为如此，2003年的中共十六届三中全会作出了《中共中央关于完善社会主义市场经济体制若干问题的决定》，要求在许多重要方面进一步推进改革。可是由于改革已经进入深水区，进一步推进改革会越来越多地触动政府和政府官员自身的权力和利益，改革的阻力非常大，也由于改革的进步，使中国经济开始崛起，各级政府官员普遍自我感觉良好,不觉得需要推进进一步的改革。在这种情况下,既无压力也无动力,于是改革步伐开始放缓。改革停顿不前,市场秩序混乱,权力干预加强使得寻租活动的制度基础得到扩大,于是腐败愈演愈烈,即便用严刑峻法也难以禁止,同时贫富差距也越拉越大。现在回想起来,20世纪80年代末期民众群情激愤地批判的以"官倒"为代表的腐败,与21世纪出现的腐败是无法比拟的。

腐败猖獗和贫富分化加剧,为一些支持旧体制和旧路线的人运用民粹主义和民族主义的言说误导大众提供了机会。本来改革开放以来市场化、法治化和民主化的改革就不断受到来自支持旧体制和旧路线人们的质疑和反对。21世纪以来这种质疑的声音越来越强,而且在错误的舆论导向下获得部分弱势群体的支持。这些支持旧路线和旧体制的人们提出的"药方"或者叫作另一种"顶层设计",就是动用国家机器来制止腐败和贫富分化;同时运用政府强大的资源动员能力,靠海量投资来营造眩人耳目的政绩。这样,就形成了一个恶性循环的怪圈——政府的控制越是加强,寻租的制度基础就越大,腐败也就更加严重;而腐败越是严重,在某种错误的舆论导向下,也越有理由要求加强政府和国有企业的控制力。

五 政治体制改革是建设现代市场经济的基本条件

现在有一种看法,认为中国的经济改革的任务已经基本实现了,甚至市场化有些"过头",只是政治改革还有待努力,有的人甚至认为,不进行政治改革,中国所有的改革都不可能再进行下去了。

我觉得,认为中国的经济改革的任务已经基本实现,是高估了经济改革的成就。实际上,连已经写在文件上的经济改革要求,也有许多并没有实现。其中一个重要原因,是1992年以后重启的改革,存在的一个缺陷是,不再像20世纪80年代那样,把经济体制改革和政治体制改革并提。正如邓小平在1986年讲过多次的,"不改革政治体制,经济改革也搞不通"。目前经济改革的落后的方面,像国有经济的改革、政府经济管理职能的改革,都无不与政治改革、政府改革滞后有关。更不用说现代市场经济只有在法治环境中才能更有效地运转。因此,进行政治改革乃是建设现代市场经济的基本要件。

有些人认为,中国改革的特点和优点,就是先搞经济改革,后搞政治改革。这并不符合历史事实。实际上两者是同时发动的,只不过前者的推进相对比较容易,而后者却因涉及官员们自身的权力和利益,因而步履维艰罢了。

经济改革是从1980年9月中共中央印发《关于进一步加强和完善农业生产责任制的几个问题》,允许农民搞土地承包制才真正启动的。而在这之前几天,即1980年的8月18日,邓小平在中共中央政治局关于党和国家领导制度改革的讲话中就明确提出:"政治体制改革同经济体制改革应该相互依赖,相互配合",并且提出了党和国家领导制度改革的基本要求。1986年,在准备进行经济体制的配套改革的同时,邓小平20多次提出要进行政治改革。他指出,不搞政治改革,经济改革也难以贯彻。1987年中共十三大决定进行以党政分开为重点的政治体制改革。不过这两次改革都没有能够推行下去。邓小平逝世以后,新一代领导人在邓小平的追悼会上再次提出政治改革的问题。1997年中共十五大提出了建设社会主义法治国家的口号,2002年中共十六大又重申了这样的主张,还提出建设民主政治和提升政治文明的问题。

中国是一个有长期专制主义传统的国家,又经历过长期列宁—斯大林式政治经济制度的实践,实现这种转型的任务尤为繁重和艰巨。虽然中国经济体制的市场化已经取得了进展,然而市场经济作为一套配置稀缺经济资源的机制,需要其他方面制度的配合和支撑。否则,市场自由交换的竞争秩序就得不到保证。权力的介入还会造成"丛林法则"支配经济活动,使整个经济变成一个寻租场。

政治改革的任务，不仅是要减少和消除对资源配置和价格形成的行政干预，使市场机制在资源配置中有可能发挥基础性作用；更艰巨的任务，在于建设一个与自由市场制度相适应，能够为市场的有效运转提供支持的法治环境。没有这样的制度平台，就难以摆脱公权不彰、规则扭曲、秩序紊乱、社会失范的状态，难以使经济和社会生活进入和谐稳定的正轨。

六 政府自身的改革是推进政治改革的关键

中国整体改革能否顺利推进，关键在于政府自身。目前的问题是政府支配资源的权力太大，下一步改革必须要划清楚政府和市场的边界。必须把直接控制经济的全能型政府改造为提供公共服务的服务型政府，并将各级党政机关和官员置于民众的监督之下。

既然改革的焦点在于政府在市场经济中的地位和作用，无论是经济改革还是政治改革，核心的问题都是政府自身的改革。由于这一改革将会触动政府和官员的权力和利益，它就不可避免地面临很大的阻力和障碍。这样，改革要取得突破，就不但需要领导人具有远大的目光和很高的政治智慧，还需要大众的积极参与和监督。只有这样，才能打破特殊既得利益集团的阻碍和干扰，推进从所谓威权发展模式向民主发展模式的转型。

政府改革的目标应该是建立"有限政府"和"有效政府"。所谓有限政府，是和计划经济下的全能政府（无限政府）相反的政府形态。从经济方面看，市场经济条件下的政府职能范围是有限的，它所掌握的资源限于与公共物品的提供有关的资源，而不能任意扩张。稀缺资源的基本配置者的角色应当由市场去担当。所谓有效政府，则是政府应当在纳税人的监督之下，改善政府的管理，杜绝贪污和浪费，做到低成本、高效率地为公众提供服务。

一个好的政府，就是一个既能谨守自己的职责，又能为民众提供优质公共服务的政府。要达到这样的目标，显然需要经过艰苦的努力。从当前看，政府改革迫切需要解决的有以下几个问题。

第一，确保公民的基本权利不受侵犯。《中华人民共和国宪法》和中国政府签署的国际人权公约对人的基本权利有明确的规定。人民群众的这些基本权利，包括言论、出版、集会、结社、游行示威、宗教信仰等自由，人身权利以及选举和被选举的权利必须得到切实的保障，不受任何侵犯。

公民对政府公务活动的知情权，也是一项基本的人权。因此，现代国家都有信息公开、"阳光政府"的立法。除了由于涉及国家安全并经法定程序得到豁免的公共信息，都要公之于众。只有建立起信息透明的制度，公民才能行使自己当家做主的权利，政府和政府官员才能置于公众的监督之下。所以，在报纸杂志、广播电视、互联网等大众传播媒介异常发达的现代社会中，各级政府必须支持而不是限制公民行使宪法赋予自己的知情权和监督权，把它作为自己的一项基本职责。

第二，政府要严格遵守宪法和法律，实现依法行政。在目前的中国，各级政府在配置土地、资金等资源方面拥有过大的权力，对政府活动边界又往往不够明确，这样就使官员掌握过大的自由裁量权和寻租机会。针对这种情况，必须在削减各级政府支配经济资源权力的同时，切实保证所有政府官员在执行自己的职能时严格遵纪守法，防止他们以国家的名义侵犯公民的基本权益。近年来，全国人民代表大会和国务院制定了一系列限制政府行政权力的法律法规，现在的问题是如何保证这些法律法规得到切实的执行。

在依法行政问题上，作为执政党的共产党起着重要的作用。正如《中国共产党党章》所规定的："党必须在宪法和法律的范围内活动"，党员必须"模范遵守国家的法律和法规"。

第三，培育公民社会，提升社会的自组织能力。现代社会利益多元，社会活动五彩缤纷，公共事务不能仅仅靠党政机关和行政官员来处理，还要发展民间社会，广泛实行各种社群的自治。然而，传统的"大政府、小社会"体制的一个重要特点，就是国家权力的充分扩张和民间社会活动空间的尽量压缩，因此在1956年实现社会主义改造，特别是1958年实现"政社合一"的人民公社化以后，除了独立性岌岌可危的家庭，其他的社群组织都已不复存在。整个社会的三百六十行，不论属于什么行业或领域，都被整合到一个以官职为本位的统一单调的行政科层体系中去。

这是一种缺乏生机与活力的"纤维化的硬结"，或者叫作"没有社会的国家"。如果政府领导作出决策和下达命令，这种组织体系可以运用国家的权威动员一切能够调动的资源去实现特定的国家目标。但是，这样的体系有一个致命的弱点，就是社群缺乏自组织能力，遇事只能依赖于政府官员的命令，任何非国家规定的项目或未经官员允许的活动都只能停顿下来，或者举步维艰。在一个人民当家做主的国家中，必须提高民间社会的自组织能力，放手让社群组织自行处理各种各样的公共事务。只有这样，才有可能真正出现丰富多彩的社会生活和生动活泼的政治局面，实现经济、政治、文化的全面繁荣。

七　法治是政治体制改革的突破口

在我看来，政治体制改革包含三方面的内容，这就是：建立法治，推进民主和实施依宪治国。它们三者是紧密联系，甚至是相互界定的。但在推进方式上，又可以是循序渐进、不同时期有所侧重的。从世界各国的经验看，从法治入手是最容易取得成效的。与此同时，实行法治是现代市场制度有效运转的基本前提，市场化改革对建立法治的要求十分迫切。

中国市场已经从以人格化交换为主的"熟人市场"发展为以非人格化交换为主的"生人市场"，双边和多边声誉与惩罚机制难以发挥作用，需要建立一个以正式法庭为主的第三方执法体系来保证合同的实施。

可是，由于这一体系极不完善，"司法地方化"成为合同执行的一个严重问题。在世界银行编制的各国法治指数排名中，中国的得分一直偏低，况且还从 1998 年的 52.4 分降到 2004 年的 40.6 分。在这样的环境下，企业家不能依靠正当途径保护自己的权益。他们中的一些人往往采取不正当的手段与相关政府官员相勾结，以便获取权力对自己的荫庇和自己的竞争优势。

为了建立法治，需要在以下三方面加强工作。

第一，要在全体公民特别是各级官员中树立法治观念。法治观念是当代先进政治文化的一个重要组成部分，是现代社会核心价值的一项重要内容。它不仅与中国"君权高于一切""普天之下，莫非王土"一类传统的专制皇权思想相对立，也与"专政是不受任何法律约束的政权"一类自称的"革命意识形态"有根本原则的区别。它要求树立法律至高无上的地位，而一切组织和个人，包括执政党和执政党的领导成员，都必须和只能在法律规定的范围内活动，而不能凌驾于法律之上。

第二，建立符合公认的基本正义的法律体系。首先，法律和行政机构的政令都必须符合宪法。宪法的主要内容和功能则是进行权力的配置：它一方面要确立公民的基本权利，保证这些权利不受侵犯；另一方面要划定政府的权限范围，防止政府侵犯公民权利。其次，在法治的条件下，法律必须具有透明性。透明性有以下的基本要求：一是立法过程要有公众的广泛参与，二是法律要为公众所周知。按照现代法治观念，不为公众所周知的法律，是不生效的法律。现在有些政府官员无视人民的知情权，把反映公共事务处理过程并与民众切身利益密切相关的法律和行政法规当作党政机关的"内部文件"，并加以"保密"，或者在公众不知情的情况下，在政府内部寻求处理的办法。在这种情况下，不法官员很容易上下其手，枉法害民。再次，法律应当适用于全社会的一切行为主体，保持稳定和不追溯既往，这样才能使公民对自己行为的法律后果有稳定的预期，从而安心发展自己的事业。否则行为主体就无法主宰自己的命运，而只能靠找关系、送贿赂等办法央求具有很大自由裁量权的官员帮忙开特例，才能办成自己的事情。

第三，实现法官的独立审判和公正执法。独立审判和公正执法是建立法治的一项基本要求，而司法人员的腐败和行政干预是实现这一基本要求的主要障碍。为了消除这种障碍，除了完善制度，主要得靠提高法官的素质和加强人民群众的监督。共产党作为执政党，也要通过自己的党员干部对党组织严格遵纪守法和司法工作的合宪性和合规性起监督保证作用。但是，这种监督保证作用只针对人员任命和审判程序的公正性，而不是直接任命官员、干预具体案件的审判和决定审判结果。

八　防止极端思潮撕裂社会

当前，有两种极端趋势值得特别警惕。

一种是扩大寻租基础的趋势。在 21 世纪的城市化过程中，出现了一个新的寻租空间即各级政府垄断土地资源，用以生财。据农口专家估计，通过出售从农村征用来的土地，各级政府能够拿到的土地差价总额达 20 万—35 万亿元，这么大规模的财富被各级政府官员控制，可见寻租空间有多大。所以跟土地有关的腐败官员可以说是前仆后继。

另一种是贫富差距拉大的趋势。中国目前的基尼系数，在 0.5 左右，贫富悬殊的程度已经居于世界前列。

这两个问题愈演愈烈还不是最可怕的。如果能够认真、理性地讨论，当前中国面临的社会问题应该是能够找到适当的解决办法的，不会没有出路。

但是现在的问题是，除了那些靠权力寻租的特殊既得利益者顽强地固守他们的阵地，甚至还要扩大他们的特权外，有些人采取另一种极端的立场，认为问题的症结并不是政府支配资源和干预微观经济权力太大，反而认为是市场放得太开，政府管得不够，还不够强大有力，因而要求用强化政府权力的办法去解决矛盾。他们极力要使人们相信，目前中国遇到的种种问题，从分配不公到看病贵、上学难，甚至国有资产流失，都是市场化改革造成的。他们给出的解决方案是：扩张政府的权力，加强行政机关对经济生活的干预，在重要的经济领域中实行"再国有化"和"再集体化"，甚至要求重举"无产阶级专政下继续革命"的旗帜，"再来一次无产阶级文化大革命"，实现"对党内外资产阶级的全面专政"。

其实，目前社会上存在的种种丑恶现象，从根本上说是缘于经济改革没有完全到位、政治改革严重滞后、行政权力变本加厉地压制和干预民间经济活动，造成广泛的寻租活动基础的结果。大众对这些丑恶现象的不满，正可以成为推动改革继续前行、填平陷阱、扫除腐败的重要动力。然而，如果听任改革开放前旧路线和旧体制的支持者利用这种情势蒙蔽和误导大众，把反对的目标从进行权力寻租的特殊既得利益者转移到市场化改革的一般受益者——企业家、专业人员等的身上，也可以把大众引向歧途。

古今中外的历史证明，不论是"左"的极端主义还是右的极端主义，都会给社会带来灾难。中国改革虽然取得了显著成绩，但是，离建成富裕、民主、文明、和谐国家的目标还有很长的路要走。特别是近年来由于一些重要经济和政治领域的改革迟滞，一些社会矛盾变得尖锐起来。人们由于社会背景和价值观上的差异，往往对这些矛盾的由来作出不同的解读，提出不同的解决之策。他们之间的分歧，完全可以通过自由和切实的讨论来求同存异和寻求共赢的解决方案。在这种社会矛盾凸显、不同政治诉求之间的争辩趋于激化的时刻，如何正本清源，重聚改革共识，防止各种极端思潮撕裂社会，避免"不走到绝路绝不回头"的历史陷阱，就成为关系民族命运的大问题。

（原载国务院发展研究中心主办、中国经济年鉴编辑委员会编辑：《2012 中国经济年鉴》，中国经济年鉴社，2012 年；又见《中国经济报告》2013 年第 1 期）

在新的历史起点上全面深化改革

(2013 年 12 月)

中共十八届三中全会通过的《中共中央关于全面深化改革若干重大问题的决定》(以下简称《决定》),是中国新一轮改革的行动纲领和路线图。它在新的历史起点上,对以完善和发展中国特色社会主义制度、推进国家治理体系和治理能力现代化为总目标的全面改革作出了重要战略部署。

《决定》要求,以经济体制改革为重点全面深化改革。经济体制改革的总体要求,是"紧紧围绕使市场在资源配置中起决定性作用深化经济体制改革",而"建设统一开放、竞争有序的市场体系,是使市场在资源配置中起决定性作用的基础"。这是整个《决定》的总纲。紧紧抓住这个总纲,"发挥经济体制改革牵引作用,推动生产关系同生产力、上层建筑同经济基础相适应",将引领中国改革开放进一步深入,一个更加成熟的市场经济体制构架将建立起来,这对实现中华民族的腾飞具有伟大的历史意义。

对现有体制缺陷提出的改革开放新要求

《决定》是在总结过去 30 多年改革开放历史经验的基础上作出的新部署,也是针对现有体制缺陷所提出的改革开放新要求。

要深刻理解《决定》,有必要了解中国改革开放所取得的成就和遇到的主要问题。

中国现有的社会主义市场经济体制是通过改革开放突破计划经

济（命令经济）的原有框架，在20世纪末期建立起来的。

1992年1月到2月间，邓小平同志明确提出"计划多一点还是市场多一点，不是社会主义与资本主义的本质区别"。"南方谈话"发表后，得到广大干部群众的热烈响应，改革得以再次启动。1992年6月9日，江泽民同志在中央党校省部级干部进修班上发表重要讲话，指出"市场是配置资源和提供激励的有效方式，它通过竞争和价格杠杆把稀缺物资配置到能创造最好效益的环节中去，并给企业带来压力和动力"。所以，在当时理论界对改革目标提出的几种提法中，他明确表示倾向于使用"社会主义市场经济体制"这个提法。1992年10月召开的中共十四大正式决定："我国经济体制改革的目标是建立社会主义市场经济体制"，并且对社会主义市场经济体制作出了科学界定："社会主义市场经济体制，就是要使市场在社会主义国家宏观调控下对资源配置起基础性作用。"

在改革目标模式确定后，经过一年多的研究准备，1993年11月中共十四届三中全会通过的《中共中央关于建立社会主义市场经济体制若干问题的决定》，按照整体改革、重点突破的改革战略，对市场经济各个子系统，包括财税体系、金融体系、外贸体系和外汇制度、社会保障体系、国有经济等子系统的改革，各个子系统改革之间的配合关系和时间顺序，做了比较细致的安排。从1994年开始，政府按照十四届三中全会的改革规划进行了财税体制、银行体制、外汇管理体制、国有经济体制、社会保障体制等多方面的改革。

其后，1997年的中共十五大和1999年十五届四中全会又作出决定，进一步界定国有经济、公有制经济和私有经济在我国社会主义市场经济中的地位和作用，要求调整和完善我国所有制结构，以期确立"公有制为主体、多种所有制经济共同发展"的基本经济制度。正是根据十四大、十四届三中全会和十五大、十五届四中全会的总体设计和具体部署进行的全面改革，使我们在20世纪末、

21世纪初初步建立起社会主义市场经济的基本框架。

社会主义市场经济体制改革目标和基本框架的确立,解放了计划经济体制所束缚的生产力:中国人民的创新精神和创业能力释放出来,大量原来没有充分发挥作用的人力、物力资源得到了更有效的利用,通过引进国外的先进装备和吸收国外的先进技术,中国与发达国家之间在过去200多年间积累起来的巨大技术水平差距迅速缩小,出口的持续快速扩张弥补了内需不足的缺陷。这些力量共同造就了20世纪90年代以来中国经济持续的高速增长,中国也从低收入国家进入中等收入国家行列。

但是,在20世纪末21世纪初建立起来的市场经济制度还只是初步的、不完善的,整个经济体制还背负着沉重的命令经济体制遗产,是一种"半市场—半统治经济"体制。这一体制的不完善性主要表现为,政府和国有部门在资源配置中仍然发挥着主导作用。首先,国有经济仍然控制着国民经济命脉,国有企业在石油、电信、铁道、金融等重要行业中继续处于行政性垄断地位;其次,各级政府握有支配土地、资金等重要经济资源流向的巨大权力;再次,现代市场经济不可或缺的法治基础尚未建立,各级政府官员有很大的自由裁量权,通过直接审批投资项目、设置市场准入的行政许可、管制价格等手段对企业的微观经济活动进行频繁的直接干预。

体制的不完善性引致了一系列消极的经济社会后果。首先,1953—1957年第一个五年计划时期从苏联引进的粗放型增长方式造成的种种弊病,如资源过度消耗,劳动者收入提高缓慢,通货膨胀的反复出现,等等,一直困扰着中国经济。其次,双重体制并存造成寻租腐败也引起了大众的不满。

面对这种情况,是继续深化改革,克服妨碍我国经济社会发展的体制性障碍,建设更加成熟完善的市场经济体制,还是强化从旧体制继承来的遗产,回归命令经济的老路,就成为各界人士关注的焦点,形成了不同的两种思路。

一种观点认为，近年来发生的种种问题，都是源于市场化的改革方向。因此，解决的办法，就是建立以国有经济主导国民经济、强势政府"驾驭"市场为主要特征的体制模式。这种体制模式能够正确制定和成功执行符合国家利益的战略和政策，体现"集中力量办大事"的优势。它不但创造了 30 多年高速增长的奇迹，而且能够在全球金融危机的狂潮中屹立不倒，为发达国家所艳羡。

另一种观点认为，中国过去 30 多年高速增长的奇迹来源于市场化改革解放了人们的创业精神，而强化政府的管控和抑制市场的作用，不但不能维持经济持续增长，而且会造成严重的经济社会后果。所以，唯一的出路在于坚持改革开放的路线，全面深化经济社会政治体制改革，完善社会主义市场经济体制。

在不完善的市场经济体制下，与强势政府"驾驭"市场相适应的粗放型增长方式造成的资源枯竭、环境破坏、居民生活水平提高缓慢等问题愈演愈烈，宏观经济领域出现了货币超发、资产泡沫生成和国家资产负债表加速恶化等病象。如果不能尽快打破体制性的障碍，实现经济发展方式的转变，铲除权力寻租的基础，将不可避免地导致经济和社会问题。

《决定》对强调市场在资源配置中的作用，还是强调政府"驾驭"和管控市场这样一个改革的方向性问题，给出了明确的回答。《决定》指出："经济体制改革是全面深化改革的重点。核心问题是处理好政府和市场的关系，使市场在资源配置中起决定性作用和更好发挥政府作用。"

《决定》要求"紧紧围绕使市场在资源配置中起决定性作用深化经济体制改革"，明显继承和发展了中共十四大以来关于社会主义市场经济的提法。过去中央的提法是要"使市场在资源配置中起基础性作用"。在我看来，现在把"基础性作用"改为"决定性作用"的重要意义在于，它表明了中央坚定、明确的态度。这样，就给全面深化改革指明了正确方向。

正因为《决定》系统回应了多年来中国改革中关于改革目标

和改革方向的问题，明确了以怎样的方式解决现实经济体制的突出问题，也明确了我们将要建立的市场经济，是一个消除了条块分割、向所有市场主体开放的市场，是一个消除了垄断和行政干预、在规则（法治）基础上实现有序竞争的市场经济。"使市场在资源配置中起决定性作用"和"建设统一开放、竞争有序的市场体系"，实质上是中国下一步经济体制改革的灵魂和纲领，也是新一轮改革的基本原则和检验标尺。

建设统一开放、竞争有序的市场体系

《决定》提出"建设统一开放、竞争有序的市场体系，是使市场在资源配置中起决定性作用的基础"。这一提法之所以重要，是因为如果没有一定的体制基础，市场在资源配置中的决定性作用是无从发挥的。过去我们虽然也提出过"要使市场在资源配置中起基础性作用"，甚至要求"充分发挥市场在资源配置中的基础性作用"，但是由于能够使市场发挥作用的体制基础没能建立或受到侵蚀，这种作用并没有能够得到应有的发挥。

《决定》关于"建设统一开放、竞争有序的市场体系"的要求切中现有市场体制的时弊，为全面深化改革所要达成的体制目标设定了基本框架。

现有市场经济体制存在的最突出问题，就是"还很不完善"，主要表现在四个方面：一是"条块分割"、市场碎片化，需要强调建立一体化的市场和对所有市场主体开放；二是政府行政干预过多，行政垄断和地方保护使市场失去了不可或缺的竞争性质，因此需要强调恢复和保持市场的竞争性质；三是市场无序，采用不正当手段的恶性竞争手法泛滥，因此要强调在法治基础上的有序竞争；四是各类市场的发展程度参差不齐，商品市场发展也许还可以说差强人意，要素市场就发育程度低下，秩序混乱，所以需要强调加快市场体系建设。

由此可见，建设统一开放、竞争有序的市场体系，是经济体制改革的核心内容。它旨在使商品、服务、土地、资本、劳动力和技术等市场都建立在规则的基础上，进行平等有序的竞争，从而形成能够反映资源稀缺程度的价格，实现有效配置资源和建立兼容激励机制的功能。

过去几年，官产学各界从现存问题入手，研究如何完善我国市场经济制度，对于如何建设竞争性市场体系，提出了进行改革的建议，其中最必需的改革有以下 7 项：1. 明晰市场经济的产权制度基础，并保证不同所有制主体的财产权利都得到平等的保护；2. 不但实现商品、服务价格的市场化，还要实现利率、汇率等要素价格的市场化；3. 按照"市场化能办的放给市场、社会能办的交给社会"的原则划分政府的职能边界，禁止政府以"宏观调控"名义对微观经济活动进行干预；4. 完善反垄断立法，严格执法，消除目前严重妨碍市场运作的行业垄断和地区保护；5. 确保宪法所规定的公民权利不受侵犯和法官独立行使审判权；6. 实行"法无禁止即可进入"的原则，简化工商登记手续，亲商利民；7. 改进市场监管办法，实行"宽进严管"的发展，由事前监管为主转向了事中和事后监管为主，由实质性审批转向合规性监管。这些改革的要求和建议，都在《决定》中得到了程度不同的体现。

首先，关于确立市场的产权制度基础。《决定》明确指出："公有制经济和非公有制经济都是社会主义市场经济的重要组成部分，都是我国经济社会发展的重要基础""公有制经济财产权不可侵犯，非公有制经济财产权同样不可侵犯"；"国家保护各种所有制经济产权和合法利益，保证各种所有制经济依法平等使用生产要素、公开公平公正参与市场竞争、同等受到法律保护"；"坚持权利平等、机会平等、规则平等，废除对非公有制经济各种形式的不合理规定，消除各种隐性壁垒，制定非公有制企业进入特许经营领域具体办法"。目前土地产权制度存在很大的缺陷，它既使农民的财产权利受到限制，也不利于新型城镇化的推进。《决定》要求：

"建立城乡统一的建设用地市场。在符合规划和用途管制前提下，允许农村集体经营性建设用地出让、租赁、入股，实行与国有土地同等入市、同权同价。""建立兼顾国家、集体、个人的土地增值收益分配机制，合理提高个人收益。"

第二，关于实现价格市场化。《决定》要求，"凡是能由市场形成价格的都交给市场，政府不进行不当干预"。具体来说，要完善人民币汇率市场化形成机制，加快推进利率市场化；推进水、石油、天然气、电力、交通、电信等领域价格改革，放开竞争性环节价格；政府定价范围主要限定在重要公用事业、公益性服务、网络型自然垄断环节，提高透明度，接受社会监督。

第三，关于划分政府的职能边界。《决定》要求，进一步简政放权，深化行政审批制度改革，最大限度减少中央政府对微观事务的管理，市场机制能有效调节的经济活动，一律取消审批，对保留的行政审批事项要规范管理、提高效率；直接面向基层、量大面广、由地方管理更方便有效的经济社会事项，一律下放地方和基层管理。

第四，关于反对垄断和实施竞争政策。《决定》明确反对垄断和不正当竞争。《决定》还指出："防止地方保护和部门利益法制化"，要求进一步破除各种形式的行政垄断。对于国有资本继续控股经营的自然垄断行业，"实行以政企分开、政资分开、特许经营、政府监管为主要内容的改革，根据不同行业特点实行网运分开、放开竞争性业务，推进公共资源配置市场化"。按照这一要求，现行的《反垄断法》关于行政垄断的规定显然需要进行修订，还需要设立强有力的反垄断执法机构，授权法院监督政府的行政行为、纠正不当行为的权力，要改变目前行政诉讼中只有具体行政行为可诉的规定，将可诉性扩及违反上位法规定的行政法规。

第五，关于建设法治国家。《决定》明确提出"建设法治中国"目标，"坚持依法治国、依法执政、依法行政共同推进，坚持法治国家、法治政府、法治社会一体建设"；强调"维护宪法法律权威""要进一步健全宪法实施监督机制和程序，把全面贯彻实施宪法提高到一个新水平"；"建立健全全社会忠于、遵守、维护、运用宪法法律的制度""坚持法律面前人人平等，任何组织或者个人都不得有超越宪法法律的特权，一切违反宪法法律的行为都必须予以追究"；实现司法公正，"确保依法独立公正行使审判权检察权"；"建立公平开放透明的市场规则"；"建设法治化营商环境"；深化司法体制改革和行政执法体制改革，"保证国家法律统一正确实施"。

第六，关于实行"非禁即行"的法治原则。《决定》规定："在制定负面清单基础上，各类市场主体可依法平等进入清单之外领域。探索对外商投资实行准入前国民待遇加负面清单的管理模式。推进工商注册制度便利化，削减资质认定项目，由先证后照改为先照后证，把注册资本实缴登记制逐步改为认缴登记制。"在金融领域，《决定》要求："扩大金融业对内对外开放，在加强监管前提下，允许具备条件的民间资本依法发起设立中小型银行等金融机构。"

第七，关于改进市场监管。《决定》要求："改革市场监管体系，实行统一的市场监管，清理和废除妨碍全国统一市场和公平竞争的各种规定和做法，严禁和惩处各类违法实行优惠政策行为"，"健全多层次资本市场体系，推进股票发行注册制改革，多渠道推动股权融资，发展并规范债券市场，提高直接融资比重。"

总之，建设统一开放、竞争有序的市场体系，要按照《决定》所指出的："必须加快形成企业自主经营、公平竞争，消费者自由选择、自主消费，商品和要素自由流动、平等交换的现代市场体系，着力清除市场壁垒，提高资源配置效率和公平性。"

在市场配置资源起决定作用中更好发挥政府作用

在如何处理好政府和市场关系的问题上，《决定》指出："经济体制改革是全面深化改革的重点，核心问题是处理好政府和市场的关系，使市场在资源配置中起决定性作用和更好发挥政府作用。"这里，指出了"使市场在资源配置中起决定性作用"的另外一个基本方面，这就是"更好发挥政府作用"。

这里的关键问题是，在社会主义市场经济中，怎样才能更好地发挥政府的作用。多年来，各级党政领导机关管了许多自己不该管、也管不好的事情。广泛的行政干预和直接介入，以及国有大企业的行政垄断，压制了企业作为市场主体、技术创新主体的主动性和创造性。这使市场难以发挥其有效配置资源和建立兼容激励机制的作用。所以，要更好地发挥政府的作用，首要的事情，就是界定政府的职能，改变原有体制下政府无所不管的状况。市场经济条件下，市场可以办的，由市场去办；社会组织可以办好的，应当交给社会组织去办。只有市场和社会组织做不了或做不好的，政府才应插手，也就是所谓的有限政府。有限政府职能范围有限，它所掌握的资源也与之匹配，而不能任意扩张。所谓有效政府，则是政府应当在纳税人的监督之下，改善政府的管理，杜绝贪污和浪费，做到低成本、高效率地为公众提供服务。

《决定》对政府的职能作出了界定，指出政府的职责和作用主要是"保持宏观经济稳定，加强和优化公共服务，保障公平竞争，加强市场监管，维护市场秩序，推动可持续发展，促进共同富裕，弥补市场失灵"。其中"弥补市场失灵"是总括性质的，"宏观经济稳定""加强和优化公共服务，保障公平竞争，加强市场监管，维护市场秩序"是最基本的方面，"推动可持续发展，促进共同富裕"是要努力实现的社会目标。

首先，维护宏观经济稳定是政府的基本职责。中国宏观调控体系由计划经济体系演化而来，还带有明显的过渡性特征。这特别表现在很多人将运用行政手段对企业和产业的微观经济活动进行干预也误认为"宏观调控"。一谈稳定价格水平，就去管制个别产品的价格。这样一来，不仅稳定物价总水平没有在源头上管住，反而破坏了市场通过相对价格变化有效配置资源的基本机制。《决定》明确指出宏观调控，就是以财政政策和货币政策为主要手段，保持经济总量平衡，促进重大经济结构协调和生产力布局优化，减缓经济周期波动影响，防范区域性、系统性风险，稳定市场预期。这与现代市场经济的宏观经济管理理念相一致。按照这样的原则进行宏观经济管理，就可以避免政府在宏观调控方面的错位和越位行为，加强宏观稳定政策的针对性和有效性。

其次，加强和优化公共服务是政府的另一项基本职责。在各种政府必须提供的公共服务中，为市场的有效运行建立一个良好的制度环境又是重中之重。《决定》一方面要求"最大限度减少中央政府对微观事务的管理，市场机制能有效调节的经济活动，一律取消审批"；另一方面要求"保障公平竞争，加强市场监管，维护市场秩序"，"建立公平开放透明的市场规则"，都体现了进一步强化这一方面职能的要求。

再次，建立"统一开放、竞争有序的市场体系"。保证职能有限、治理有效的政府运转，都需要现代财政制度的支持。要以经济体制改革为重点全面深化改革。具体来说，需要规范预算外收入，同时完善税制，使税制结构与社会发展目标关系更紧密；需要进一步深化公共财政改革，调整和优化政府预算的支出结构，逐步退出一般竞争性领域，大力压缩行政事业经费，把经营事业单位推向市场，将财力主要用于社会公共需要和社会保障，增加教育、科学、卫生、公共安全、社会保障、基础设施的保障力度；需要建立事权和支出责任相适应的制度，加强中央财政的支出责任，上移司法、义务教育、基本社会保障等具有全社会公共物品性质的支出责任，保证公共服务的均等化，同时减少专项转移支付，建立计算公式基础上规范的转移支付制度。对此，《决定》都提出了明确的要求。

打好全面深化改革攻坚战

《决定》明确规定了全面深化改革的目标、重点和主要举措，为建设市场经济体制制定了一个很好的总体方案。现在的任务，就是努力使《决定》作出的各项部署落到实处。

为了打好这场全面改革的攻坚战，一些基础性工作是必要的。

第一，对即将展开的全面改革而言，需要特别注意维持一个比较宽松的宏观经济环境。

根据过去的改革经验，在一个总需求大于总供给、各方面绷得很紧的经济环境下，全面深化改革的措施就很难推出，即使推出，改革的风险也比较大。鉴于流动性过剩、国家资产负债表里隐藏着很大风险的局面，近期不宜继续用放松信贷和大规模投资的办法维持短期增长率。对于短期宏观经济波动，除了注意灵活运用宏观政策措施来应对，还要用盘活资产存量、实施存量资产变现、资产证券化、偿还社会保障和公租房或有负债等措施，降低国家资产负债表的杠杆率。防止出现系统性的风险。《决定》要求编制全国和地方资产负债表，建立全社会房产、信用等基础数据统一平台，都是保障宏观经济稳健的必要举措。

第二，尽快启动大众关心、成效易于观察到的改革项目，聚集改革的支持力量，提高政府推进全面改革的可信度。

改革没有大众的支持很难往下做，所以需要尽快推出一批改革项目，以下项目可以优先推出：

——各个部门清理和减少行政许可和行政审批项目，尽快整理公布公开透明的负面清单，加快各类市场主体依法平等进入清单之外领域；对于保留的负面清单项目，向公众给出充分的理由。

——推进工商注册制度便利化，削减资质认定项目，由先证后照改为先照后证，把注册资本实缴登记制逐步改为认缴登记制。

——对于重要的行政性垄断行业，采取有力措施，区分自然垄断环节和竞争性环节，尽快推出改革方案。

——针对公众反映强烈的空气污染问题，尽快推出有利于节能增效的税制改革方案。

——对于重要的产品价格，加快价格形成机制改革，在管住货币的条件下放开价格。

——鼓励和支持地方政府使用从竞争性行业退出的地方国有资本，充实社会保障基金、公租房基金等公共基金，改善公共服务。

——加快现有行业协会，商会与行政机关脱钩。通过加快行业协会、商会、学术、公益慈善、城乡社区服务等类社会组织在民政部门直接登记的制度，强化社会团体对深化改革的支持。

我们必须清醒地认识到，贯彻执行《决定》并不是一件轻而易举的事情，它必然会遇到来自陈旧的意识形态和特殊既得利益的阻力和障碍，也会遇到体制转轨过程中由于经济社会系统各个环节不协调所产生的实际困难。

中华人民共和国成立初期，我们引进了苏联的经济和政治体制模式，时至今日，反映这种模式的思想意识仍然对人们有深远的影响。这种影响仍然会对建设中国特色社会主义的各种改革举措形成思想上的阻力。如果说观念上的障碍可以通过人文社会科学知识的普及和正确的社会舆论引导来加以克服，特殊既得利益方面的障碍将更加严重。由于近年来寻租活动体制基础的扩大，每一个领域的改革都会触及这类以权谋私的既得利益，遇到的阻力也会更大。

旧体制虽然有很大的运作困难，但经过长时期的磨合，它的各个环节是大体能够相互衔接和配合的。一旦其中某些环节发生了改变，即使这种改变是进步性的，也有可能发生整个系统的运转困难。

（原载《前线》2013 年第 12 期）

什么是结构性改革，它为何如此重要？*

（2016 年 6 月）

我今天要讲的题目是"什么是结构性改革，它为何如此重要？"

着力推进供给侧结构性改革，这是 2015 年 11 月中央财经领导小组和 12 月中央经济工作会议确定的重大举措，也是今后一段时期贯穿整个经济工作的主线。

但是，围绕供给侧结构性改革实际上还存在不少争论。比如说，中国经济发展进入下行通道，究竟是因为总需求的强度不够，还是由于供给侧的效率低下？再比如，什么是结构性改革？它到底是要改结构，还是要改体制？对于这些问题，不管在理论上还是在实际工作中都存在不同的意见。

我今天想着重讲一讲我对后一个问题的理解，也就是讲什么是结构性改革，它为什么极为重要。

结构调整和结构改革

"供给侧结构性改革"的提法，实际上包含两个含义不同的"结构"。

---

* 本文根据作者 2016 年 6 月 30 日在清华大学经济管理学院举行的"新浪·长安讲坛"（第 300 期）的讲演整理而成。曾收录于《中国经济 50 人论坛丛书·中国经济新方位：如何走出增长困境》（中信出版社 2018 年版，第 67—81 页）和《改革大道行思录》（商务印书馆 2017 年版，第 270—288 页）。

第一层含义的"结构",是指经济结构,也就是资源配置的结构。

在从供给侧探究中国经济减速的原因时,我们发现,最主要的问题是,由于资源错配,经济结构发生了扭曲,导致效率下降。

从供给侧观察,经济增长由三个基本驱动力量推动,这就是:新增劳动力、新增资本(投资)和效率提高。从21世纪初期开始,中国经济增长原先所依靠的驱动力量开始消退,例如人口红利逐渐消失,工业化和城市化过程中产业结构改变(即所谓"库兹涅茨过程",Kuznets Process)导致的效率提高也开始减速。与此同时,粗放增长方式(即主要依靠投资驱动的增长方式)所造成的资源错配和经济结构扭曲却愈演愈烈。在这种情况之下,中国经济的潜在增长率从21世纪第一个十年开始下降,出现了经济下行的趋势性变化。

从以上分析得出的治本之策,就是通过资源的再配置,优化经济结构,提高供给侧的质量(效率)。

第二层意义上的"结构",是体制机制的结构。"结构性改革"讲的正是这后一种结构的改革。这两种"结构"不可混淆。如果把它们混为一谈,就会用调整经济结构去取代改革体制结构。我国的历史经验表明,这样做会造成十分消极的后果。

由政府直接"调结构"不但无效,还会产生反效果

针对中国经济存在的问题,无疑需要进行资源的再配置,以便改善经济结构,提高效率。当前改善经济结构的重点是实现"三去一降一补"(去产能、去库存、去杠杆、降成本、补短板)。

问题是怎么才能真正做到资源的优化再配置。进行资源的再配置可以有两种不同的方式:一种是按照国家的计划和规划、政府的要求或者长官的意愿,通过行政命令来调整国民经济的企业、产业、地区等结构;另一种是在反映资源相对稀缺程度的价格信号的

引导下，通过市场的作用来实现资源的优化再配置。

在过去相当长的时期，中国沿袭计划经济时代的传统，由政府用行政手段来"调结构"。但是，历史经验表明，这种方法通常是无效的，甚至具有相反的效果。

早在改革开放初期，政府领导人就已经意识到，中国的产业结构存在严重扭曲，效益受到损害，需要进行调整。所以，在20世纪70年代末80年代初曾经进行过两次大的经济调整。在当时政府主导资源配置的条件下，这种调整是通过行政手段进行的，比如规定哪些产业或部门应该缩减，哪些产业或部门应该增强，然后用行政指令或诱导政策促其实现。在原有体制下由政府进行结构调整的根本问题在于：结构扭曲往往就是由体制缺陷和政策偏差造成的，而且政府没有办法判定什么样的结构才是好的结构。因此，调整通常会产生两方面的负面结果：一方面，由于政府并不确切地知道什么是好的结构，即使调整到位，也并不一定能够实现结构优化，弄得不好，还会越调越差；另一方面，由于造成资源错配、结构扭曲的体制和政策因素并没有改变，即使调整成功，过不了多久，旧的结构重新复归，又需要进行另一次调整。

在当时的情况下，市场还没有生长起来，政府处在资源配置的绝对主导地位，用行政手段为主进行结构调整，自然是唯一可能的选择。后来通过80年代中期的初步改革和90年代以后的系统性改革，市场已经逐渐地成长和发育起来了，但是许多政府部门还是习惯于老办法，认为用行政命令那只看得见的手进行调整，才能很快见效。所以，在20世纪90年代甚至直到21世纪，各级政府仍然偏好用行政手段调整结构，结构扭曲问题也一直没有解决。

2004年出现经济"过热"以后，对宏观经济到底是"全面过热"还是"局部过热"发生了争论。当时有三种不同的意见：第一种认为没有发生过热，也不赞成采取总量紧缩政策，说是"股市刚刚起来，不能一盆冷水泼下去"。第二种认为出现了经济过热，主张采取紧缩措施，防止股票和房地产市场泡沫膨胀，最终导致崩盘。不过，这两种意见都没有被领导接受。最后被肯定的是第三种意见，就是认为中国经济只是出现了"局部过热"而并没有发生"全面过热"，因此，只要采取措施抑制过热部门的扩张，就能保证国民经济的稳定协调发展。

在这种思想的指导下，国务院在2005年颁布了《促进产业结构调整暂行规定》。《暂行规定》要求国家发改委会同有关部门编制将技术、装备及产品划分为鼓励、限制、淘汰等类别的《产业结构调整指导目录》，以之作为政府引导投资方向，管理投资项目，制定和实施财税、信贷、土地、进出口等政策的依据：一方面对所谓的"过热产业"进行控制和清理；另一方面对政府选定的产业进行扶持。但这种"有保有压"和"有扶有控"的调整并没有见效，经济结构的扭曲反而变得更加突出了。

在这种情况下，国务院在2006年3月发出了《关于加快推进产能过剩行业结构调整的通知》，指出钢铁、电解铝、电石等行业产能已经出现"明显过剩"，要求根据不同行业、不同地区、不同企业的具体情况，有保有压，"坚持扶优与汰劣结合，升级改造与淘汰落后结合，兼并重组与关闭破产结合"，"进一步优化企业结构和布局"。文件虽然也照例提到要深化改革和充分发挥市场配置资源的基础性作用，但是由于市场化改革依然缺乏实际行动，调整结构的主要办法就只能是下发"淘汰落后产能"的指标和对要扶持的产业给予种种优惠与补贴。因此，结构调整的工作进行得并不顺利。比如钢铁行业是2006年化解产能过剩的重点产业，可是调控的结果却是越调越多。全国钢铁产能从2003年的2.5亿吨左右提升到2012年的将近10亿吨。

2008年国际金融危机发生以后，中国除了面对部分行业产能严重过剩的问题之外，还遇到GDP增长速度下降的问题。这时，除了"扩需求""保增长"外，国务院还作出决定，把大力发展战略性新兴产业作为重点经济工作之一，要求用财政、金融和其他手段大力扶植七项战略性新兴产业。由于用补贴、政策优惠来扶植指定产业造成价格扭曲和成本失真,光伏、LED 等受到各级政府扶持的产业很快也变成了产能过剩的产业。

这样,2013 年国务院和有关部委连续发出七个文件,要求对一系列"产能严重过剩的产业"进行治理。国务院发出的《关于化解产能严重过剩矛盾的指导意见》指出,我国的"传统制造业产能普遍过剩,特别是钢铁、水泥、电解铝等高消耗、高排放行业尤为突出",要求通过五年努力,化解产能严重过剩矛盾工作取得重要进展,达到产能规模基本合理、发展质量明显改善等目标。

总的来说,用行政手段解决结构扭曲的问题,效果很差,有时还适得其反,过剩产能越调越多,而有的政府大力扶持的产业却又成为新的产能过剩产业。

转变发展方式提了二三十年仍未见效的原因

提高供给质量、优化经济结构、实现发展方式转型,并不是 21 世纪初才提出来的新要求。这一问题实际上已经提出几十年了,但一直没有得到解决。

早在 1981 年,全国人民代表大会就批准了国务院提出的"十项经济建设方针"[①],"十项方针"包括多项改善产业结构的要求,希望能够通过它们的贯彻,"围绕着提高经济效益,走出一条经济建设的新路子"。1995 年制订的"九五"(1996—2000 年)计划又正式提出了"转变经济增长方式"的要求,其中非常重要的内容也是改善经济结构;到 2002 年,中共十六大提出"走新型工业化道路"。后来 2007 年讲的"转变经济发展方式",2013 年讲的"跨越中等收入陷阱"针对的其实都是同一个问题,就是优化经济结构和提高效率。但是多年来成效不大,其中的经验教训很值得

---

① 赵紫阳:《当前的经济形势和今后经济建设的方针——1981 年 11 月 30 日和 12 月 1 日在第五届全国人民代表大会第四次会议上的政府工作报告》。

吸取。

由于在第十个五年计划（2001—2005年）期间，经济增长方式转型出现了反复，经济结构有进一步恶化的趋势，引发了2005年到2006年制定"十一五"（2006—2010年）规划期间的一场要不要转变经济发展方式、怎样才能转变经济增长方式的大讨论。这场讨论得出的一个很重要的结论是：这一转型之所以步履维艰，是因为存在"体制性障碍"。当时说的体制性障碍，核心内容就是政府仍然在资源配置中起着主导作用。

我在参加这次大讨论的过程中写了一本书，叫作"中国增长模式抉择"①。书里介绍了当时讨论的情况。对于为什么增长模式转型、结构调整不能取得预期成效，列举了很多具体的原因，比如把GDP增长作为政绩的主要考核标准、政府拥有过多的资源配置权力等。归结起来，就是中共十六届三中全会《中共中央关于完善社会主义市场经济体制若干问题的决定》所指出的"体制性障碍"，或者如中共十八届三中全会《中共中央关于全面深化改革若干重大问题的决定》所说：政府仍然在资源配置中起着决定性的作用、抑制甚至排斥了市场机制作用的发挥。

"三去一降一补"要靠市场发挥决定性作用

中国经济目前面对的结构问题越来越突出，所以需要通过"三去一降一补"来实现资源的再配置和经济结构的优化。不论过去的历史经验还是经济学的理论分析都告诉我们，要实现这一任务，必须依靠市场在资源配置中发挥决定性的作用。当然也要更好地发挥政府的作用。

在这里，市场的作用和政府的作用都要有准确的定位。

为什么实现经济结构优化和"三去一降一补"要靠发挥市场

---

① 吴敬琏：《中国增长模式抉择》，上海远东出版社2005年版。

的决定性作用呢？因为市场有两个主要的功能：一是能够有效地配置资源；二是能够建立起激发创新创业积极性的激励机制。说到底，"三去一降一补"就是要靠这两个最重要的机制才能够实现。市场机制具有实现资源有效配置和建立正确激励机制这两个方面的优势，它是行政手段所无法做到的。比如要压缩钢铁业的过剩产能，老办法是由行政机关规定计划指标，要求限期压缩多少万吨"落后产能"，然后把计划指标层层分解下达到各个部门、各个地区和各个企业。压缩任务通常只能按企业的大小、设备的新旧等"硬指标""一刀切"，否则就压不下去。然而根据这样的标准，被切掉的往往并不是效率最差的设备和企业。而且每个行政部门都要保护自己的产业，甚至纵容企业增加产能。再比如"补短板"的实质是加快效率较高、供不应求的产业的发展。用行政的办法也跟市场激励的办法很不一样，前者主要靠政治动员和运用政府的财政政策、信贷政策和其他优惠政策去扶植一些政府认定应该发展的产业和应当做强做大的企业，这和依靠市场机制奖优罚劣实现优胜劣汰，效果就完全不一样了。

在发挥市场在资源配置中的决定性作用的同时，政府应当怎样更好地发挥作用呢？据我理解，所谓"更好地发挥作用"，是不要落入过去政府包办一切的老套路。政府要做的不是直接出手去调结构，而是提供公共品；不是操控市场和干预微观经济，而是为市场的运作提供更好的条件，为企业和创业者提供稳定的宏观经济环境和良好的法治环境。当然，它还要在市场不能起作用的一些地方发挥作用，比如说用社会保障体系来对下岗职工的基本生活需要进行托底，支持基础科研，建立基础教育体系等。总而言之，它的作用是提供公共品，而不是直接干预微观企业的经济决策。

为什么要"着力推进结构性改革"

如果说理论分析和实践经验都表明，要实现结构优化的目标，必须主要依靠市场的力量，那么问题的症结就在于：能够使市场在资源配置中起决定性作用的制度基础，即1993年的中共十四届三中全会《决定》和2013年的中共十八届三中全会《决定》所说的"统一开放、竞争有序的市场体系"，还没有完全建立起来。中国在20世纪末宣布已经初步建立了社会主义市场经济的基本框架，但是市场体系还不完备，其中许多重要的子系统还没有建立起来，即使已经初步建立，也还很不完善，存在诸多缺陷。总之，还不足以承担有效配置和再配置资源的重任。

在这种情况下，唯一的出路就是尽快通过改革，把统一开放、竞争有序的市场体系及其法治基础建立和完善起来。

正是在这样的背景下，2013年的中共十八届三中全会通过了《中共中央关于全面深化改革若干重大问题的决定》，2014年的十八届四中全会通过了《中共中央关于全面推进依法治国若干重大问题的决定》，2015年中央领导又提出了着力推进结构性改革的要求。

人们常常以为"结构性改革"是一个中国特有的提法，其实并不是这样。"结构性改革"（structural reform）是一个在市场经济国家文献里常见的说法。一个国家的市场经济制度已经建立起来，但其中的某些制度架构仍然存在问题，还需要对这些不够完善的、存在缺陷的制度架构进行改革，这种改革就被称为"结构性改革"。我们习惯于把从计划经济到市场经济的改革叫作"体制改革"。当这个短语被译成英语的时候，也常常用structural reform，即"结构性改革"来表达。

像我这样年纪的人，最早接触"结构性改革"这个说法，大概是在20世纪60年代"共产主义论战"中中方的批判文章里。当时的大批判文章[1]指出，意大利共产党总书记陶里亚蒂主张对西方

---

[1]《人民日报》社论：《陶里亚蒂同志同我们的分歧》，《人民日报》1962年12月31日；《红旗》杂志编辑部：《再论陶里亚蒂同志同我们的分歧关于列宁主义在当代的若干重大问题》，《人民日报》1963年3月1—4日。

国家进行"结构改革",意味着用改良主义代替无产阶级革命。后来接触更多的是,近十几年来,一些市场经济国家一再提出要进行结构性改革。比如说,我今天讲演的题目,就是从英国《经济学人》杂志"The Economist Explains"("经济学人解释")栏目2014年12月的一篇文章 What Structural Reform Is and Why It is Important (《什么是结构性改革,它为什么很重要》) 借用来的。

总之,结构性改革是市场经济国家常用来指称社会经济体制的局部改革。既然中国已经宣布初步建立社会主义市场经济的基础框架,现在要对其中部分架构进行改革,也是题中应有之义。所以,在这个意义之上,运用这样一种说法来概括当前要进行的改革,也是完全可以的。

其他国家进行结构性改革的实践对我们是有启发意义的。2004年国际货币基金组织(IMF)曾经建议一些国家进行结构性改革,当时 IMF 首席经济学家兼研究中心主任拉詹(R. Rajan)写了一篇短文来解释他们所建议的改革 Why Are Structural Reforms So Difficult? (《结构性改革为什么那么难?》)[①] 的文章说,结构性改革取得的成果、带来的益处是长时期的,但是从短期来说,有一部分人的利益会受损,所以很难被人们所接受。我在这里要说的不是结构性改革的难易问题,而是拉詹对什么是结构性改革所做的言简意赅的界定。跟我们现在遇到的情况类似,当时有些人认为许多经济问题是由于需求过剩或不足造成的。拉詹表示不同意这种判断。他指出:"许多经济问题是由市场运行中的问题造成的,而不是因为资源短缺或者总需求过剩或不足。在大多数经济学家眼中,此时显然需要进行结构性改革,即改变支配市场行为的制度架构和监管架构。"

总之,需要明确的是,"结构性改革"讲的是针对部分体制架构的改革。通过这种改革,把统一开放、竞争有序的市场体系建立

[①] 中文译文载《比较》2016年第2辑。

起来，并且通过市场作用的发挥，来实现经济结构的优化和供给质量的提高。

六个方面的改革需要抓紧推进

为了完成建设统一开放、竞争有序市场体系的宏伟任务，我们需要进行多方面的改革。中共十八届三中全会规定了336项改革任务，其中直接跟经济有关的就有200多项。这些任务当然有轻重缓急之分，不可能一蹴而就。根据最近各界人士提出的一些迫切需要重点进行的改革项目，我认为以下六个方面的改革特别需要抓紧进行。

一是简政放权的制度化，加快制定和执行市场进入的负面清单。中共十八届三中全会决定采取市场经济和法治国家的通行做法，对市场进入实行负面清单制度。根据企业和公民个人"法无禁止即可为"和各级政府"法无授权不可为"的原则，国务院部署制定两个清单：一个是市场进入的负面清单；另一个是政府授权的正面清单。政府授权的正面清单看起来比较困难，但市场进入的负面清单是市场经济的一项基本制度，必须加紧制定。这不但涉及公民的基本权利，还牵涉对外经济关系，比如在最近的中美投资协定谈判中，这就是一项重要议题。

二是全面推进金融改革。金融改革的核心议题——利率市场化和汇率市场化进行得比较顺利，甚至超出了原来的预期。但是仅有这两项重要的价格改革还不足以保证整个金融体系改革的完全成功，其他方面的改革也必须加快。比如说金融市场的监管体系，中共十八届三中全会要求从事前的审批为主转变为事中事后的合规性监管为主，就需要加快实现。在当前杠杆率居高不下的情况下，一方面民间的投资意愿低落，另一方面由于资产负债表衰退，人们不愿意把资金放到流动性比较低的实体经济中去。此时加快金融体系改革就具有更为重要的意义。

三是国有经济改革。这是一个很重要的领域，因为虽然国有经济在整个国民经济中所占的比例只在三分之一左右，但它掌握着最重要的社会资源，它所处的行业又往往是国民经济中的制高点。目前相当一部分国有企业效率低下，而且存在继续下降的趋势。如果这种情况不能较快改变，就会拖整个国民经济的后腿。十八届三中全会《决定》对国有经济改革有一个重大突破，就是要把对国有企业的管理由直接管企业，即"管人管事管资产"为主，转变为"管资本"为主。这是一项具有重大意义的改革，因为只有这样才能在国有控股公司和国有参股公司中建立起有效的公司治理结构，也才能实现各类企业之间的平等竞争。

四是竞争政策的贯彻。我们过去把贯彻竞争政策叫作"反垄断执法"，现在国际上通行的说法是"贯彻竞争政策"。后一种说法可能比前一种来得确切。我们必须清醒地认识到，竞争是市场制度的"灵魂"。正如第二次世界大战后德国社会市场经济体制的缔造者艾哈德（L. W. Erhard）所言，战后德国"经济奇迹"的实质，乃是"来自竞争的繁荣"[1]。前几天，国务院发布了《关于在市场体系建设中建立公平竞争审查制度的意见》，为确立竞争的基础性地位迈出了重要的一步。文件指出，在当前的现实生活中，"地方保护、区域封锁，行业壁垒、企业垄断，违法给予优惠政策或减损市场主体利益等不符合建设全国统一市场和公平竞争的现象"还广泛存在。加之在我们国家有些人还受到传统政治经济学反竞争思维的影响，认为"竞争和无政府状态"是资本主义腐朽性的集中表现，而且在社会主义条件下，不同所有制企业之间也不应当有平等竞争。事实上，没有公平竞争就不可能发现价格，也不可能实现奖优罚劣、优胜劣汰和促使企业努力创新。所以抓紧贯彻竞争政策仍是一项重大的改革任务。

---

[1] 参见［西德］路德维希·艾哈德《来自竞争的繁荣》，祝世康、穆家骥译，商务印书馆1983年版。

五是加快自由贸易试验区的建设。现在自由贸易区试验已经从上海一地推广到全国好几个地区，但是看来这一试验的质量还有待提高。中央领导人曾经明确指出，自由贸易试验区的意义在于"营造市场化、法治化、国际化的营商环境"，"促使贸易投资便利化"。贸易和投资规则的进一步提高是一个世界性的趋势，中国需要努力适应。自贸区试验不但在对外经济关系上有意义，而且直接有助于促进统一开放、竞争有序的市场体系的建立和完善。所以这方面的试验应该加快进行，防止把营造市场化、法治化、国际化的营商环境的试验等同于过去的政策优惠等低层次的做法。

六是坚持建设法治国家。一个良好的市场体系一定要建立在法治的基础之上。自从 1997 年中共十五大提出依法治国、建设社会主义法治国家的治国方略以来，这方面的工作有所进展，但是离建设法治国家的要求还有相当大的距离。中国是一个具有悠久人治传统的国家。进入现代以后，政府的政令在社会经济运行中始终起着主导的作用，法治观念和法治实践十分薄弱。因此，建设法治国家是一项非常重要然而也极其艰巨的任务。中共十八届四中全会做出了《关于全面推进依法治国若干重大问题的决定》，建设法治的工作还需加快进行，因为不厉行法治，市场运转交易缺乏严明的规则，也就不可能平稳有效地运行。

为了推进以上这些改革，不只要提出任务，做出设计，还需要采取切实措施，克服思想上和实际工作中的障碍，抓紧施行。

必须真刀真枪地推进改革

今年以来，中央全面深化改革领导小组的第 20 次（1 月 11 日）、第 21 次（2 月 23 日）和第 25 次（6 月 27 日）会议都着重讨论了如何切实推进改革的问题。6 月 27 日的第 25 次会议特别指出："改革是一场革命，改的是体制机制，动的是既得利益，不真刀真枪干是不行的。"那么，怎样才能防止改革空转，真刀真枪地推进改革呢？我认为，需要在以下三个方面取得突破。

第一是要把各级领导的思想统一到中共十八届三中全会和十八届四中全会的决定上来，形成对改革的共识。

以国企改革为例，包括我自己在内的许多人都觉得国企改革似乎进展得太慢。中共十八届三中全会决定改革国有资产管理体制，国有资产管理机构由直接管企业转向管资本为主，以若干资本运营公司为投资主体掌握原有的国有企业的股权。但是从传媒发布的意见看，在这个问题上存在很不相同的认识，比如有些在国资部门工作的朋友就认为，他们还必须继续管人、管事。在这种情况下，认识上求得统一，恐怕是国企改革能够迈步往前走的一个前提条件。

第二，要抓实改革的机制保障，把执行各项改革决定的主体责任落实到位。以公平竞争审查为例，国务院发布的《意见》是十分重要和及时的，而且要求从今年7月1日开始对新制定的政策预先进行审查。然后还要对原有的各种制度和政策进行审查，逐步清理、废除妨碍全国统一市场和公平竞争的规定与做法。但是仔细读这个文件，仍然觉得它在抓实机制保障上有不足的地方。比如说，中央全面深化改革领导小组要求在公平竞争审查中"把自我审查和外部监督结合起来，加强社会监督"，但具体的工作部署只提出由制定政策的机构进行自我审查，而没有明确外部监督和社会监督由谁负责和怎样进行。如果民众投诉某一个政策规定不符合公平竞争原则，那么由谁来接受投诉，谁来做出处理？如果没有明确的责任主体，审查就容易落空。

其实过去在《反垄断法》执法上就存在类似的问题。反垄断执法由三个部门分别负责，它们之间的互动和协调就往往存在问题。当然，在三个部门上面还有一个国务院的反垄断委员会。但这个委员会不是个常设机构，而是一个部际议事机构。所以，过去在讨论执行竞争政策和执行《反垄断法》的时候，中外有许多学者提出要建立一个高层次的、拥有权威性的反垄断机构，或者叫作执行竞争政策的机构。我以为，为了建立公平竞争审查的机制保障，这个建议也是值得认真考虑的。

第三，加强督察工作，落实主体责任。要按照中央全面深化改革领导小组的要求，"厘清责任链条，拧紧责任螺丝"，抓紧完善对负有责任的机构和人员的督办协调、督察落实和责任追究等工作机制。督查工作还要落实到人员的任免上，做到像习近平总书记在第 25 次中央全面深化改革领导小组会议上所说的那样，"形成改革者上、不改革者下的用人导向"。

现场答问

提问： 我认为中国经济有两个要素，一个是生产，一个是消费，是不是可以同等重要地解决这两个问题呢？

会议主持人易纲： 我先抛砖引玉。中国经济正在向消费越来越重要的经济形态转型。原来需求方的拉动主要是靠投资和出口，消费在总需求中占比很小。这几年消费占 GDP 的比重越来越大，这条路无疑是正确的。简单回答你的问题，消费占总需求、占 GDP 的比重将会越来越重要。

提问： 您提了一个"补短板"的概念，能举一个例子吗？在补短板政策的调节中，有没有普通人的机会？

吴敬琏： 当然所有人都应该有机会。

在我看来，"补短板"这个说法可能消极了一点。结构改善方面是资源从效率低的、供过于求的行业和企业流出，另外是资源流向效率更高的、供不应求的部门。后者用政策的语言就叫作"补短板"。所以换句话说，"补短板"就是发展那些效率更高的企业和行业。在这个过程中，创新和创业者是有很多机会的。我们不能把创新创业这件事想得太高、太神秘，好像创新创业是一件高不可攀的事情。有各种各样的业务，有各种各样的创新，每个人都可以根据自己的能力、自己的兴趣爱好来选择。当然，这里有一个如何创立有利于创新和创业的制度环境的问题。政府有责任准备这样的环境。有了这样的环境，所有的人都会有机会。

易纲："补短板"有很广的含义。比如扶贫，我们还有几千万的人口，他们的消费比较低，年轻的同学如果去贫困地区支教一年，对扶贫和对落后地区的教育做出贡献都是在补短板。

提问：我想问一个题外话，最近万科的事件，吴老师您个人有什么看法？

吴敬琏：我不大知道这件事的台前幕后。但这里有一个基本问题，就是能够在所有者和经营者之间建立起制衡关系的公司治理机制，是现代公司制度的核心。完善公司的治理结构要按照规则，即按照建立公司治理制度的规则来进行。在现在的万科问题争论中，许多人好像都在追求实质正义。但是每个人对实质正义的判断标准都不一样，分别诉诸谁的贡献大、谁的情怀高等，结果就变成"公说公有理，婆说婆有理"，莫衷一是。在我看来，还是应当采取程序公正优先的原则，《公司法》所规定的公司治理规则和证监会所规定的公司治理指引，才是所有人都应该遵循的。

提问：我有一个困惑，体制的变化和结构的调整在我理解是两个概念或者是两个范畴，调整了之后，如果它变化，它的效果会不会有一些折扣？或者说它在执行的过程中还是会有一些迟缓？

吴敬琏：经济结构调整，或者叫作资源再配置，可以有两种方法：一种方法是由政府根据自己的理解，确定哪些产业和企业应该上，哪些产业和企业应该下，然后用行政的手段，包括财政补贴、税收、信贷等政策，甚至直接下达计划指标来进行调整；另一种方法是通过市场机制，借助反映资源相对稀缺程度的价格机制实现资源的再配置，即通过市场奖优罚劣、优胜劣汰的作用使资源从效率低的地方流出，转到效率高的地方去。

这两种方法相比较，前一种方法看起来好像简单易行、直接有效，但基本的问题是，没有人知道——政府也不可能知道什么样的结构是好的结构。于是按照长官意志用行政手段"调结构"，就会出现许许多多不好的后果。比如说，十多年来政府一方面下达硬指标压缩钢铁等行业的过剩产能,另一方面采取多种办法扶植战略新兴产业,结果怎么样,大家都已经看到了。历史经验表明,最好的办法是主要通过市场的不断试错把资源引导到最合适的地方去。当然在这个过程中会有波动,会有曲折,但靠市场信息来引导资源配置,从中长期看是最有效的。

提问:我们已经看到经济结构靠国家的行政调控是不可取的,而且有反复,需要靠市场,但同时又看到完善的市场体系还没有建立。吴教授说我们得出的结论是必须要全面深化改革,但同时我也听到说差不多从20年前我们就已经意识到要建立市场经济和法治社会,但是效果并不好。您也提到要真刀真枪地改革,我请问您,您认为这次"真刀真枪"是一个口号,还是真的会"真刀真枪"呢?

吴敬琏:真刀真枪地进行改革,这是包括我在内的大多数人的希望。至于说这一愿望能不能实现,显然不是我个人所能够左右的。我只能说,建立市场化、法治化的社会是大势所趋,人心所向;除此之外,中国别无出路。所以,我们每个人要做出努力,为民族、为国家争取美好的未来。

提问:对于经济学我是一个门外汉,但是我想问一个大众特别感兴趣的问题,现在房价的高涨对结构性改革、对经济转型到底是有益还是有害?

吴敬琏:在我看来,过高的房价肯定是不利的,因为它会造成中低收入者的困难和企业营运成本的猛升,对"补短板"和发展高效率的企业也会有负面的影响。但重要的问题不在于此,而在于追寻造成房价飙升的原因,这样才能找到釜底抽薪的对策。我想最重要的原因是货币超发和信用膨胀。在货币超发、信用膨胀足以引发资产负债表衰退的情况下,人们要寻求一个保值的避风港,并且随时准备逃跑。于是就造成了货币涌入资产市场和房价高涨的结果。而且房地产泡沫的过分膨胀,有可能导致市场崩盘和触发系统性风险。所以我认为必须避免滥用扩张性的货币政策去拉升 GDP

增长速度。

易纲：刚才吴敬琏老师给我们做了非常精彩的讲演，我们要学习吴老师的一些方法，比如他的理论框架、他的逻辑和他的推导过程。吴老师从两个不同的结构概念说起，讲经济结构的优化，讲促进结构性改革。为什么过去我们优化经济结构总是效果不好？吴老师得出的结论，就是政府运用行政的办法去调结构，效果当然总是不好。分析来分析去，原因是在体制层面，所以要进行体制机制的结构性改革。在具体方法上，吴老师讲到了负面清单的改革，还有国有企业的改革、竞争政策的贯彻和自贸试验区的推广等，并对如何真刀真枪地改革提出了三点建议。我们在座的各位同学，还有从网上收听收看吴老师讲座的广大观众，如果能够从吴老师这一个多小时的精彩讲演中认真研究分析问题的方法、框架、逻辑，以及如何通过论证得出令人信服的结论，我们就可以学到很多东西。

（原载《中国经济新方位：如何走出增长困境》，中信出版集团 2017 年版）

产业政策面临的问题:不是存废,而是转型*

（2017 年 9 月）

2016 年林毅夫、张维迎两位教授在北大有一场引起了学界、产业界和政界广泛关注的产业政策讨论。我读了他们两位的讲演以后也做了一些研究。本文即是我学习收获的总结。

采取什么样的产业政策，关系到中国经济能否保持持续稳定的发展，是一个非常值得深入探讨的重要问题。不过去年两位教授的讨论一开场主持人就点明，讨论的主题是"中国到底需不需要产业政策"。这样，讨论的重点就从产业政策本身移到了"要"、还是"不要"产业政策上。参与讨论的两位教授对这个问题各自持有比较绝对的意见，一个说中国非常需要产业政策，一个说中国不能要产业政策。这使整个讨论变成一个无法证伪的"信念之争"，很难深入下去，也很难对实际工作提出什么建设性的意见。

产业政策的两种主要类型

为什么讨论陷入这样一种困境呢？在我看来，关键就在于没有意识到，产业政策是有不同类型的。我们当前应当面对和研究的问题，不是全称肯定产业政策，或者全称否定产业政策，而是应当采

---

* 本文根据作者 2017 年 9 月 28 日在长安讲坛上的同名讲演整理和增补而成。曾收录于《中国经济 50 人论坛丛书·中国经济新时代：构建现代化经济体系》，中信出版社 2018 年版，第 363—383 页。

取什么样的产业政策。或者像哈佛大学的罗德里克（D. Rodrik）教授在《相同的经济学，不同的政策处方》（2007）一书里所说：一方面，"产业政策已死"是夸大之词，实际上世界各国有越来越多的产业政策在发挥作用；另一方面，"真正需要的不是更多的产业政策，而是更好的产业政策"。①

不管是全称否定产业政策的论者，或者是全称肯定产业政策的论者，似乎都没有注意到，产业政策是有不同类型的。有些人心目中的产业政策，仅仅是中国在20世纪80年代从日本引进的那种产业政策，或者说，是日本在20世纪50年代和60年代所采取的那种产业政策。其实那种产业政策只是产业政策多种类型中的一种，世界上并不是只有这一种产业政策。

据考证，"产业政策"是日本人的发明。它由日本政府的通商产业省（简称"通产省"）在1970年前后开始使用。不过早在20世纪30年代和40年代上半期的统制经济时代，这种政策的基本内容已经现出了雏形。到了50—60年代，它们就在新的条件下得到了系统的运用。

第二次世界大战后初期的日本经济体制表现出两种不同的趋向。一种趋向是占领军当局要求否定日本战争时期的统制经济，实现自由化。在占领军当局的压力之下，日本进行了一系列改革。例如，解散了财阀集团，实现了价格自由化，颁布了反垄断法，加强了反卡特尔执法。这些措施的方向是建立起自由市场经济的基本框架。但是同时还有另外一种趋向，就是继承战争时期统制经济的一些遗产，由政府通过各种政策手段干预经济。在战后的日本，掌管产业政策的主管部门特别是通产省与掌管反垄断政策的公正交易委员会之间经常发生矛盾，甚至"双方长期扮演了互相为敌的角色"。1950年朝鲜战争爆发以后，前一种趋向有所削弱，后一种趋

---

① 罗德里克：《相同的经济学，不同的政策处方》，高世楫、张军扩、侯永志等译，中信出版社2009年版，第119—121页。

向则有所加强。

华裔美国社会学家高柏1997年写过一本书，题目是"经济意识形态与日本产业政策：1931—1965年的发展主义"[1]，详细地论证了日本在20世纪50—60年代实行的产业政策，实际上延续了日本战时形成的"发展主义意识形态"。这种意识形态的代表人物是一批很特别的人物。他们有着双重特色：一方面他们是马克思主义者；另一方面是国家主义者，这本书比较客气地把他们叫作民族主义者，也有人把他们叫作军国主义者。由于当时马克思主义者不许在大学里面教书，有的人就退向书斋为政客们做一些政策研究工作，还有一些人到了东北，帮助关东军推行统制经济。战后，这些经济学家成为政府对经济干预政策的主要推手。比如日本著名经济学家、中国社会科学院的老朋友有泽广巳，就是战后初期日本产业政策的重要推动者。向重化工业倾斜的"倾斜生产方式"就是他们提出的。甚至"重化工业"这个除少数东亚国家不见使用的词语，也是他们创造出来的。总之，一是由于有日本在战时统制经济的这种遗产，二是在这样一批经济学家的助推下，日本在20世纪50—60年代采取了一系列后来被叫作"产业政策"的这一套政府干预经济的做法。

战后初期的日本产业政策有两个主要的组成部分，一个是产业结构政策，另一个是产业组织政策。其中最重要的是它的产业结构政策。根据日本东京大学教授小宫隆太郎等在《日本产业政策》（1984）[2] 一书中的描述，产业结构政策这一概念意味着"政府为改变产业间资源配置和各种产业间私营企业的某种经营活动而采取的政策"。换句话说，就是运用财政、金融、外贸等政策工具和行政指导的手段，有选择地"促进某种产业或者某些产业的生产、

---

[1] 高柏：《经济意识形态与日本产业政策：1931—1965年的发展主义》，安佳译，上海人民出版社2008年版。

[2] 小宫隆太郎、奥野正宽、铃村兴太郎编：《日本的产业政策》，彭晋章等译，国际文化出版公司1988年版。

投资、研究开发、现代化和产业改组而抑制其他产业同类活动的政策"。因此,这种产业政策后来被叫作"选择性的产业政策"或"差别化的产业政策"。产业组织政策,则是意味着扶植大企业,实现产业的集中化和众多小企业围绕大企业进行的"事业共同化"。

不过在 2016 年的那场讨论中,许多人没有注意到另外一种情况,就是产业政策还有别的选项,即有其他类型的产业政策可供选择。只要读一下有关产业政策讨论的历史文献,这一点是非常清楚的。

直到 20 世纪 70 年代初期,日本国内外的许多经济学家都认为,日本经济从 1955 年开始的 10% 以上的高速增长,就是主要得益于上面所说的这种选择性的产业政策。但是 1973 年发生第一次石油危机使情况发生了变化。由于石油价格猛涨,日本发生了最严重的经济衰退,在前后 4 年的时间中,GDP 年平均增长率从 10% 以上下降到负数。许多有识之士,特别是一些受过现代经济学训练的经济学家对当时执行的产业政策提出了质疑。其中表现最突出的是东京大学资深教授小宫隆太郎。他组织了几十位经济学家,经过两年时间的研究,对日本的产业政策提出了一套研究报告。这套报告编成《日本的产业政策》一书在 1984 年出版。它对日本在 20 世纪五六十年代执行的选择性产业政策从理论到实践进行了深入的批判性的分析。这些经济学家并不全称否定实施产业政策的必要性,而是认为在市场失灵[①]的情况之下,可以也应该采取所谓"功能性产业政策"来弥补市场失灵,恢复提升市场的功能。

在现实的压力和学者的批判之下,日本在 20 世纪 70 年代中期开始了从选择性产业政策向功能性产业政策的转变。按照东京大学的另一位资深教授植草益的说法,从第一次石油危机后的反思开

[①] 按照当时主流经济学的理解,他们把"市场失灵"(market failure)归纳为以下几种情形:成本递减、正负外部性、公共品以及在存在动态变化和不确定性的情况下进行资源的跨期配置(参见《日本的产业政策》,第 527—528 页)。

始，日本的产业政策发生了重大变化，也就是开始从利用补助金、低利贷款、税收等进行的政策干预，转向用提供有关产业结构的长期展望和国际经济信息来诱导民间企业的产业政策。

国际论坛在分析不同类型的产业政策时用语往往不同，但是内容却是大体相同的，即把产业政策分成两种主要的类型，一种叫作选择性的、纵向定位的或者硬性的产业政策；另一种叫作功能性的、横向定位的或者软性的产业政策。①

20 世纪 80 年代中期，中国开始接触日本战后初期的产业政策，接着引进了这一套产业政策。当时大多数人都读过当时在国内流行的颂扬选择性产业政策以及它的主要执行者——通产省的书刊，如美国哈佛大学教授傅高义（E. Vogel）的《日本第一：对美国的启示》②、美国加州大学教授约翰逊（C. Johnson）的《通产省与日本奇迹——产业政策的成长（1925—1975）》③ 等。很少有人知道，还有其他类型的产业政策。更不知道日本经济学界已经对这套现行的产业进行了深入的批判性研究。

当时我所在的国务院发展研究中心是日本产业政策的主要引进者。中心主任马洪同时兼任中国社会科学院院长。他既是选择性产业政策的主要推手有泽广已的朋友，也是组织了对这套政策批判的小宫隆太郎教授的朋友。1985 年，在冲绳召开的中日经济学术交流会上，小宫教授向马洪院长郑重指出，现在世界上一些流行著作对日本产业政策的实际效果普遍存在着评价偏高的倾向，他和其他几十位日本经济学家对这个问题做了全面的考察和讨论，现在把这本书送给中国朋友参考。马洪院长回国以后让中国社会科学院的日

---

① 这里所说"纵向定位的产业政策"，重点强调它的目标在于提升特定产业的竞争力；而"横向定位的产业政策"，则旨在提升所有部门的效率。
② 傅高义：《日本名列第一：对美国的教训》，谷英、张柯、丹柳译，世界知识出版社 1980 年中文版。
③ 约翰逊：《通产省与日本奇迹——产业政策的成长（1925—1975）》，戴汉笠等译，中共中央党校出版社 1992 年中文版。

本研究所把这本书翻译出来，在1988年正式出版。① 不过它的影响很小。我们拿到这本书的中译稿以后，也没有做深入的研究。总之，我们当时对于日本产业政策的认知是很不深入、很不全面的。

中国引进的是选择性的产业政策

由于我们对日本产业政策的源流缺乏全面认识以及受到当时改革目标模式变化的影响，中国在20世纪80年代引进的只是一种特定类型的产业政策，也就是前面讲到的选择性、纵向定位的、或者硬性的产业政策。

早在20世纪80年代初期机械工业改组改造工作中，就曾根据国务院领导的指示运用了日本政府在20世纪五六十年代采取的"划分企业生产范围"、组织企业"共同行动"，进行"联合生产"等做法。全面引进日本战后初期的产业政策则是在1987年。1987年3月14日，国务院发展研究中心向党政主要领导人呈交了一份题为《我国产业政策的初步研究》的长篇研究报告，建议引进在日本和韩国被认为行之有效的产业政策。这个报告里面说的产业政策要点，和日本通产省所推行的选择性产业政策几乎完全相同，就是要运用一组协调财政、金融、税收、外贸、外汇、技术人才等调控手段的综合政策体系，对某种（或某几种）产业的生产、投资、研究、开发现代化和产业改组进行促进，而对其他产业的同类活动进行抑制。产业组织政策则是引导企业的发展，促进生产的集中化和专业化协作，形成大量小企业围绕着大企业运营的一套体系。

两个星期以后，这份研究报告很快得到了当时党政主要领导人批示的肯定，要求国家计委和当时正在筹备中共第十三次全国代表大会的政府报告起草小组吸收这些意见。

---

① 马洪：《〈日本的产业政策〉序》；小宫隆太郎：《〈日本的产业政策〉序章》，载《日本的产业政策》，国际文化出版公司1988年版，第1—2页。

这时引进选择性产业政策还有一个更大的体制背景，这就是在我国经济改革的目标模式在 80 年代后期发生了重大变化。

1984 年，中共十二届三中全会《关于经济体制改革的决定》规定的改革目标是"要建立社会主义有计划的商品经济"或"社会主义商品经济"。对于什么是"社会主义有计划的商品经济"或"社会主义商品经济"，当时出现了两种不同的解读，一种解读是说，有计划的商品经济还是在计划经济范畴内的一种经济形式，只不过由直接计划（指令性计划）为主转变为间接计划为主；另一种解读是说商品经济就是以通过市场价格配置资源为基本特征的市场经济，"商品经济"只不过是俄国人对市场经济的一种特别说法。[①] 广东社会科学院的一些经济学家正式提出了用"市场经济"取代"商品经济"的意见，发展研究中心领导也表示赞成这种意见。

在 1985 年到 1986 年的一段时间里，虽然并不是所有的人都主张马上明确改革的目标是市场经济，但是作这种解释的倾向是占有优势的。这种倾向最明显的表现，是在 1985 年中国共产党全国代表会议通过的《中共中央关于制定第七个五年计划的建议》大体采纳了《决议》讨论过程中一些经济学家提出的社会主义商品经济体制由自主经营自负盈亏的企业、竞争性的市场体系和与商品经济相适应的宏观调控体系三个部分组成的意见，把它写入了中共中央的上述《建议》。

以这个蓝图对照当时的实际经济体制，国务院的主要领导人发现，整个体系中最为薄弱的是中间那个环节即竞争性的市场体系还没有建立。在这种情况下，即使企业放活了，由于没有企业间的平

---

① 按照著名经济学家 J. 科尔奈在 1985 年 9 月在"宏观经济管理国际讨论会"（"巴山轮会议"）上所作的经济体制分类，前一种体制属于 IB 模式，即间接行政控制模式；后一种体制则属于 IIB 模式，即有宏观经济管理的市场协调模式（参见中国经济体制改革研究会编《宏观经济的管理与改革——宏观经济管理国际讨论会言论选编》，经济日报出版社 1986 年版，第 16—17 页）。

等竞争，还是无法解决平均主义"吃大锅饭"的问题。在这种认识的基础上，国务院领导人在1986年3月有几次重要讲话，指出我们所有的经济问题都来自一个矛盾，就是计划经济和市场经济"双重体制胶着对峙"，因而形成摩擦很大、漏洞很多的状态。在渐进改革过程中，双重体制和两种价格并存是不可避免的，但是这种状态不宜延续过久。拖延久了，对改革和发展都是很不利的。因此，国务院领导提出，1987年和1988年在"七五"建议讲的三方面改革中主要抓住第二个方面，"七五"（1986—1990年）前半期在价格改革、税制改革、财政体制改革等方面迈出大步，以期在"七五"期间基本上进入新体制的轨道。

到了1986年9月，这个被称为价、税、财配套改革的方案在中央财经领导小组和国务院常务会议讨论通过后，相关部门向邓小平做了汇报，得到邓小平的赞扬和支持。但是不知道出于什么原因，在10月间，却被原来提出要全力以赴，打好配套改革战役的领导人下令停止执行。于是，改革设计就开始转了方向。

上述领导在1987年进一步指出，"七五"建议提出的建立新体制的三方面短期内不可能做到，甚至根本就是"理想化"的。价格不可能放开，经济体制还是要"计划与市场相结合"。于是，领导上要求国家计委和国家体改委对如何设计"计划与市场相结合"的经济体制提出具体意见。正好国家计委的下属几个研究机构人员早在1986年就提出过"国家调节市场，市场引导企业"或者"国家调控市场，市场引导企业"的计划和市场相结合的体制模式。经过领导的研究，"国家调节市场，市场引导企业"的提法被采纳，被写进了第十三次全国党代表大会报告。

坦白地说，我过去曾经认为，"国家调节市场、市场引导企业"的"运行模式"只是市场经济体制的一种委婉表达。现在看来，这种认识是不正确的。实际上，"国家调节市场、市场引导企业"更符合于东欧流行的那种保持计划经济、同时部分放开市场的市场社会主义模式。市场社会主义大致上有两个特点，一个是给予国有企业一定的自主权，另一个是要将市场置于政府的管控之下成为"政府管控下的市场"（regulated market）。按照市场社会主义理论的原教旨来说，国家计划委员会的职能应当只是模拟市场，即按照供求状况对价格进行频繁地调整。但是市场社会主义者又坚持认为，市场不能充分地反映整个社会的利益和社会未来的发展趋势，因此政府必须代表社会的利益，运用价格、财政、金融等调控手段对市场进行控制和校正。用"计划与市场相结合"取代市场协调，实际上意味着从科尔奈所说的 IIB 模式退回到了 IB 模式。

在"计划和市场相结合""国家调节市场，市场引导企业"的目标模式确立以后，摆在面前的问题就是国家怎样来调节市场了。日本、韩国等国执行的选择性产业政策正好能够适应这种需要，于是引进这种产业政策就成为一件顺理成章的事情。领导上在研究了国务院发展研究中心报告以后，很快就作出批示，把制定和执行产业政策变成了改革总体设计的一个必要的组成部分，责成国家计委来具体实施。

1989 年 3 月，根据"建立以产业政策为核心的经济政策体系"或者"建立以产业政策为中心的经济政策体系"的要求，国务院发布了中国第一部产业政策：《关于当前产业政策要点的决定》。这个《决定》确定了压缩和控制长线产品的生产和建设、增强和扩大短线产品的生产和建设的目标，制定了详尽的"产业发展序列"。这个"序列"明确规定支持什么、限制什么，要求计划、财政、金融、税务、物价、外贸、工商行政管理等部门运用经济的、行政的、法律的和纪律的手段来实现这些规定。《决定》附有一个长达十几页的《产业发展序列目录》。这份目录详细规定了哪些产业和产品是国家重点支持的，哪些产业和产品是应当受限制、甚至完全停止生产的，哪些技术是应当鼓励的，哪些技术是应当限制的，如此等等。各部门和各地区也根据国务院的《决定》制定了本部门和本地区的发展重点和限制重点，列出了限制、淘汰和保证生产的产品目录，列出了重点企业和项目名单，提出了"有保有压、区别对待"的政策规定。

1994年4月，中共中央和国务院发布了《90年代国家产业政策纲要》，对产业结构政策、产业组织（企业）政策、产业技术政策、产业布局政策做了细致的规定。在以后陆续发布的各种产业政策、发展规划、产品目录等中，一直沿袭了这样的做法。

产业政策转型的必要性和艰巨性

由于政府行政机关并没能力预先知道什么样的产业结构和产业组织是最优的，作为变相计划好的选择性产业政策也跟指令性计划一样，不可能收到预期的效果。而且用政策手段对产业结构和企业发展进行微观干预，是与市场化改革，即让相对价格决定资源配置结构相矛盾的。这种矛盾在1992年中共十四大确定市场经济的改革目标，特别是十四届三中全会制定了建立社会主义市场经济的纲领性文件《中共中央关于建立社会主义市场经济体制若干问题的决定》、明确市场应当在资源配置中起基础性作用以后，就显得更加突出。因此，要求产业政策向市场友善的方向转型的呼声也变得越来越高。

在呼吁进行产业政策转型的论著中，特别值得注意的是长期从事产业政策制定和执行工作的国家计委规划司的负责人刘鹤1995年撰写的一篇重要论文《走向大国开放经济条件下我国产业政策的依据和特征》。这篇论文在深入研究中国发展状况的基础上明确指出，在中国正逐步走向大国开放经济的条件下，以往认可的那种差别对待不同产业的产业政策的依据正在消失。因此，必须加快推进功能性的产业政策，逐步用功能性的产业政策来取代差别化的产业政策。他指出，产业政策转型的基本方向是："淡化传统计划经济模式下差别对待不同产业的色彩，以增强产业竞争力、反对垄断、保持竞争和广泛提供信息等原则支持产业的健康发展。或者说，提供信息、建立市场秩序等增强市场竞争功能的内容将成为新的产业政策的主要特征。"①

上述论文对我国产业政策的实际状况分析得十分透彻，指出的转变路径和方法也切合我国的实际。但是，实际情况却表明，要真正得到贯彻其实十分不易。比如说，刘鹤在论文的末尾强调指出，随着产业政策向功能型转化，制定政策的理论分析方法也要尽快转变。"以往结构分析方法的局限性正日益显露，微观经济学和福利经济学的概念和方法急需广泛地加以推广。"令人感到遗憾的是，直到现在，"结构分析方法"还是主管机关制定产业政策和产业发展规划时使用的主要方法。

从国际经验看，长期实行选择性产业政策的国家很难实现转型，是一种相当普遍的现象。因为这个转变不但跟人们原有的观念相冲突，而且涉及有关机构的权力和利益。

以日本为例，1973年第一次石油危机发生以后，许多日本人开始认识到旧有产业政策的缺陷，特别是一些受过现代经济学训练的经济学家，他们对于日本产业政策需要转型几乎都持有相同的意见。但是正如小宫教授在书里面讲到的，这些年青一代经济学家很难跟社会地位很高的老一代经济学家，即所谓"史前时期的经济学家"对话。

在社会上支持政府的强力干预和选择性产业政策的，也不乏其人。在关于产业政策的激烈争论中，日本经济小说作家城山三郎在1975年出版颂扬通产省官员的业绩、反对贸易自由化的小说《官僚们的夏天》②，成为一本畅销书。1996年，这部小说被拍成电视剧现身荧屏。10多年后，在反对全球化成为一时风尚的2009年，它被再次重拍上映。

20世纪80年代以后，日本的产业政策已经大体上转向了功能

---

① 刘鹤：《走向大国开放经济条件下我国产业政策的依据和特征》，载刘鹤《结构转换研究》，中国财政经济出版社2002年版，第182—192页。

② 城山三郎：《官僚们的夏天》，共工译，人民文学出版社1977年中文版。

性产业政策，竞争政策从属于产业政策也已经让位于竞争政策为主了。但是，选择性产业政策的思维习惯和行为方式还是不时在日本经济中表现出来。

我自己就经历过这样两件事，给我留下了深刻的印象。

第一件事是日本从20世纪60年代中期开始策划由政府主导建设的筑波科学城。1965年在首相办公室设立"科学城推进本部"，由国土厅长官担任主席，成员包括政府各部的副部长。当时的计划是依靠政府所属行政机构的力量和国立教育科研机构的力量以及大量的财政投入，在短期建成一个占地250平方公里、人口35万人、聚集高技术产业、科研院所和大学的特大科技园区。为了提高筑波的声誉和促进它的发展，1985年日本政府在筑波组织了一个为期半年的"世界科学和技术发展博览会"。我们到日本参加"中日经济学术交流会"时，曾任日本国土厅长官的夏河边淳兴致勃勃地带着我们去参观了筑波展览会和正在那里举行的世界机器人大会，期待着亚洲最大规模的科学城和一个新的硅谷很快就会拔地而起。然而由于过度的国家主导和缺乏民营产业的支持，直到20世纪末，筑波的发展还是远远没有达到原定的目标。经过反思，1996年将筑波城重新定位为科学研制和信息交流中心，并且改变了完全政府主导的模式，积极引入市场机制，扩大政府所属研究机构和大学的自主权。发展模式转型以后，筑波的发展加快了，人才培养也取得了很大的成绩。到现在，这个地方已经产生了四位诺贝尔科学奖的获奖人。

我目睹的第二件事，是高清晰度电视（Hi-Vision）的开发。

20世纪70年代初，各国电视产业就开始积极研究电视升级换代问题。日本采用的是政府与民间协商制定技术路线的老办法。通产省和日本放送协会广播公司NHK经过研究，决定沿着模拟式的技术路线进行高清晰度电视的开发。选择这样的技术路线确有它的道理，因为只要增加扫描密度，电视画面的清晰度马上就能得到提高。事情的发展果然也是这样，经过10多年的努力，日本的模拟式高清晰度电视开发成功。他们在 1988 年的汉城奥运会上首先进行了高清晰度电视转播。1990 年我们到日本开会时，也可以看到模拟式高清晰度电视机摆在各大商店的橱窗里演示。当时许多人都认为，这回日本又要在电视升级换代上占先了。

美国在电视技术创新上仍然沿用他们通常的技术创新办法，即不是由哪个权威机构来选定产品方向和技术路线，而是由开发者自行选定方向，自己去闯出一条路来。就在日本开发出模拟式高清晰度电视的同时，一家美国企业研制出数字式电视机。不过，这种电视系统还是用模拟信号进行传输，把模拟信号加载在甚高频的调幅波上，电视机接收后将它转为数字信号进行处理，然后再转回到模拟信号播出。当时我在和日本产业界人士谈话的时候曾经提到，数字电视技术是否可能形成对日本模拟式的威胁。日本朋友的回答是，由于用数字信号来描述音频，特别是视频电波，它的信息量是模拟方式的几十倍甚至更多，传输问题是无法解决的。没有想到，不久以后，美国企业凭借它们在基础研究上的优势在计算机处理数字信号能力的配合下，一举解决了数字信号压缩和解压缩问题。这样一来，视频信号传输问题就迎刃而解。而日本人多年的艰苦努力和海量投入全部打了水漂。人类社会也正式进入了数字时代。[①]

日本虽然在 20 世纪 70 年代就开始了产业政策的转型，但选择性产业政策给社会体制和政商关系带来的负面影响仍然长期存在（韩国的情况也同样如此）。这种负面影响是很不容易消除的。清华大学产业发展与环境治理研究中心召开过一次讨论会，中外学者探讨了日本消除选择性产业政策影响和强化竞争政策的情况。根据学者们的介绍，日本的中曾根康弘（1982—1987）、桥本龙太郎（1996—1998）、小泉纯一郎（2001—2006）和安倍晋三（2016—）四位首相先后采取措施消除选择性产业政策对日本体制的负面影响

---

① 关于日本高清晰度电视（Hi‒Vision）的故事，可以参看 N. 尼葛洛庞帝《数字化生存》，海南出版社 1997 年版，第 51—64 页。

和强化竞争政策的实施，虽然取得了一些进步，但是到现在并没有完全成功。比如说，安倍首相提出了有名的"三支箭"。其中第一支箭是扩大货币供应，实现日元贬值，第二支箭是扩张性的财政政策，这两支"箭"用的都是从需求侧着眼拉动增长的凯恩斯主义的老办法。第三支箭和我们近几年的提法相同，叫作"结构性改革"，也就是进行经济体制和政府的行为方式的改革，通过强化竞争来提高效率。例如，近几年，日本放开了电力市场；取消了只有个人才能经营农业的规定，允许企业拥有农地。根据日本学者的介绍，安倍的这个第三支箭取得了一些成果，但是离实现振兴经济的目标还有很大距离。

从以上情况可以看到，要打破重重阻力和障碍，改变长期实行选择性产业政策所形成的思维定式和体制惰性需要进行艰苦的努力，是不可能轻易取得成功的。

必须坚定不移地推进产业政策转型

当前我国实现产业结构的转型较之20世纪末有更大的迫切性，也有更有利的条件。这是因为，要推进供给侧结构性改革，实现"三去一降一补"，改善经济结构，提高效率，离开了功能性产业政策的有效实施，是根本无法办到的。

举例而言，调整产业结构和优化产业组织，可以有两种基本的办法：一种办法是运用财政、金融等调控手段甚至直接的行政干预，有选择地去扶持一些产业，抑制另外一些产业；另一种办法就是通过提升市场功能，通过市场竞争的奖优罚劣和优胜劣汰作用，实现产业结构和产业组织的优化。数十年的经验告诉我们，主要采用前一种方法不但成本很高，而且很难收到预期的效果，有时甚至会南其辕而北其辙，加深结构扭曲。从这个意义上说，选择什么样的产业政策去实现我们的宏大目标，是一件生死攸关的事情。

那么，怎么来推进产业政策的转型呢？我想第一条就是要认真总结 30 年来执行产业政策的经验和教训。事实上，近年来国内总结的经验教训和讨论改革方向的论文还是不少的，不过它们多半是年青一代经济学家和经济工作人员的著作，似乎也没有引起主管机构的足够重视。

除了总结我们自己的经验外，还要充分地吸取国际经济学界的研究成果。20 世纪 80 年代以来产业政策的研究，已经成为经济学研究的一个重要课题，有许多好的成果值得汲取。

比如说，前面讲到过的小宫隆太郎等教授 1984 年出版的那本《日本的产业政策》就是一本很值得重读的书。

这本书明确指出，除了第二次世界大战之后有限的短时期外，日本的高速增长基本上是通过建立在竞争基础上的价格机制和旺盛的企业家精神取得的。与所谓"日本股份公司（Japan Inc.）[①] 论"相反，可以说战后主要时期产业政策的历史，是民间企业的首创精神和活力不断地否定政府控制性的直接干预意图的过程。这是两者之间斗争的过程或者是此长彼消的过程。在 1955—1970 年的高速增长年代，虽然主管部门在产业改组和产业合理化的旗号下重点实施了多种多样的产业调整政策，然而完全实现政府意图的产业为数很少。

当然该书的作者们也承认，某些产业政策措施起了好作用。比如设立各种审议会、制订长期的经济计划等措施，对于完善价格机制发挥了积极作用。这就是说，日本的产业政策一方面是起了压制市场竞争等负面作用；另一方面它在更加完善价格机制、消除信息不对称性等方面起到了积极作用。这也可以解释为选择性产业政策的作用基本是负面的，而功能性的产业政策能够起到好的作用。

在最近的讨论中，一些学者引述了 21 世纪美国和日本学者所做的研究，说明日本在战后发展最好的一些产业并不是由于得到了

[①] "日本股份公司"（Japan Inc.）是 20 世纪 70—80 年代的一种流行说法。它把日本形容为一家在政府领导下政商密切合作组成的公司。

产业政策的特殊优惠。其实，小宫等教授早在1984年的这本书里就已经报告过有关的研究成果。他们选取了20世纪五六十年代日本取得最好成绩的24个产业，其中大多数企业都是从零或者从极小的规模起步，并在没有得到产业政策优惠的情况下依靠自己的力量发展起来的。因此，这些企业的经营者们对于日本曾经普遍实行的系统而有力的产业政策的说法，具有强烈的反感。"如果给他们以发表意见的机会，恐怕他们多数都会说：'我们几乎没有从政府得到什么优待，而是依靠自己的力量，含辛茹苦，历尽艰辛才发展起来的。'"

我们刚才已经提到了，小宫等经济学家并不否认在市场失灵的情况下，政府应该采取一些干预措施，来弥补市场失灵和提升市场功能。但与此同时，他们也提醒要注意三个问题：

一是要正确地判断在什么情况下真正出现了市场失灵，从而需要政府或其他社会组织进行干预。我觉得对我们很有启发。引进这个产业政策以来，始终存在一个把市场失灵泛化的倾向。"市场失灵"这个概念应当怎样界定确实很费斟酌，但是有一种说法很明显属于误读，就是把市场失灵说成是市场天然具有缺陷，于是政府对市场的干预就变成没有界限了。

二是要针对不同的市场失灵采取不同的政策措施。因为市场失灵的情况是千差万别的，所以也要针对具体情况去弥补市场失灵。后来的许多学者都强调这一点，并且根据不同情况提出了自己的政策选择。

三是必须认识到在市场失灵需要政府干预的时候，政府也会失灵。这样，就需要进行权衡。就像小宫教授说的，有时候为了弥补市场失灵而采取的政府干预措施，造成的损害甚至比市场失灵造成的损害还要大。在制定政策的时候，需要采取多种多样的办法，使得得益最大、损失最小。

罗德里克在前面提到的《相同的经济学，不同的政策处方》这本书里提出了一些很值得注意的想法，例如他指出，获得产业进一步发展方向的信息是具有外部性的，因为获得的信息可以由大家分享，可是成本却要由个别企业付出。要消除这种外部性，政府其实可以做很多工作。①

2014年诺贝尔经济学奖获得者梯若尔（J. Tirole）的诺奖获奖演说的题目就是《市场失灵和公共政策》②。他在这篇历数产业组织经济学发展史的讲演中开宗明义地指出，当出现市场失灵的时候，需要运用公共政策去控制市场失灵和约束市场霸权。由于市场失灵是多种多样的，政府的规制机构也要来采取不同的方法加以处理。这意味着产业政策必须针对具体情况并建立在深入和细致的研究基础之上。③

还有一位发展经济学的新星阿吉翁（P. Aghion）在产业政策设计的问题上也很有建树。他和几位他的同事，包括中国同事合作的一篇论文《产业政策和竞争》（2015），刚刚获得2017年的孙冶方经济学奖。论文按照他的思想，提出了如何运用产业政策强化竞争的一些具体做法。④

总体来说，国内外的研究都给以同样的启示，就是压制和限制市场竞争的选择性产业政策需要向与市场相友善的功能性产业政策转型。正像日本经济学家、原政策研究大学校长八田达夫教授所说，市场竞争能够激励创新和推动资源从低效率部门向高效率部门转移，从而提高国家的整体生产率。⑤ 这就是说，选择性产业政策主要弊病在于按照政府的意图来决定产业的发展，抑制了创新的活力和扭曲了产业结构。正确的产业政策的要点在于弥补市场失灵，

---

① 罗德里克：《相同的经济学，不同的政策处方》，高世楫、张军扩、侯永志等译，中信出版社2009年版，第103—106页。
② 梯若尔：《市场失灵与公共政策》，唐伟霞、李婧译，载《比较》2015年第6辑。
③ 同上。
④ 阿吉翁：《产业政策和竞争》，李晓萍、江飞涛译，载《比较》2016年第1辑；阿吉翁：《寻求竞争力：对中国增长政策设计的启示》，徐兰飞、贺瑞珍译，载《比较》2014年第5辑。
⑤ 八田达夫：《经济增长中的竞争政策与产业政策》，载《比较》2016年第6辑。

消除竞争障碍和提升市场功能。

实际上，产业政策转型的方向已经在2013年中共十八届三中全会《中共中央关于全面深化改革若干问题的决定》中讲得非常明白，这就是要发挥市场在资源配置中的决定性作用。或者如《决定》所论述的："市场决定资源配置是市场经济的一般规律，健全社会主义市场经济体制必须遵循这条规律，着力解决市场体系不完善、政府干预过多和监管不到位问题。"按照这个方向实现产业政策的转型，要点在于正确处理产业政策和竞争政策之间的关系。2015年10月《中共中央、国务院关于推进价格机制改革的若干意见》明确要求，"凡是能由市场形成价格的都交给市场，政府不进行不当干预"。这就为产业政策的作用限定了范围。与此同时，中共中央和国务院的上述《意见》还要求"加快建立竞争政策与产业、投资等政策的协调机制"，"逐步确立竞争政策的基础性地位"。这就意味着改变各项经济政策以产业政策为中心的做法，转向以竞争政策作为各项经济政策的基础。

中共十八届三中全会《决定》在论述处理好政府和市场的关系时，紧接着"要使市场在资源配置中起决定性的作用"这句之后，还有一句"更好地发挥政府作用"。有的人把全句解释为市场作用和政府的作用不分轩轾，都要充分发挥。我认为，这种解释把市场和政府在市场经济中发挥的不同作用混为一谈，是不正确的。首先，《决定》中写的是"更好地发挥政府作用"。所谓"更好"，当然就是指比过去要好。关于过去政府作用的不足之处，前任国务院总理温家宝多次在面向全国人民代表大会所作的《政府工作报告》里坦率地承认，"政府管了许多不该管也管不好的事情，许多应该管的事情又没有管或者没有管好"。其次，什么是政府应该管的事情，什么是政府不应该管的事情呢？十八届三中全会《决定》里讲得很清楚："必须积极稳妥从广度和深度上推进市场化改革，大幅度减少政府对资源的直接配置，推动资源依据市场规则、市场价格、市场竞争实现效益最大化和效率最优化。"最后，《决定》

还明确规定:"政府的职责和作用主要是保持宏观经济稳定,加强和优化公共服务,保障公平竞争,加强市场监管,维护市场秩序,推动可持续发展,促进共同富裕,弥补市场失灵。"

总之,政府各部门的工作必须谨守中央十八届三中全会《决定》指出的方向,做到有所为、有所不为。

所谓"有所为",意味着在清除竞争障碍和提升市场功能方面,政府还有许多事情可以做。例如:(1)提供良好的法治环境;(2)保持宏观经济稳定;(3)提供基本社会保障;(4)建立良好的教育和基础科研体系;(5)用PPP的方式进行共用性技术的"竞争前开发";(6)用征税、"补需方"等方式消除外部性的影响;(7)通过规划、细则等提供信息。

在我看来,所谓"有所不为"主要是指:(1)不要直接操办项目;(2)不要自行选定产业发展重点和指定技术路线;(3)不要违法违规设立行政许可、市场准入条件;(4)不要对部分企业实行"政策倾斜";(5)在开发新产品、提供基本医疗费用补助时都要避免直接地或变相地"补供方"。

(原载《中国经济新时代:构建现代化经济体系》,中信出版社 2018 年版)

改革开放四十年：理论探索与改革实践携手前进

(2018年8月)

四十年的改革开放使中国经济社会发展取得了举世瞩目的成就。回首这一历程可以清楚地看到，这是一个理论探索与改革实践携手共进的过程。改革开放，首先是观念的开放。思想不改变，行动就无法调整。改革思想不断演变和清晰，正是推进改革实践的基础。凡是理论探索和改革实践配合得好的时候，改革就能取得比较大的进展，对发展的正面效应也比较大；反之，改革和发展就容易遭到挫折。每当改革开放在方针、政策和思路上需要进行重大抉择之时，无一例外，都伴随着改革理论的热烈讨论。正确思想之光照亮了未来的道路，使改革开放能够避开险阻，走上坦途。

一 为改革开放提供理论资源

理论探索与改革实践之间保持这种紧密的正相关关系并非偶然，而是与人类活动具有自觉性的本质特点有关。马克思曾经用建筑师和蜜蜂的比喻形象地描述过人类活动的这个特点。他说："最蹩脚的建筑师从一开始就比最灵巧的蜜蜂高明的地方，是他在用蜂蜡建筑蜂房以前，已经在自己的头脑中把它建成了。劳动过程结束时得到的结果，在这过程开始时就已经在劳动者的表象中存在着，即已经观念地存在着。"①

任何国家的经济体系都是一个极其错综复杂的巨系统。因此，体制改革是一项巨大的社会工程。它的目的，是要改变制度安排、理顺激励机制。为了达到这个目的，改革者就必须对改革对象的状况和演变规律有深切的了解，对自己的行动有一定的规划，而不能像心灵手巧的农夫打造家用物件那样，"草鞋无样，边打边像"。

那么，这种在改革行动之前的认识是从哪里来的？中国传统教科书的回答倒也简单明快，"从实践中来"，叫做"先投入战斗，然后便见分晓"。但是这样一来，改革的行动就缺乏明确的目标，甚至容易变成盲动。其实这里存在一个对人类认识来源和个体认识来源混淆的问题。说人类的认识都来源于实践，这大概是不错的，但是对每一个个体或者每一代人来说，却不能局限于自身的亲见亲知，而要借助于语言这一强大的工具，把人类历代的认识成果传承下来，这样才能站在前人的肩上观察世界和改变世界。所以，还是恩格斯说的正确："只有清晰的理论分析才能在错综复杂的事实中指明正确的道路。"② 为了找到正确的改革道路，就必须立足于本国实际，认真学习和鉴别前人的理论成果，形成自己的改革理论，并在正确认识的基础上制定改革的方针、方案和实施方略。

问题在于，中国在 20 世纪 70 年代末期不得不启动改革开放时缺乏必要的理论储备。1976 年，一些不满于极"左"路线倒行逆施的领导人采取果断措施结束"文化大革命"和"全面专政"，为中国发展赢得了新的机会。当时的中国国民经济濒临崩溃的边缘，启动改革、救亡图存已经变得十分急迫，然而由于"左"的路线的钳制，思想市场被强制关闭，以及与国际学术界的长期隔绝，社会科学和人文学科陷于荒芜衰退的困境，理论界和思想界就很难承担起为改革开放提供学理基础的重任。在这种情况下，采取的策略

---

① 参见马克思（1867）《资本论》第 1 卷，人民出版社 2004 年版，第 208 页。
② 恩格斯（1889）：《致康拉德·施米特》，见《马克思恩格斯全集》第 37 卷，人民出版社 1971 年版，第 283 页。

是"摸着石头过河""走一步，看一步"。中国派出了大批考察团出国考察，借鉴外国的发展经验，引入别人的成功做法，例如设立对外开放特区等。这些举措取得了明显的成效，经济增长也开始止跌回升。但是，这只是一些局部性的改进。事实上，如果不对过去的错误理论和错误政策进行认真的反思，就不可能变革封闭僵化的体制，也很难走出一条持续稳定发展的新路。

1978年5月11日，在时任中共中央党校副校长和中共中央组织部部长胡耀邦的领导和组织下，以《光明日报》发表《实践是检验真理的唯一标准》为开端，在全国范围内掀起了一场广泛深入的思想解放运动。这场运动在极"左"路线的思想禁锢和舆论钳制的铜墙铁壁上打开了一个缺口，社会科学和人文学科的讨论和研究开始活跃起来。不少学者努力通过汲取经济学的新成果和频繁的国际交流[①]更新自己的知识结构。20世纪80年代中期以后，一些受过现代经济学训练的年轻经济学家也陆续参加进来。经济学家群体积极参与了80年代改革目标模式的讨论，也助推了90年代的改革重启。

20世纪90年代中期开始的经济体制的整体改革，对经济理论在深度和广度上的发展提出了更高的要求。正是在这样的情况下，刘鹤、樊纲、易纲等经济学界有识之士在1998年发起组织了汇集了一大批热心改革的经济学家的"中国经济50人论坛"，论坛成为经济学界汇聚思想、探讨问题、提出政策建议的一个重要平台。

社会经济现象复杂多变，常常显得扑朔迷离，人们难以看清真相和掌握规律。在这种"善未易明，理未易察"的境况下，论坛学术委员会组织研讨时特别注意了不因观点分歧而排斥持有不同意

[①] 仅仅1980年夏季到1981年夏季，中国社会科学院经济研究所就举办了由中外知名专家授课、来自全国各地经济学者参加的"数量经济学讲习班""国外经济学讲座""发展经济学讲座"三个大型讲习班。当时，由P. 萨缪尔森著、高鸿业译的《经济学（第十版）》（商务印书馆1981年版）和L. 雷诺兹著、马宾译的《微观经济学：分析和政策》《宏观经济学：分析和政策》（北京：商务印书馆，1982年）几乎成了经济学家人手一本的必读书。

见的学者，包括持有偏激意见的学者，使论坛能够保持惠风和畅的讨论气氛并达到集思广益的目的。

中国经济学家不仅围绕经济社会的发展，以及改革面临的热点、焦点和难点问题展开了研究讨论，也为中国改革思路、重要领域改革政策制定提供了丰富的理论资源。

我想举几个自己感受较深的事例来说明这一点。

二　选择合理的改革目标

第一个例子，是改革目标模式选择的理论突破。

以 1978 年 12 月的中共十一届三中全会为标志，中国进入了改革开放的新时代。变革的基本趋势，无疑是根据国外考察所获知的世界潮流，强调增强价值规律的作用，发展"商品经济"。[①] 不过总的来看，在 20 世纪 80 年代初期，强调中国经济的计划经济性质，加强国家计划的统一领导，还是理论和政策的基调。在这一基调下，改革还远远不是在整个经济体系内系统地进行，而只能是着重于个别部门或个别方面的政策调整。例如，在对外经济关系方面，从放松贸易垄断到允许外国投资进入中国建立合资企业，等等。即使在某些部门或某些地区带有制度变迁性质的改革，例如安徽、四川等地允许土地承包，也采取了不改变基本经济制度、只对某些政策实行"变通"的形式。

虽然这种变通性的政策调整也取得了一定的成效，使原已陷于衰退和混乱的经济重新振作起来，步入发展的轨道，但是人们很快发现，仅仅依靠变通性的政策调整，并不足以实现中国振兴。正像邓小平在谈到 1984 年中共十二届三中全会议题时所说的：中国需要进行的，是不仅包括农业，也包括工业、商业、服务业、科学、

[①] "商品经济"是对市场经济的俄语称谓，在改革开放初期讨论中国经济改革的目标模式时，为了回避意识形态的风险，中国经济学家一般都把市场经济称为"商品经济"。

文化、教育等领域"整个经济体制的全面的、有系统的改革"。[①]显然，这样一种全面的、有系统的改革，不是靠"摸着石头过河"和"走一步、看一步"能把握的。于是，在20世纪80年中期，开展了一场参与人员众多的"改革目标模式"大讨论。

20世纪80年代中期的讨论，是在中共十二届三中全会《中共中央关于经济体制改革的决定》确定的"社会主义有计划的商品经济"的改革目标的基础上进行的。在讨论中，对于如何解释"有计划的商品经济"，提出了市场社会主义（"苏联东欧模式"）、政府主导的市场经济（"东亚模式"）、自由市场经济（"欧美模式"）等不同主张。对于各种模式的利弊优劣，各界人士根据历史实绩和自己的价值判断作出了不同的判断。[②]

1985年9月，由国家体改委和中国社会科学院召开的"宏观经济管理国际讨论会"（"巴山轮"会议），对于多种多样的经济模式进行了理论上的梳理。匈牙利科学院和哈佛大学的雅诺什·科尔奈（János Kornai）教授关于各国经济模式可以分为"直接行政控制"（ⅠA）、"间接行政控制"（ⅠB）、"自由放任的市场协调"（ⅡA）和"有宏观经济管理的市场协调"（ⅡB）四个类型的分类法被与会者认同。多数学者认为，ⅠA和ⅡA都是不可接受的。中国改革只能在ⅠB和ⅡB之间作出选择。[③]

早在1985年7月对中国共产党全国代表会议将要制定的《中共中央关于制定国民经济和社会发展第七个五年计划的建议》草稿的讨论中，有的经济学家对该《建议》单项突出搞活国有企业的改革提出了不同的意见，认为有计划的商品经济是一个由多种元素组成的有机整体，"它的基本环节是三个：（1）自主经营、自负

[①] 参见邓小平《在中华人民共和国成立三十五周年庆祝典礼上的讲话》《我们的宏伟目标和根本政策》，载《邓小平文选》第3卷，人民出版社1993年版，第70、78页。

[②] 参见中国经济体制改革研究会编《宏观经济的管理和改革——宏观经济管理国际讨论会言论选编》，经济日报出版社1986年版。

[③] 参见郭树清、赵人伟整理《宏观经济管理国际讨论会专题报告（1）：目标模式和过渡步骤》，同见上书，第16—23页。

盈亏的企业；（2）竞争性的市场；（3）以间接调节为主的宏观调控体系。这三方面的改革要同步前进。"① 这一观点被 9 月召开的中国共产党全国代表会议采纳，在《建议》中做出了如下的论断："建立新型的社会主义经济体制，主要是抓好互相联系的三个方面：第一，进一步增强企业特别是全民所有制大中型企业的活力，使它们真正成为相对独立的，自主经营、自负盈亏的社会主义商品生产者和经营者；第二，进一步发展社会主义的有计划的商品市场，逐步完善市场体系；第三，国家对企业的管理逐步由直接控制为主转向间接控制为主。"② 这为市场取向的改革树立了较为清晰的目标，意味着中国领导人选取了"有宏观经济管理的市场协调"（ⅡB模式）作为中国经济改革的目标模式。

不过，后来事情发生了变化。1986 年 10 月以后，当时的领导人不仅越来越倾向于认为，价格问题不可能在短时期内解决，搞活企业才是经济体制改革的出发点和立足点。而且指出这是中国改革的基本理论和基本实践，不能动摇；只有在解决搞活企业这个大前提的情况下，才能解决财政、价格、工资、税收、计划的配套问题。此后，在国有经济中推行企业承包责任制就成了改革的主线。

在这样的情况下，形成一个什么样的经济体制就成为必须重新考虑的问题。经过国家计委和国家体改委等领导机关的反复讨论，党政一线领导决定采纳国家计委研究机构领导成员提出的"国家调控市场，市场引导企业"或"国家掌握市场，市场引导企业"的"计划与市场相结合"模式建议，把"有计划的商品经济"的"运行机制"确定为"国家调节市场，市场引导企业"。国家按照自己的意图运用一整套协调财政、金融、税收、外贸和外汇等的选

---

① 吴敬琏：《单项推进，还是配套改革》[对《中共中央关于制定第七个五年计划的建议（1985）年 7 月 12 日第五次草稿）》的意见]，载《吴敬琏文件》，中央编译出版社 2013 年版，第 313—314 页。

② 参见中共中央文献研究室编《"十二大"以来重要文献选编（中）》，人民出版社 1986 年版，第 821 页。

择性产业政策去改变市场参数,再由这个在政府管控下的市场去"引导"企业做出经营决策。

不过这样一来,改革的目标模式也就由"有宏观经济管理的市场协调"模式,退回到了"间接行政控制"模式。

这种情况直到20世纪90年代初期才发生了改变。

在1991年10月到12月中共中央召集的讨论国内国际重大问题的系列座谈会上,与会经济学家在与江泽民总书记的对话中,令人信服地论证了确立社会主义市场经济改革目标的必要性。[①] 接着在1992年邓小平"南方谈话"的推动下,社会主义市场经济终于被中共十四大确立为中国的改革目标。根据中共十四大建立社会主义市场经济体制的决定,众多研究机构和研究人员提出了如何进行改革的建议。中共中央在研究和采纳有关建议的基础上,制定了《中共中央关于建立社会主义市场经济体制若干问题的决定》草案。1993年11月中共十四届三中全会审议通过了这一《决定》,就把十四大确定的经济体制改革目标和基本原则加以系统化、具体化,是我国建立社会主义市场经济体制的总体规划,也是90年代进行经济体制改革的行动纲领,对改革开放产生了重大而深远的影响。

三 关于工业化道路和增长模式的大讨论

第二个例子,是参与中国应当选择什么样的工业化道路和经济增长模式的大讨论。

主要依靠投资支撑经济增长造成的种种严重问题长期困扰着中国发展。虽然"九五"(1996—2000年)计划提出实现经济增长方式从粗放型向集约型转变的要求,并取得了一定的成效,但增长方

---

① 参见陈君、洪南《江泽民与社会主义市场经济的提出》,中央文献出版社2012年版。

式没有实现计划所要求的根本转变。21世纪初期,我国城市化迎来了一次新的高潮。各级政府通过土地批租,手中积累了大量资源。于是,一些地方据此进行大规模投资,掀起兴建以造大城为主要内容的"形象工程"和"政绩工程"的热潮。与此同时,一些经济学者根据"工业化的后期阶段将是重化工业阶段"的所谓"霍夫曼定理",为产业重型化找到了理论依据。

这种用海量投资提振增长速度的做法和"重化工业化"的说法,受到一些经济学家的质疑。他们指出,所谓"霍夫曼定理"并不是一个真正的科学定理,而只是德国经济学家霍夫曼(Walther G. Hoffmann)根据某些西方国家工业化早期和中期阶段的经验数据进行外推提出,但被后来的实际发展所否定的一个假说。事实上,从19世纪末期开始,先行工业化国家逐步实现从早期增长模式向现代增长模式的转变,工业化中后期的产业结构特征并不是重化工业的兴起,而是服务业的兴起。而工业化道路的偏离和经济增长方式的进一步恶化,将在中长期导致严重的后果。

两种观点对垒,引发了一场激烈的争论。

于是,选择什么样的工业化道路和经济增长模式,就成为"十一五"规划必须明确回答的重大命题。为了厘清问题,中国经济50人论坛在2005年4月25日召开了以"'十一五'规划与转变增长方式"为主要议题的第14次内部研讨会。在这次会上,首先由参加"十一五"制定工作的国家发改委规划司司长杨伟民介绍了拟制"十一五"规划的主要思路和对一些重大问题的考量。我本人随后围绕研讨会的主要议题做了主题发言。然后,多位论坛成员和论坛企业家理事会成员发表了自己的评论。尽管角度和关注点容有不同,但经过热烈的讨论,大家对中国"十一五"时期的重要任务也有了更清晰、更深刻的认识。随着向社会传播这一观点,以及对中国未来工业化道路和增长方式选择问题的讨论的日益深入,主张要转变经济增长模式的经济学家、政府官员和社会人士越来越多。

在政、产、学三界人士的共同努力下,"十一五"规划最终确定以推进经济增长方式从粗放型向集约型转变作为经济工作的主线。

在全国人民代表大会正式批准"十一五"规划以后,经济学界继续为廓清"十一五"规划执行过程提出的理论问题而努力。其间,中国经济50人论坛成员蔡昉教授提出,后来为学界普遍认同的两个"刘易斯拐点"的理论,以及中国即将迎来第二个"刘易斯拐点",富余劳动力无限供应即将消失的论断,就是一个突出的事例。从2004年开始,许多媒体就报道了一些地区出现"民工荒"。蔡昉教授经过在全国各地的实地调查和深入的理论分析,在中国经济50人论坛2007年7月的"田横岛论坛"上,提出了"中国经济迎来刘易斯转折点,人口红利即将消失"的观点。

蔡昉教授的这一研究,不但具有实际意义,而且具有理论意义。就前者而论,他较早提醒各界关注我国经济发展阶段发生的必然性变化,甚至可以说为中国经济增长进入新阶段提供了经验背景。就后者而言,它深化了诺贝尔经济学奖获得者刘易斯(William A. Lewis)提出的二元经济和劳动力转移理论,因此,蔡昉教授的研究受到好几位国际著名经济学家的关注,并且受邀在国际经济学会的圆桌会议上发表演讲。特别值得一提的是,已故斯坦福大学教授青木昌彦在世时对蔡昉教授的研究成果表现出了高度重视。如同大家所知,青木昌彦教授2015年3月在北京发表过一篇题为《对中国经济新常态的比较经济学观察》的著名论文。[1] 青木昌彦教授在论文中指出,从供给侧观察中国经济发展可以发现,富余劳动力从农村到城市转移的过程(他把这一过程叫做"库兹涅茨过程")已经趋于结束,因此,必须通过技术创新和体制改革,提高全要素生产率(TFP),这才是可持续增长的唯一源泉。从青木昌

---

[1] 参见青木昌彦《对中国经济新常态的比较经济学观察》,《比较》辑刊,2015年第2辑。

彦教授的论述中，可以清楚地看到他在与蔡昉教授频繁交流中形成的思想。

四　为研制改革总体方案提供学术支持和工作建议

第三个例子，是为中共十八届三中全会制定《中共中央关于全面深化改革若干重大问题的决定》（以下简称《决定》）提供学术支持和工作建议。

2012年11月的中国共产党第十八次全国代表大会选出了新一届中共中央委员会，做出了以更大的政治勇气和智慧全面深化改革的重要决议。紧接着，新当选的中共中央总书记习近平在年末的中央经济工作会议上提出，"要深入研究全面深化体制改革的顶层设计和总体规划，明确提出改革总体方案、路线图、时间表"。

习近平总书记的上述要求，无异于给关心、支持改革的人们一道号召书和动员令，鼓励他们积极参与这一关系国家命运和前途的顶层设计和总体规划的研究制定工作。

中国经济50人论坛的成员也采取了积极的行动。2013年2月召开的论坛年会，就以"改革的重点任务和路径"作为主题进行讨论。我与另两位论坛成员郑秉文、曹远征分别做了"当务之急：研究制定全面深化改革的总体方案""未来十年社会保障的改革重点和改革路径""价、财、税配套改革"的主题发言。会议建议采取以下的步骤来研制改革的总体方案：问题导向，探寻造成矛盾的体制原因，提出需要改革的项目；市场经济的子系统，例如财政、金融等分类汇总需要进行的改革，提出各子系统的改革方案；经过筛选，将各方面提出的改革要求汇编成一个"最小一揽子改革方案"。[1]

---

[1]　参见吴敬琏（2013）"当务之急：研制全面深化改革的总体方案"，载吴敬琏《直面大转型时代》，生活·读书·新知三联书店2014年版，第221—223页。

年会之后，根据中央财经领导小组办公室的要求，中国经济50人论坛组织论坛成员对七项改革课题进行研究，它们分别是：《改革：总体思路和当前举措》（吴敬琏负责），《城市化、农民进城与农村土地制度改革的统筹思考》（周其仁负责），《界定政府与市场、政府与社会的关系与其相关的改革建议》（吴晓灵负责），《社保体制改革的路线图和时间表》（宋晓梧、蔡昉负责），《中国资本账户开放与管理的顶层设计：路线图与时间表》（曹远征负责），《国有资产资本负债管理体制与国有资产所有者代表机制的改革》（李扬负责），以及《保护私有产权，发展民营经济，打破国有垄断相关制度改革与政策调整建议》（魏杰负责）。这些研究课题，都是中国改革所面临的重点和难点问题。学者们在各自熟悉的领域进行了深入调查和细致研究，写出了研究报告初稿。然后经过4月6日论坛第47次内部研讨会的讨论，最后形成定稿，送交即将成立的中共十八届三中全会文件起草小组参阅。

五　改革开放正未有穷期

《中共中央关于全面深化改革若干重大问题的决定》既高屋建瓴地提出，"要紧紧围绕使市场在资源配置中起决定性作用深化经济体制改革，坚持和完善基本经济制度……推动经济更有效率、更加公平、更可持续发展"，又谨慎务实地规划了经济、治理、文化等多方面改革的具体步骤，是一个思想缜密、措施得当的纲领性文件。因此，它受到普遍赞誉和支持。

不过我们也清醒地认识到，通过一个好的决定并不意味着改革立即大功告成。全面深化改革必然面临种种阻力和障碍，它们既来自旧的意识形态，也来自权力寻租特殊既得利益者，还有来自不断变化的内外部环境。面对这些阻力和障碍，必须像党的十八大以来一再重申的那样，以极大的政治勇气和智慧努力地推进。

改革开放四十年，尽管有波折甚至回潮，但历史的大逻辑决定了它还是要沿着市场化、法治化、民主化的取向前行。回首四十年，经济改革的主题是政府和市场关系的不断调整，是沿着"商品经济为辅"到"决定性作用"的方向前进。凡是市场取向改革取得实质性突破的时期，经济社会都取得了较快的发展，人民生活质量也有显著提升。但有时会囿于旧有的概念和口号，出现摇摆甚至倒退；有时会以文件落实文件，在原地踏步，走了弯路甚至回头路还茫然不觉。这种状况必须得到改变。当出现这些负面现象的时候，我们必须坚定不移地推进改革，消除影响社会经济发展的"体制性障碍"。只有这样，才有可能实现效率的提高、结构的改善和持续的发展。

从经济改革来说，我们就面临着坚决执行中共十八届三中全会总体规划的重大而艰巨的任务。

第一，构建统一开放、竞争有序的现代市场体系，仍然是改革的核心任务。为了实现这一目标，必须从政治、经济、法治等多方面下手。保护产权、厉行法治都是题中应有之义。目前仍然存在的大量行政保护、政商勾结以及滥用市场支配地位的行为，也必须通过竞争政策的完善和执法体系的加强加以消除。

第二，党政领导机关要在营造良好营商环境和提供有效公共服务等方面认真负起自己的责任。当前政府在"放管服"改革方面已经取得一些进展。现在需要注意的，一是要防止回潮，二是改革要继续向纵深发展，更大范围地实施市场准入负面清单和政府职权正面清单，真正做到企业和公民个人"法无禁止即可为"、党政机关"法无授权不可为"。

第三，国有企业改革要力求披荆斩棘，通过深水区。目前国有企业依然掌握着大量重要经济资源，并且在许多行业中处于垄断地位。保持和强化这种格局难免压缩其他经济成分的生存空间，妨碍公平竞争市场的形成，并使整个国民经济的效率难以提高。如何根据党的十五届四中全会"有进有退""有所为有所不为"的要求实现所有制结构的调整，并按照中共十八届三中全会的《决定》，实现国有企业管理从"管人管事管资产"到"管资本为主"的转变，还有一系列认识问题和实际问题需要解决。

第四，继续推动对外开放，参与构建人类命运共同体。以开放促改革的发展是中国改革的一条基本经验。在当前反全球化的潮流在个别群体中流行的情况下，中国必须积极落实中国领导人向国际社会提出的倡议，反对各种保护主义，放宽外资市场准入，促进公平竞争，建设高标准的自由贸易区网络。自贸试验区是具有全局意义的试验，其重大意义并不在于给予某些地区政策优惠，而在于营造市场化、国际化、法治化的营商环境，进一步释放开放红利。

改革开放四十年的经验一再证明，改革实践需要改革理论的指引和支撑，理论和实践必须携手共进。中国经济50人论坛成立二十年来，论坛同仁秉承公益性、独立性的理念，聚焦政策研究，对于中国改革和经济社会发展的重大问题，都能有声、有为，贡献自己的一份思想力量。在今后的改革开放征程中，我们仍将秉持论坛成立时的初心，兴独立思考，引源头活水，纳百川入海，为人民再立新功。

总之，改革正未有穷期，让我们共同努力！

（原载樊纲、易纲、吴晓灵、许善达、蔡昉主编《50人的二十年》，中信出版集团2018年版，序言）

学习经济所先贤榜样,努力攀登科学高峰

(2019 年 5 月)

能够参加庆祝经济研究所 90 年的庆典,我感到十分荣幸。回想我在经济所工作 30 年的经历,可以说是感慨万千。值此庆祝我们所 90 周年华诞之际,我最想说的话是,学习经济所前辈们的榜样,努力攀登经济科学的高峰。

虽然经济所早就号称"天下第一所",但这里所称的"第一",并不是就它的规模而言的。1954 年初我到经济所的时候,全所一共只有 40 人。那么,它的宝贵之处在什么地方呢?我想不在于规模,甚至也不在于那些很有价值的研究成果,而在于这个研究所从 20 世纪 20 年代建所时起,就汇集了一大批中国最杰出的知识分子。这批人在追求真理、追求人类福祉的信念的推动之下呕心沥血,孜孜以求,去研究中国的、世界的社会经济问题,希望能够有所贡献于这个民族、这个国家的人民!

前些年,著名的思想家王元化先生曾经一再跟我谈起,应该写经济研究所的所史。他心目中的所史,主要关注的并不是我们所的研究成果,而是我们所这批知识人的精神世界。他还亲自鼓励一些熟悉的作家去研究经济所这批人的思想演变历史、他们的际遇和坎坷。很可惜,这些作家都觉得,要写作这批优秀知识分子的思想史,自己的学问乃至于文字表达能力都还够不上,最后只好作罢。

在纪念建所 90 周年的准备过程中,经济所的同仁做了很好的工作,所史的编写也取得了初步的成果。我读了所史的初稿和后来的简史,才发现我对所史其实所知甚少。如果说王元化先生所熟悉

的，是 1930 年代以来的知识分子、特别是其中的左翼知识分子。我所熟悉的就要晚得多了。甚至可以说，我对前面 20 多年的所史几乎是一无所知的。

我在读所史的过程中，也得到了很多新的知识。比如说，我们所的创始人、从 1929 年建立社会调查所起、直到 1953 年卸任中国科学院社会研究所所长，主持了我们所 26 年工作的陶孟和先生，我就从来没见过。1954 年大学毕业后我便被分配到中国科学院经济研究所，但是我被留在院部干部教育处当了一段时间的社会发展史学习辅导员，后来所里派了黄载尧去才把我换回来。很惭愧，这次读所史我才知道，我在科学院院部工作那两个月时间里待的文津街 3 号院部办公楼，还是 1931 年陶孟和先生主持社会调查所时修建的。在刚才放过的所史短片里也可以看到这幢办公楼。

对于陶孟和先生的事迹，我也是看了一些讲述中国知识分子这几十年荣辱起伏的文章，特别是巫宝三先生写的纪念陶孟和先生的文章①才知道的。真是了不起！比如，在抗日战争那么艰苦的环境之下，社会科学研究所从 1939 年就开始研究日本侵略对中国造成的损害，作为胜利以后向侵略者索赔的根据，并在 1946 年出版成书。虽然这些成果由于中国政府决定放弃索赔而没有用上，但是这项研究开启了用科学的方法来计算日本侵略对中国造成损害的先河，是一件很有意义的事情。在巫宝三先生的纪念文章里面，还讲到了新中国成立以后陶孟和先生对于我国经济学的发展所作出的贡献。特别体现出陶先生有科学勇气的事情，是在 1957 年错误批判一些经济学家、社会学家，把社会学、现代经济学说成是"伪科学"的时候，陶孟和先生仗义执言，这也是很了不起的。

在我们经济所的历史中，值得铭记的人和事是非常之多的。像孙冶方所长、顾准研究员的事迹我们知道得比较多。其实还有许多

---

① 巫宝三：《纪念我国著名社会学家和社会经济研究事业的开拓者陶孟和先生》，《近代中国》第 5 辑，1995 年 6 月。

人们不太注意的经济学家的感人事迹，值得我们去发掘、去学习。我现在想讲一位，这就是经济史组的章有义先生。在第一次看所史网站的时候看到过有他的专题，今天好像没有看到这个专题。我跟他的接触是从进所以后不久开始的。他的学问做得非常扎实，在经济史界也是有名的。当时在于光远同志的指导之下，团支部定期组织一种业余的沙龙式讨论会。有一次，我们请了章有义先生来介绍二三十年代的中国社会性质论战。像我们这些在新中国成立以后读经济学的人，对这场论战的理解都是非常简单表面的，以为就是两个政治党派之间的政治斗争。章有义先生对这场论战中各个学派的论点和论据做了客观介绍和分析，我们都觉得很受启发。可是没有想到，他却因此大祸临头。在1955年的肃反运动中，一位在经济所很有权势的人指责章有义向青年人"传播托洛斯基派的反革命观点"，于是就成了肃反的重点对象。虽然章先生在肃反中没有查出什么历史问题，然而到了1957年，他还是在劫难逃。他被剥夺了副研究员的职称和从事研究工作的权利，直到改革开放以后才获得平反。他本来身体就很不好，但是在改革开放以后，还是拖着非常衰弱的、不断要进医院的、靠吃药维持的病体奋力地进行研究。他在改革开放以后的十几年中，写了130万字的著作，成为中国现代农业史的一位著作等身的名家。正像上海学术杂志上一篇章先生传略所说，"在章有义先生身上，我们再一次看到了我国优秀知识分子那种对事业鞠躬尽瘁、不惜一切的精神"。①

最后，我还想讲讲1959年经济研究所昌黎"试验田"上送"食堂问题报告"事件。② 这份报告的主要执笔人经君健是跟我同一年进所的。从经君健后来的研究可以看到，他的研究风格是特别周密细致。经君健和他的同事们在农村的调查中发现，在粮食极度紧缺的情况下，强制社员在食堂吃饭对于维持他们的生命多有妨

---

① 朱荫贵：《章有义先生传略》，《近代中国》第3辑，1993年6月。
② 参见经君健《代价沉重的空想社会主义大试验》，载《经君健选集》，中国社会科学出版社2011年版，第495—567页。

碍，社员普遍对此啧有烦言。因此，他们写出报告，建议放宽政策，让人们有可能自愿选择是否在食堂吃饭。这份报告引起了当时领导人的震怒，虽然领导人后来也不得不承认是自己判断错了，但经济所好几位相关研究人员却因此戴了好几年"右倾机会主义分子"的帽子。大家可以想想，在那个年代，为农民发声写出这样的报告，除了调查研究的功底，还要有多么大的道德勇气。

因此，我想说，孙冶方和顾准无疑是我们的思想旗帜和学习榜样，但是，除了孙冶方、顾准这样的领军人物，经济所还有许多为了推动国家的进步竭尽心力的知识人。他们的思想和事迹，都非常值得我们去发掘和认真学习。

经济所的许多先贤都是大学问家，我们当然要研究、学习他们的论著，从他们的学术成果中吸取营养，但是我认为，爱因斯坦在评价居里夫人的时候说得非常有道理，就是"伟大人物在道德人格上对人类的贡献，往往比我们想象的要大得多"，所以我们主要还是要学习先贤们为学术献身的精神和认真探索去发现真理、为人民做出贡献的精神。

我们还需要注意到，先贤们的观点并不全都是无可挑剔的，他们之间在学术观点上也存在分歧，例如孙冶方讲的价值规律和顾准讲的价值规律就不是同一件事情。然而他们全心全意为科学进步、为人民利益努力奋斗的心志却是毫无二致的。所以，我想引用陈寅恪在王国维先生纪念碑铭上的一段话作为我今天讲话的结语："先生之著述，或有时而不章，先生之学说，或有时而可商，惟此独立之精神，自由之思想，历千万祀，与天壤而同久，共三光而永光。"

谢谢大家！

（根据作者在2019年5月18日召开的"中国社科院经济研究所建所90周年国际研讨会暨经济研究高层论坛2019"上的发言整理而成。）

编选者手记

改革开放40年来，中国经济取得了举世瞩目的成绩，中国人民用双手书写了国家和民族发展的壮丽史诗。改革开放的伟大成就，离不开广大经济理论工作者的参与、见证。吴敬琏先生就是其中一位杰出的代表。吴敬琏提出的经济理论观点和政策建议，经历了时间考验，切实推动了中国经济和中国经济学研究的实质性进展，在中国的经济学进展和社会变革中产生了重要影响，并且在一定程度上推动了中国改革开放的历史进程。

该文集反映了吴敬琏先生改革开放以来的经济思想历程，既有对各个时期经济形势的判断，对改革总体方案、经济体制转型、发展模式转型、通货膨胀、资源配置效率和方式等基本问题的深入研究，也有对"供给侧结构性改革"、国企改革、金融改革、产权保护、产业政策和竞争政策等经济社会议题的精湛分析。可以帮助我们深入认识中国经济发展和改革开放的艰辛历程，而且对于凝聚改革共识，深入推进改革具有重要的现实意义。

谢 谦
2018年10月

《经济所人文库》第一辑总目(40种)

(按作者出生年月排序)

《陶孟和集》	《戴园晨集》
《陈翰笙集》	《董辅礽集》
《巫宝三集》	《吴敬琏集》
《许涤新集》	《孙尚清集》
《梁方仲集》	《黄范章集》
《骆耕漠集》	《乌家培集》
《孙冶方集》	《经君健集》
《严中平集》	《于祖尧集》
《李文治集》	《陈廷煊集》
《狄超白集》	《赵人伟集》
《杨坚白集》	《张卓元集》
《朱绍文集》	《桂世镛集》
《顾　准集》	《冒天启集》
《吴承明集》	《董志凯集》
《汪敬虞集》	《刘树成集》
《聂宝璋集》	《吴太昌集》
《刘国光集》	《朱　玲集》
《宓汝成集》	《樊　纲集》
《项启源集》	《裴长洪集》
《何建章集》	《高培勇集》